Como evitar preocupações e começar a viver

Como evitar preocupações e começar a viver

Dale Carnegie

SEXTANTE

tradução: Marcelo Schild

preparo de originais: Sibelle Pedral

revisão: Luis Américo Costa e Sheila Louzada

projeto gráfico: Ana Paula Daudt Brandão

diagramação: Adriana Moreno

capa: Duat Design (Rodrigo Rodrigues)

impressão e acabamento: Associação Religiosa Imprensa da Fé

CIP-BRASIL. CATALOGAÇÃO NA PUBLICAÇÃO
SINDICATO NACIONAL DOS EDITORES DE LIVROS, RJ

C286c
Carnegie, Dale, 1888-1955
Como evitar preocupações e começar a viver / Dale Carnegie ; [tradução Marcelo Schild]. - 1. ed. - Rio de Janeiro : Sextante, 2025.
320 p. ; 21 cm.

Tradução de: How to stop worrying and start living
ISBN 978-85-431-1111-7

1. Autoconfiança. 2. Sucesso. 3. Preocupação. I. Schild, Marcelo. II. Título.

25-100188.0 CDD: 158.1
CDU: 159.947.2

Carla Rosa Martins Gonçalves - Bibliotecária - CRB-7/4782

Rua Voluntários da Pátria, 45 – 14º andar – Botafogo
22270-000 – Rio de Janeiro – RJ
Tel.: (21) 2538-4100
E-mail: atendimento@sextante.com.br
www.sextante.com.br

Este livro é dedicado a um homem
que não precisa lê-lo:
LOWELL THOMAS.

Quero agradecer do fundo do meu coração
a Villa Stiles, por tudo que fez por este livro
e por Como fazer amigos e influenciar pessoas.

Sumário

Como e por que este livro foi escrito

Em 1909, eu era um dos homens mais infelizes de Nova York. Ganhava a vida vendendo caminhões, mas não sabia como eles funcionavam. Na verdade, nem queria saber. Eu detestava meu trabalho. Detestava morar no quarto ordinário e infestado de baratas que eu alugara já mobiliado na Rua 56. Ainda lembro: eu deixava um monte de gravatas penduradas nas paredes e, de manhã, quando estendia a mão para pegar uma, as baratas saíam correndo em todas as direções. Eu detestava ter que comer em restaurantes medíocres que provavelmente também estavam infestados de baratas.

À noite, voltava para meu quarto solitário com uma dor de cabeça nauseante – uma dor criada e alimentada por frustração, preocupação, amargura e revolta. Eu me revoltava porque os sonhos que tinha na época da faculdade haviam se transformado em pesadelos. A vida era aquilo? Era aquela a aventura pela qual eu esperara tão ansiosamente? Seria assim dali em diante: exercer um trabalho que eu detestava, viver cercado de baratas, comer mal e não ter esperanças de um futuro melhor? Eu ansiava por tempo livre para ler e para escrever os livros que queria.

Eu sabia que não tinha muito a perder se desistisse daquele emprego que odiava. Não estava interessado em ganhar uma montanha de dinheiro, mas em ganhar um monte de *vida*. Em resumo, eu tinha chegado a um ponto sem volta – aquele momento decisivo com o qual a maioria dos jovens se depara quando começa a vida adulta. Então tomei minha decisão – e essa decisão alterou completamente meu futuro. O restante da minha vida foi feliz e gratificante para além das minhas aspirações mais utópicas.

Minha decisão foi esta: largar aquele trabalho. Como tinha passado quatro anos na Faculdade Estadual de Professores em Warrensburg, no Missouri, preparando-me para lecionar, eu poderia dar aulas para adultos em escolas noturnas. Assim, teria os dias livres para ler livros, preparar palestras e escrever romances e contos. Eu queria "viver para escrever e escrever para viver".

Mas o que eu ensinaria para os adultos à noite? Ao olhar para trás e avaliar minha trajetória na faculdade, percebi que minha experiência em oratória tinha tido mais valor prático do que a soma de todas as disciplinas do curso superior. Por quê? Porque acabou com minha timidez e minha insegurança e me deu coragem e autoconfiança para me relacionar com as pessoas. Também ficou claro para mim que, em geral, a liderança cabe àquele que consegue se levantar e dizer o que pensa.

Eu me candidatei a uma vaga de professor de oratória nos cursos de extensão noturnos das universidades Columbia e de Nova York, mas ambas me rejeitaram.

Fiquei decepcionado na época – mas hoje em dia dou graças a Deus, pois comecei a dar aulas nos cursos noturnos da YMCA (Associação Cristã de Moços), onde eu precisava apresentar resultados concretos, e rápido. Foi um grande desafio! Aqueles adultos não iam às minhas aulas porque queriam créditos na faculdade ou prestígio social. Eles iam por uma única razão: queriam solucionar seus problemas. Queriam se levantar e dizer algumas palavras em uma reunião de trabalho sem tremer de medo. Vendedores desejavam visitar um cliente difícil sem precisar dar três voltas no quarteirão para tomar coragem. Todos queriam desenvolver equilíbrio e autoconfiança. Queriam progredir na carreira. Ter mais dinheiro para sua família. Eles pagavam o curso em parcelas – e paravam de pagar quando não obtinham resultados. Como eu recebia não um salário, mas uma porcentagem dos lucros, precisava ser objetivo se quisesse pôr comida em casa.

Na época, eu me sentia em certa desvantagem, mas hoje percebo que recebi um treinamento inestimável. Eu *tinha* que motivar meus alunos. Eu *tinha* que ajudá-los a solucionar seus problemas. Eu *tinha* que transformar cada aula em um momento tão inspirador que eles quisessem voltar correndo para a aula seguinte.

Era um trabalho empolgante. Eu adorava. Estava impressionado em ver como aqueles homens de negócios eram rápidos em ganhar autoconfiança e como muitos conseguiam promoção e aumento de salário – um sucesso que superava todas as minhas expectativas. Depois de três semestres, a YMCA, que de início se recusou a me pagar 5 dólares por noite, me oferecia 30 dólares por noite. No começo, eu dava somente aulas de oratória, mas, com o passar dos anos, vi que aqueles adultos também precisavam aprender a fazer amigos e influenciar pessoas. Como eu não conseguia encontrar um livro adequado sobre relações humanas, escrevi um. Não da maneira habitual: ele cresceu e *evoluiu* a partir das experiências dos adultos naquelas aulas. Dei-lhe o título de *Como fazer amigos e influenciar pessoas.*

Como ele foi escrito somente como um livro de apoio para minhas aulas e como eu tinha escrito outros quatro livros dos quais ninguém jamais ouvira falar, nunca sonhei que venderia muito... e fiquei perplexo com o resultado.

O tempo me mostrou que outro grande problema daqueles adultos era a *preocupação.* Quase todos os meus alunos eram executivos, vendedores, engenheiros, contadores: uma amostragem de todos os negócios e profissões – e a maioria deles tinha problemas! Havia também mulheres nas aulas, profissionais e donas de casa. Elas também tinham problemas! Claramente, eu precisava de um livro sobre como vencer as preocupações – portanto, mais uma vez, tentei encontrar um. Fiz uma pesquisa na grande Biblioteca Pública de Nova York, na Quinta Avenida com a Rua 42, e descobri, com enorme espanto, que ali havia apenas 22 livros listados sob o tema PREOCUPAÇÃO. Também percebi, mais surpreso ainda, que havia 189 livros sobre MINHOCAS. *Quase nove vezes mais livros sobre minhocas do que sobre preocupação!* Impressionante, não é? Como a preocupação é um dos maiores problemas da humanidade, seria de esperar que toda escola e faculdade na face da Terra oferecesse um curso sobre como parar de se preocupar, certo? No entanto, mesmo que haja, nunca ouvi falar a respeito. Não é de surpreender que David Seabury tenha escrito em seu livro *How to Worry Successfully* (Como se preocupar com sucesso): "Chegamos à maturidade tão despreparados para as pressões da experiência quanto uma traça convidada a dançar balé."

O resultado? Mais da metade dos leitos dos hospitais é ocupada por pessoas com problemas nervosos e emocionais.

Folheei os 22 livros sobre preocupação que havia nas prateleiras da Biblioteca Pública de Nova York. Além disso, comprei todos os livros sobre preocupação que encontrei; ainda assim, não consegui descobrir nenhum que eu pudesse usar como referência no meu curso. Portanto, resolvi escrever um.

Comecei a me preparar para escrever este livro há sete anos. Como? Lendo o que os filósofos de todas as eras disseram sobre preocupação. Também li centenas de biografias, de Confúcio a Churchill. Entrevistei dezenas de pessoas proeminentes em todas as áreas, entre elas, Jack Dempsey, o general Omar Bradley, o general Mark Clark, Henry Ford, Eleanor Roosevelt e Dorothy Dix. Mas isso foi apenas o começo.

Fiz algo muito mais importante do que as entrevistas e a leitura: trabalhei durante cinco anos em um laboratório onde pesquisávamos como vencer as preocupações – as nossas próprias aulas para adultos. Até onde sei, foi o primeiro laboratório desse tipo no mundo. Eis o que fizemos: mostramos aos alunos um conjunto de regras sobre como parar de se preocupar e pedimos a eles que as aplicassem nas próprias vidas e, depois, contassem à turma os resultados. Outros relatavam as técnicas que tinham usado no passado.

Como resultado dessa experiência, presumo que ouvi mais palestras sobre "Como venci as preocupações" do que qualquer indivíduo que tenha caminhado pela face da Terra. Além disso, *li* centenas de outras palestras que me foram enviadas pelo correio sobre o assunto – palestras que foram premiadas em nossos cursos, estes ministrados em todo o mundo. Portanto, este livro não veio de uma torre de marfim. Tampouco é uma pregação acadêmica sobre como as preocupações *poderiam* ser vencidas. Tentei escrever um *relatório documental dinâmico e conciso sobre como milhares de adultos derrotaram as preocupações*. Uma coisa é certa: este livro é prático. Você pode segui-lo com interesse e entusiasmo.

"Ciência", disse o filósofo francês Valéry, "é uma coleção de receitas bem-sucedidas." E este livro é isto: uma coleção de receitas bem-

-sucedidas e testadas ao longo do tempo para remover a preocupação da nossa vida. Contudo, permita-me avisá-lo: você não encontrará nada de novo nele, mas descobrirá muita coisa que não costuma ser aplicada. Você e eu não precisamos ouvir nada de novo. Já sabemos o bastante para levarmos vidas perfeitas. Todos já lemos o Sermão da Montanha. Nosso problema não é ignorância, mas inatividade. O propósito deste livro é reformular, ilustrar, otimizar, modernizar e enaltecer muitas verdades antigas e elementares – e dar um empurrãozinho para que você finalmente as coloque em prática.

Mas você não pegou este livro para entender como foi escrito. Você está em busca de ação. Tudo bem, vamos lá. Leia as Partes 1 e 2 – e se, depois disso, não sentir que adquiriu um novo poder e uma nova inspiração para deixar de se preocupar e aproveitar a vida, passe-o adiante. Ele não serve para você.

Dale Carnegie

Nove sugestões para tirar o máximo proveito deste livro

1. Para extrair o máximo deste livro, existe um requisito indispensável e infinitamente mais importante do que qualquer regra ou técnica. Se você não possuir esse único requisito fundamental, mil regras sobre como estudar não valerão de nada. Por outro lado, se tiver esse talento essencial, você conseguirá conquistar maravilhas sem ler nenhuma das sugestões a seguir.

   O que é esse requisito mágico? Apenas isto: *um desejo profundo e motivador de aprender, uma determinação vigorosa a parar de se preocupar e começar a viver.*

   Como você pode começar a desenvolver tal impulso? Lembrando constantemente a si mesmo quanta importância dá aos princípios deste livro. Dominá-los o ajudará a levar uma vida mais rica e mais feliz. Repita várias vezes para si mesmo: "Minha paz de espírito, minha felicidade, minha saúde e talvez até minha renda, a longo prazo, dependerão da aplicação das verdades antigas, óbvias e eternas ensinadas neste livro."
2. Primeiro, leia cada capítulo rapidamente para ter uma noção do assunto. Depois, provavelmente você ficará tentado a passar para o seguinte, mas só faça isso se estiver lendo apenas por diversão. Se seu objetivo realmente for parar de se preocupar e começar a viver, então volte e *releia o capítulo com atenção.* No longo prazo, isso significará economia de tempo e maximização de resultados.
3. *Faça pausas frequentes na leitura para refletir sobre o que está aprendendo.* Pergunte a si mesmo precisamente como e quando você pode aplicar cada sugestão. Esse tipo de leitura será muito mais útil do que avançar às pressas, como um cão de caça perseguindo um coelho.
4. *Leia com um marcador, um lápis ou uma caneta vermelha na mão; quando deparar com uma ideia interessante, trace uma linha ao lado*

dela. Se for uma sugestão muito relevante, sublinhe cada frase ou marque um "XXXX" na margem da página. Marcar e sublinhar um livro o torna muito mais rico e facilita encontrar o que você achou importante.

5. Conheço uma mulher que trabalha como gerente de uma grande seguradora há 15 anos. Todos os meses ela lê todos os contratos de seguro emitidos pela empresa. Sim, os mesmos contratos repetidamente, mês após mês, ano após ano. Por quê? Porque a experiência ensinou a ela que essa é a única maneira de memorizar as cláusulas com clareza.

Uma vez, passei quase dois anos escrevendo um livro sobre oratória, mas ainda preciso consultá-lo de tempos em tempos para lembrar o que eu mesmo escrevi. É impressionante como esquecemos rápido.

Portanto, se você quiser obter um benefício real e duradouro desta obra, não imagine que folheá-la uma vez será suficiente. Depois de lê-la com atenção, volte a ela uma vez por mês e revise alguns conceitos. Mantenha este livro diante de você, na sua mesa, todos os dias. Folheie-o com frequência. Não perca a capacidade de se impressionar com as ricas possibilidades de melhoria que ainda residem no futuro próximo. Lembre-se de que o uso destes princípios só se tornará um hábito automático se você se dedicar com constância e vigor, revisitando-os e aplicando-os sempre. Não existe outra maneira.

6. Bernard Shaw disse: "Se você ensinar qualquer coisa a um homem, ele nunca aprenderá." Shaw estava certo. Aprender é um processo ativo. *Aprendemos fazendo. Portanto, se você deseja dominar os princípios que está estudando neste livro, aplique-os em todas as oportunidades*. Se não fizer isso, vai esquecer tudo num piscar de olhos. Só permanece na mente o conhecimento que é utilizado.

Talvez você ache difícil pôr estas sugestões em prática o tempo todo. Eu sei, pois escrevi este livro e mesmo assim acho difícil aplicar tudo que defendo aqui. Portanto, lendo-o, lembre-se de que você não está apenas tentando adquirir informação; está tentando formar novos hábitos. Mais do que isso: está buscando uma nova maneira de viver. Isso exige tempo, persistência e prática diária.

Portanto, consulte estas páginas com frequência. Considere este livro um manual prático sobre como vencer as preocupações e, quando estiver enfrentando algum problema difícil, não fique aflito. Não faça o que lhe parecer natural; não aja por impulso. Em geral, é errado. Em vez disso, volte a estas páginas e releia os parágrafos que você sublinhou. Então experimente os novos caminhos que proponho e observe: eles farão mágica para você.

7. *Ofereça a seus familiares uma moeda sempre que eles flagrarem você violando um dos princípios deste livro. Você vai ficar de bolsos vazios!*
8. Por favor, vá para a página 214 e leia como H. P. Howell, o banqueiro de Wall Street, e o velho Benjamin Franklin corrigiam seus erros. Por que não usa as mesmas técnicas para avaliar sua aplicação dos princípios discutidos neste livro? Haverá dois resultados.

   Primeiro, você estará comprometido com um processo educativo que é intrigante e de valor inestimável.

   Segundo, você descobrirá que sua capacidade de parar de se preocupar e começar a viver crescerá como uma árvore em solo fértil e espalhará suas sementes.
9. Mantenha um diário e registre nele seus triunfos na aplicação destes princípios. Seja específico. Anote nomes, datas, resultados. Esse registro inspirará você a realizar esforços maiores; daqui a alguns anos, quando voltar a ele, você verá como suas anotações foram fundamentais!

EM RESUMO

NOVE SUGESTÕES PARA TIRAR O MÁXIMO PROVEITO DESTE LIVRO

1. Cultive um desejo profundo de dominar as regras para vencer as preocupações.
2. Leia cada capítulo duas vezes antes de seguir para o seguinte.
3. Faça pausas frequentes para refletir sobre como aplicar cada sugestão.
4. Sublinhe as ideias importantes.
5. Revise os conceitos deste livro todo mês.
6. Aplique estes princípios em todas as oportunidades. Use este volume como um manual prático para resolver os problemas cotidianos.
7. Transforme seu aprendizado em uma brincadeira divertida oferecendo a um amigo ou parente uma moeda sempre que você for pego violando algum princípio.
8. Avalie seu progresso toda semana. Pergunte a si mesmo que erros você cometeu, em que setores melhorou e quais lições aprendeu para o futuro.
9. Anote em um diário como e quando você aplicou estes princípios.

PARTE UM

Fatos fundamentais sobre as preocupações

1

Viva em "compartimentos de dias incomunicáveis"

NO FIM DE 1871, um jovem pegou um livro e leu 21 palavras que surtiram um efeito profundo sobre seu futuro. Estudante de Medicina no Hospital Geral de Montreal, ele tinha mil preocupações: a prova final, o que fazer quando terminasse a faculdade, em qual cidade morar, os desafios de abrir um consultório, como ganhar a vida.

As 21 palavras que aquele jovem estudante leu em 1871 o ajudaram a se tornar o médico mais renomado de sua geração. Um dos fundadores da Faculdade de Medicina Johns Hopkins, célebre no mundo todo, ele se tornou professor régio em Oxford – a maior honra que se podia conceder a um profissional de Medicina no Império Britânico. Foi nomeado cavaleiro pelo rei da Inglaterra. Quando morreu, foram necessários dois grandes volumes, com 1.466 páginas no total, para contar a história da sua vida.

Seu nome era Sir William Osler. Estas são as 21 palavras que ele leu naquele ano – 21 palavras de Thomas Carlyle que o ajudaram a levar uma vida livre de preocupações: *"Nossa principal função não é enxergar o que jaz vagamente a distância, e sim fazer o que está claramente à mão."*

Quarenta e dois anos depois, em uma noite suave de primavera, quando as tulipas floresciam no campus, esse homem, Sir William Osler, fez um discurso para alunos da Universidade Yale. Disse-lhes que um homem como ele, que fora professor em quatro universidades e autor de um livro popular, supostamente tinha "um cérebro de qualidade especial", mas que aquilo não era verdade. Seus amigos íntimos, falou, sabiam que seu cérebro era "do caráter mais medíocre".

Qual era, então, o segredo de seu sucesso? Sir William explicou: devia-se ao que ele chamava de viver em "compartimentos de dias incomunicáveis". O que queria dizer com aquilo? Alguns meses antes de falar em Yale, o ilustre médico atravessara o Atlântico a bordo de um grande navio de cruzeiro no qual o capitão, de pé na ponte de comando, apertava um botão e – pronto! – começava o barulho ensurdecedor das máquinas e várias partes do navio eram imediatamente isoladas umas das outras em compartimentos incomunicáveis.

"Cada um de vocês", disse o Dr. Osler para os alunos de Yale, "é uma organização muito mais maravilhosa do que o navio e destina-se a viagens muito mais longas. Insisto em que aprendam a controlar as máquinas de modo a viver em 'compartimentos de dias incomunicáveis'; essa é a maneira mais correta de garantir a segurança durante a viagem. Subam à ponte de comando e observem que, enfim, as grandes anteparas estão em condições de funcionamento. Apertem um botão e ouçam, em todos os níveis da vida de vocês, as portas de ferro isolando o passado: os 'dias de ontem' que estão mortos. Apertem outro botão e isolem, com uma cortina de metal, o futuro: os amanhãs que ainda não nasceram. Então estarão seguros: seguros no hoje! Isolem o passado! Deixem que o passado morto enterre seus mortos... Isolem os dias de ontem que iluminaram para os tolos o caminho rumo à morte empoeirada... O fardo de amanhã, somado ao de ontem, carregado hoje faz os mais fortes fraquejarem. Isolem o futuro tão bem quanto o passado. O futuro é hoje. Não existe amanhã. O dia da salvação do homem é agora. Desperdício de energia, sofrimento mental e preocupações acompanham o homem que está ansioso quanto ao futuro... Isolem, portanto, as grandes anteparas da proa e da popa e preparem-se para cultivar o hábito de uma vida em 'compartimentos de dias incomunicáveis'."

Será que o Dr. Osler queria dizer que não deveríamos fazer nenhum esforço para nos prepararmos para o amanhã? Não. De modo algum. Ele afirmou que a melhor maneira de se preparar para o futuro é concentrar toda a sua inteligência e todo o seu entusiasmo em executar maravilhosamente hoje o trabalho de hoje. Essa é a única maneira de se preparar para o futuro.

Sir William Osler recomendou aos alunos de Yale que começassem o dia com o Pai-Nosso.

Observe que essa oração pede somente o pão de *hoje*. Ela não reclama do pão dormido que precisamos comer ontem, tampouco diz:

"Ó Deus, não tem chovido ultimamente e podemos ter outra seca. Então como terei pão para comer no mês que vem? E se eu perder meu emprego, como conseguirei me alimentar do pão?"

O Pai-Nosso nos ensina a pedir somente o pão de *hoje*. O pão de hoje é o único tipo de pão que você pode comer.

Anos atrás, um filósofo paupérrimo estava vagando por um país pedregoso no qual as pessoas tinham dificuldade em ganhar a vida. Um dia, uma multidão reuniu-se em torno dele em uma montanha e ele fez o que é provavelmente o discurso mais famoso de todos os tempos. Esse discurso contém 21 palavras que vêm ressoando através dos séculos: "Portanto, não pensem no amanhã, pois o amanhã trará as suas próprias preocupações. Basta a cada dia o seu próprio mal."

Muitos homens rejeitam estas palavras de Jesus: "Não pensem no amanhã." Eles o fazem por achar que é um conselho irreal, carregado de misticismo. "Eu *preciso* pensar no amanhã", argumentam. "*Preciso* fazer um seguro para proteger minha família. *Preciso* guardar dinheiro para minha velhice. *Preciso* planejar e me preparar para seguir em frente."

Sim! É claro que precisa. A verdade é que essas palavras de Jesus não significam hoje o que significavam na época do rei Jaime, quando foram traduzidas. Há quatrocentos anos, a palavra *pensar*, com frequência, queria dizer sentir ansiedade. Versões modernas da Bíblia são mais precisas ao citar Jesus: "Não fique ansioso com o amanhã."

É claro, pense no amanhã. Sim, pense, planeje e prepare com cuidado. Mas sem ansiedade.

Durante a Segunda Guerra Mundial, nossos líderes militares se *planejavam* para o amanhã, mas não podiam se dar ao luxo de sentir ansiedade. "Forneci aos melhores homens o melhor equipamento que temos", disse o almirante Ernest J. King, que comandava a Marinha dos Estados Unidos, "e atribuí a eles o que me pareceu ser a missão mais sábia. Isso é tudo que posso fazer. Se um navio afundou, não posso trazê-lo de volta à tona. Se ele será atacado, não posso impedir. Usarei meu tempo muito melhor trabalhando no problema de amanhã do que me preocupando com o de ontem. Além disso, se permitisse que essas coisas me afetassem, eu não viveria muito tempo."

Na guerra ou na paz, a principal diferença entre bons e maus modos de pensar é a seguinte: o bom modo de pensar lida com causas e efeitos e leva a um planejamento lógico e construtivo; o mau modo de pensar leva quase sempre à tensão e a colapsos nervosos.

Tive o privilégio de entrevistar Arthur Hays Sulzberger, editor (1935-1961) de um dos jornais mais famosos do mundo, *The New York Times*. Sulzberger me disse que, quando a Segunda Guerra Mundial se espalhou por toda a Europa, ele estava tão em choque, tão preocupado com o futuro que achava quase impossível dormir. Com frequência, levantava-se da cama no meio da noite, pegava uma tela e uns tubos de tinta, olhava no espelho e tentava pintar um autorretrato. Ele não sabia nada sobre pintura, mas pintava mesmo assim, para livrar a mente das preocupações. Sulzberger me disse que só conseguiu afastar suas preocupações e encontrar a paz quando adotou como lema cinco palavras de um hino religioso: *Um passo basta para mim.*

Conduz-me, Luz suave...
Vigia os meus pés: não peço para ver
A paisagem distante; um passo basta para mim.

Mais ou menos na mesma época, em algum lugar na Europa, um jovem soldado aprendia a mesma lição. Ted Bengermino, natural de Baltimore, Maryland, tinha se preocupado tanto que estava sofrendo de um caso grave de fadiga de combate.

"Em abril de 1945", escreveu Ted, "de tanta preocupação, desenvolvi o que os médicos chamam de 'cólon transverso espasmódico', uma condição que provoca uma dor intensa. Se a guerra não houvesse acabado, tenho certeza de que teria tido um colapso físico total. Eu estava absolutamente exausto. Como oficial não comissionado da 94ª Divisão de Infantaria, meu trabalho era ajudar a organizar e manter registros de todos os homens mortos, desaparecidos em combate e hospitalizados. Também era minha função desenterrar os corpos, tanto de soldados aliados quanto inimigos, que haviam sido mortos e enterrados às pressas em covas rasas no auge da batalha.

Eu precisava coletar os pertences pessoais desses homens e enviá-los para os pais ou parentes mais próximos, que tanto prezariam aqueles objetos. Eu vivia preocupado, com medo de cometer erros constrangedores e graves. Estava preocupado com a minha capacidade, ou incapacidade, de superar tudo aquilo. Estava preocupado por não saber se viveria para segurar meu único filho nos braços – um bebê de 16 meses que eu ainda não conhecia. Eu estava tão preocupado e exausto que tinha perdido 17 quilos. Vivia de um modo tão frenético que estava quase enlouquecendo. Olhava para minhas mãos; eram pouco mais do que pele e ossos. Estava apavorado com a ideia de voltar para casa como uma ruína humana. Entrei em colapso e chorei como uma criança. De tão abalado, minhas lágrimas corriam sempre que eu estava sozinho. Houve um período, logo após o início da Batalha das Ardenas, no qual eu chorava tanto que quase abandonei a esperança de ser novamente um ser humano normal."

Bengermino acabou em uma enfermaria do Exército, onde um médico lhe deu alguns conselhos que mudaram completamente sua vida: "Depois de fazer um exame físico detalhado, ele me informou que meus problemas eram mentais. 'Ted', disse, '*quero que você pense na sua vida como se fosse uma ampulheta. Você sabe que há milhares de grãos de areia na parte de cima, e todos eles passam de modo lento e uniforme para a parte de baixo. Não há nada que eu ou você possamos fazer para que mais grãos de areia passem pelo estreitamento sem estragar a ampulheta. Todos nós somos como essa ampulheta. Quando começamos o dia, há centenas de tarefas que precisamos executar, mas se não encararmos uma de cada vez e as deixarmos passar pelo dia lenta e uniformemente, como os grãos de areia pela passagem estreita da ampulheta, destruiremos nossa estrutura física ou mental.*' Tenho seguido essa filosofia desde o dia memorável em que aquele médico do Exército a transmitiu para mim. 'Um grão de areia de cada vez... Uma tarefa de cada vez.' Foi um conselho que me salvou física e mentalmente durante a guerra e também tem me ajudado na minha posição atual de relações-públicas e diretor de publicidade da Adcrafters Printing & Offset Co. Os mesmos problemas que surgiram durante a guerra aparecem nos negócios: dezenas de tarefas a serem executadas ao mesmo tempo e pouco tempo para executá-las. Estávamos com o estoque baixo. Tínhamos formulários para preencher, mudanças de endereço, aberturas e fechamentos de escritórios, entre outras coisas. Em vez de ficar tenso e nervoso, lembrei-me do que o médico me disse. 'Um grão de areia de cada vez. Uma tarefa de cada vez.' Repetindo essas palavras para mim constantemente, conseguia realizar minhas tarefas com mais eficiência e fazia meu trabalho sem as sensações de confusão e atordoamento que quase me destruíram no campo de batalha."

Uma das constatações mais assustadoras sobre nosso modo de vida atual é que, em certo momento, metade de todos os leitos nos nossos hospitais estava reservada para pacientes com problemas psicológicos e psiquiátricos – pessoas que tinham entrado em colapso sob o fardo esmagador de ontens acumulados e de amanhãs temerosos. A maioria dessas pessoas poderia ter evitado a internação – e levado vidas felizes e úteis – se tivesse dado ouvidos às palavras de Jesus: *Não fiquem ansiosos com o amanhã*; ou como disse Sir William Osler: *Vivam em compartimentos de dias incomunicáveis.*

Neste exato momento, você e eu nos encontramos no ponto de interseção de duas eternidades: o vasto passado que existe desde sempre e o futuro que está mergulhando na última sílaba do tempo registrado. Não nos é permitido viver em nenhuma dessas eternidades – nem por uma fração de segundo. Ao tentar fazer isso, podemos devastar nosso corpo e nossa mente. Portanto, contentemo-nos em viver o único tempo que temos a possibilidade de viver: de agora até a hora de dormir. "Qualquer um pode carregar esse fardo, por mais difícil que seja, até o anoitecer", escreveu Robert Louis Stevenson. "Qualquer um pode fazer seu trabalho, por mais difícil que seja, por um dia. Qualquer um pode viver com doçura, paciência, amor e pureza até o sol se pôr. Esse é o significado real da vida."

Sim, isso é tudo que a vida exige de nós; mas a Sra. E. K. Shields, de Saginaw, Michigan, conheceu o desespero – chegou a pensar em suicídio – antes de aprender a viver apenas até a hora de dormir.

"Em 1937, perdi meu marido", ela me contou. "Eu fiquei muito deprimida... e praticamente sem dinheiro. Escrevi para meu ex-chefe, o Sr. Leon Roach, da Roach Fowler Company, de Kansas City, e consegui meu antigo emprego de volta. Antes, eu ganhava a vida vendendo enciclopédias para conselhos escolares rurais e municipais. Tinha me desfeito do meu carro dois anos antes, quando meu marido adoeceu; mas consegui juntar dinheiro para dar entrada em um usado e voltei a vender enciclopédias."

Ela acreditava que pegar a estrada outra vez a ajudaria a aliviar a depressão, mas dirigir sozinha e comer sozinha era mais doloroso do que imaginara. "Além disso, eu não conseguia vender como antes e ficou difícil até pagar as prestações do carro. Em 1938 eu visitava escolas pobres, pegava estradas ruins; estava tão solitária e desanimada que cheguei a pensar em suicídio. Parecia impossível ter qualquer melhora. Não havia nada que me motivasse a viver. Eu tinha horror de me levantar toda manhã e encarar a vida. Tinha medo de tudo: de não conseguir pagar as prestações do carro, de não conseguir pagar o aluguel, de não ter o que comer, de não poder pagar um médico se tivesse algum problema de saúde. O que me impedia de cometer suicídio era pensar que minha irmã ficaria profundamente triste e que eu não tinha dinheiro para pagar as despesas do meu funeral."

Foi então que, um dia, ela leu um artigo que lhe deu coragem para seguir vivendo. "Serei sempre grata por uma frase inspiradora que li naquele artigo. Era assim: *Todo dia é uma nova vida para um homem sábio.* Datilografei a frase e colei-a no para-brisa do meu carro, de modo que eu fosse obrigada a olhar para ela o tempo todo. Descobri que não era tão difícil viver apenas um dia de cada vez. Aprendi a esquecer os ontens e a não pensar nos amanhãs. Toda manhã, eu dizia para mim mesma: *Hoje é uma nova vida.* Consegui superar meu medo da solidão e meu medo de passar necessidade. Agora sou feliz e bem-sucedida, e tenho muito entusiasmo e amor pela vida. Sei que nunca mais sentirei medo, não importa o que a vida me dê. Não preciso temer o futuro. Posso viver um dia de cada vez – pois cada dia é uma nova vida para um homem sábio."

Tente adivinhar quem escreveu estes versos:

Feliz é o homem, e somente ele é feliz,
Aquele que pode chamar o hoje de seu:

Aquele que, seguro interiormente, pode dizer:
"Amanhã, seja o pior possível, pois vivi hoje."

Essas palavras soam modernas, não é mesmo? Mas foram escritas pelo poeta romano Horácio, 30 anos antes de Cristo nascer.

Uma das coisas mais trágicas da natureza humana é que todos nós tendemos a adiar a vida. Sonhamos com algum jardim de rosas mágico além do horizonte em vez de apreciar as rosas que florescem diante da nossa janela.

Por que somos tão tolos – tão tragicamente tolos?

"Como é estranha nossa breve procissão de vida!", escreveu Stephen Leacock. "A criança diz: 'Quando eu for grande.' Mas o que é isso? A criança grande diz: 'Quando eu crescer.' Depois, crescida, ela diz: 'Quando eu me casar.' Mas o que significa estar casado, afinal de contas? O pensamento muda para 'quando eu puder me aposentar'. Então, quando chega a aposentadoria, a pessoa olha para trás, para o caminho que percorreu; um vento frio parece soprar; ela perdeu tudo, tudo se foi. A vida, aprendemos tarde demais, está no viver, no tecido de cada dia e de cada hora."

O falecido Edward S. Evans, de Detroit, quase se matou de preocupação antes de aprender que a vida "está no viver, no tecido de cada dia e de cada hora". Criado na pobreza, ganhou seu primeiro dinheiro vendendo jornais e depois passou a trabalhar como balconista em uma mercearia. Mais tarde, sustentando sete pessoas, conseguiu um emprego como assistente de bibliotecário. Por mais baixo que fosse o salário, Edward Evans tinha medo de pedir demissão. Oito anos se passaram até ele tomar coragem de abrir um negócio, mas, quando o fez, com um empréstimo de 55 dólares, passou a ganhar 20 mil dólares por ano. Mais tarde, sofreu uma decepção mortal: avalizou uma promissória para um amigo e o amigo faliu. Logo veio outro desastre: o banco no qual guardava todo o seu dinheiro também faliu. Ele não só perdeu tudo que tinha como ficou com uma dívida de 16 mil dólares. E não suportou os baques: "Eu não conseguia dormir nem comer. Fui acometido por uma doença estranha. *Preocupação, e nada além de preocupação, provocou essa doença*. Um dia, enquanto caminhava na rua, desmaiei e caí. Eu não conseguia mais caminhar. Fiquei acamado e meu corpo ficou cheio de furúnculos. Eles se tornaram internos, até o ponto em que o simples fato de ficar deitado na cama causava dores atrozes. Eu ficava mais fraco a cada dia. Por fim, meu médico me disse que eu tinha apenas duas semanas de vida. Fiquei chocado. Preparei meu testamento e me recostei na cama, aguardando a morte. Não adiantava mais lutar ou me preocupar. Desisti, relaxei e adormeci. Eu não dormia duas horas seguidas fazia semanas; mas naquele momento, com meus problemas mundanos próximos do fim, dormi como um bebê. Meu cansaço exaustivo começou a desaparecer. O apetite voltou. Ganhei peso."

Algumas semanas depois, ele já conseguia andar com muletas. Passadas mais seis semanas, voltou ao trabalho.

"Eu chegara a ganhar 20 mil dólares por ano, mas agora estava feliz por ter um emprego que pagava 30 dólares por semana, vendendo calços para rodas de automóveis transportados em carretas. Aprendi a lição. Chega de preocupações para mim. Chega de arrependimentos pelo que aconteceu no passado e de medo do futuro. Concentrei todo o meu tempo, o meu entusiasmo e toda a minha energia em vender aqueles calços."

Edward S. Evans progrediu rapidamente. Em poucos anos, tornou-se presidente da Evans Product Company, uma empresa de capital aberto na bolsa de valores de Nova York. Se você for à Groenlândia, poderá aterrissar no Evans Field – um aeroporto batizado em homenagem a ele. No entanto, Edward S. Evans jamais teria conquistado tais vitórias se não tivesse aprendido a viver em compartimentos de dias incomunicáveis.

Você deve se lembrar do que a Rainha Branca disse para Alice: "A regra é esta: geleia amanhã e geleia ontem, mas nunca geleia hoje." A maioria de nós vive assim, aflita com a geleia de ontem e preocupada com a de amanhã em vez de passar agora um monte da geleia de hoje no pão.

Até Montaigne, o grande filósofo francês, cometeu esse erro. Ele disse: "Minha vida foi cheia de desgraças terríveis, a maioria das quais nunca ocorreu." Assim como a minha – e a sua.

"Pense", disse Dante, "que este dia nunca amanhecerá outra vez." A vida está escapando a uma velocidade incrível. Estamos disparando pelo espaço a 30 quilômetros por segundo. *Hoje* é nosso bem mais precioso. É nosso único bem verdadeiro.

Essa é a filosofia de Lowell Thomas. Certa vez, passei um final de semana na fazenda dele e reparei nestas palavras do Salmo 68 emolduradas e penduradas na parede de seu estúdio de radioamador, onde ele as via com frequência:

Este é o dia que o Senhor fez;
Regozijemo-nos e sejamos felizes nele.

O escritor John Ruskin tinha sobre sua escrivaninha um simples pedaço de pedra no qual havia uma única palavra entalhada: HOJE. Embora eu não tenha um objeto assim sobre a minha mesa de trabalho, colei um poema no espelho do banheiro e toda manhã, quando faço a barba, eu o releio. Trata-se de um poema que Sir William Osler mantinha em sua escrivaninha, escrito pelo famoso dramaturgo indiano Kalidasa:

Saudação ao Amanhecer
Olhe este dia!
Por sua vida, a própria vida da vida.
Em seu breve curso
Jazem todas as verdades e realidades da sua existência:
O êxtase do crescimento
A glória da ação
O esplendor da beleza.
Pois ontem é apenas um sonho
E o amanhã é somente uma visão,
Mas o hoje bem vivido faz de cada ontem um sonho de felicidade
E de cada amanhã uma visão de esperança.
Olhe bem, portanto, este dia!
Assim é a saudação do amanhecer.

Portanto, a primeira coisa que você deve saber sobre preocupação é isto: se quiser mantê-la fora da sua vida, faça como Sir William Osler:

Feche as portas de ferro para o passado e para o futuro. Viva em compartimentos de dias incomunicáveis.

Por que não faz a si mesmo estas perguntas e anota as respostas?

1. Minha tendência é adiar viver no presente para me preocupar com o futuro, ou cobiçar algum "jardim de rosas mágico além do horizonte"?
2. Às vezes torno o presente amargo ao me arrepender de acontecimentos do passado – que estão encerrados e resolvidos?
3. Acordo pela manhã determinado a "aproveitar o dia", a obter o máximo dessas 24 horas?
4. Posso obter mais da vida "vivendo em compartimentos de dias incomunicáveis"?
5. Quando devo começar a fazer isso? Semana que vem?... Amanhã?... *Hoje?*

2

Uma fórmula mágica para resolver preocupações

QUE TAL UMA RECEITA RÁPIDA e certeira para lidar com preocupações – uma técnica que você pode começar a usar imediatamente?

Vou lhe apresentar o método desenvolvido por Willis H. Carrier, o brilhante engenheiro que criou a indústria de condicionadores de ar e dirigiu a mundialmente famosa Carrier Corporation, em Syracuse, Nova York. É uma das melhores técnicas que já conheci para aliviar as preocupações. O próprio Carrier me falou dela um dia quando estávamos almoçando juntos no Clube de Engenheiros de Nova York.

"Quando jovem, eu trabalhava para a Buffalo Forge Company em Bufallo, Nova York. Recebi a tarefa de instalar um dispositivo de limpeza de gás em uma fábrica da Pittsburgh Plate Glass Company em Crystal City, Missouri, uma fábrica que custara milhões de dólares. O propósito da instalação era remover as impurezas do gás de modo que ele fosse queimado sem danificar os motores. Esse método de limpeza de gás era novo, só havia sido testado uma vez antes, e sob condições diferentes. No meu trabalho em Crystal City, surgiram dificuldades imprevistas. O método funcionou de certo modo, mas não suficientemente bem para cumprir a garantia que tínhamos dado."

Carrier ficou atordoado com o fracasso. Nem conseguia dormir, de tanta preocupação. "Finalmente o bom senso me lembrou que a preocupação não estava me levando a lugar nenhum; portanto achei uma maneira de lidar com meu problema sem me preocupar." Funcionou maravilhosamente bem, e ele usa essa mesma técnica para todos os outros problemas que aparecem. Consiste em três passos:

I. *Analisar a situação de maneira corajosa e honesta e entender o que pode acontecer de pior como resultado daquele fracasso.* "Ninguém iria para a cadeia ou daria um tiro em mim", ponderou Carrier. "Talvez eu perdesse meu cargo e os 20 mil dólares que tínhamos investido."

II. *Depois de concluir o que de pior pode ocorrer, resignar-se a aceitar aquilo, se necessário.* "Eu disse a mim mesmo: esse fracasso será um golpe no meu histórico profissional e talvez eu perca meu emprego; caso isso aconteça, sempre posso conseguir outro, mesmo que em condições piores. Depois de descobrir o pior que poderia acontecer e de me resignar a isso, algo extremamente importante aconteceu: relaxei e fui tomado por uma sensação de paz que não sentia havia dias."

III. *Dedicar seu tempo e sua energia a melhorar, com calma, o pior que você já tiver aceitado internamente.* Depois de aceitar a situação e pensar em como melhorá-la, Carrier conseguiu reverter suas perdas financeiras: "Eu dificilmente teria conseguido isso se tivesse continuado naquele estado de preocupação. Uma das piores características desse sentimento é que ele destrói nossa capacidade de concentração. Quando nos preocupamos, nossa mente salta de lá para cá e perdemos a capacidade de tomar decisões. Porém, se nos obrigamos a encarar o pior e a aceitá-lo, eliminamos esses pensamentos vagos e conseguimos nos concentrar no problema. Essa estratégia funcionou tão maravilhosamente bem que passei a utilizá-la desde então. Graças a isso, tenho vivido quase sem preocupações."

Por que a fórmula mágica de Willis H. Carrier é tão valiosa e prática do ponto de vista psicológico? Porque ela nos tira das grandes nuvens cinzentas que tateamos quando estamos cegos de preocupação e pousa nossos pés com firmeza no chão. Sabemos onde estamos pisando. Se não tivermos um terreno sólido sob nós, como teremos esperanças de resolver o problema?

O professor William James, pai da psicologia aplicada, morreu em 1910. Mas, se estivesse vivo hoje e pudesse ouvir essa fórmula para encarar o pior, ele a aprovaria com entusiasmo. Como sei disso? Porque ele disse aos seus alunos: "Disponham-se a aceitar... Disponham-se a aceitar", *porque* "... a aceitação do que aconteceu é o primeiro passo na superação de qualquer tragédia."

Em seu best-seller *A importância de viver*, Lin Yu-Tang expressou a mesma ideia. "A verdadeira paz de espírito", diz o filósofo chinês, "vem de aceitar o pior. Psicologicamente, acredito, isso significa uma liberação de energia."

É exatamente isso! Do ponto de vista psicológico, significa uma nova liberação de energia! Depois de aceitarmos o pior, não temos nada mais a perder. E isso significa, automaticamente, que temos *tudo* a ganhar! "Depois de encarar o pior", relatou Willis H. Carrier, "relaxei na mesma hora e fui tomado por uma sensação de paz que não experimentava fazia dias. A partir daquele momento, fui capaz de *pensar*."

Faz sentido, não faz? No entanto, milhões de pessoas destruíram sua vida em uma agitação raivosa pois se recusaram a aceitar o pior; recusaram-se a tentar melhorá-lo; recusaram-se a salvar dos destroços o que podiam. Em vez de tentar reconstruir seu destino, entraram em um amargo e "violento embate com a experiência" – e acabaram vítimas daquela fixação taciturna conhecida como melancolia.

Você gostaria de saber como outra pessoa adotou a fórmula mágica de Willis H. Carrier e a aplicou ao próprio problema? Bem, veja o exemplo de um vendedor de óleo de Nova York que foi meu aluno.

"Eu estava sendo chantageado!", ele me contou. "Não acreditava que fosse possível, achava que isso só acontecia nos filmes. O que aconteceu foi o seguinte: a empresa de óleo que eu gerenciava tinha vários caminhões de entrega e vários motoristas. Naquela época, as regulamentações de guerra estavam rigorosamente em vigor e havia um racionamento sobre a quantidade de óleo que podíamos entregar para cada cliente. Eu não sabia, mas parece que certos motoristas nossos estavam entregando menos óleo para os clientes regulares e revendendo o que sobrava para clientes próprios."

Um dia, um homem que alegava ser inspetor do governo foi até ele e exigiu dinheiro para que ficasse calado. "Ele tinha documentos que provavam o que nossos motoristas andavam fazendo e ameaçou entregar as provas para o gabinete do promotor distrital se eu não pagasse o que ele exigia. Eu sabia que não tinha motivos para me preocupar, pelo menos não pessoalmente. Mas também sabia que, por lei, a empresa é responsável pelas ações de seus funcionários. Além disso, se o caso fosse levado a julgamento e saísse nos jornais, a publicidade negativa arruinaria meu negócio. E eu tinha orgulho do meu negócio, fundado pelo meu pai 24 anos antes."

Ele quase adoeceu de preocupação. Passou três dias sem comer nem dormir, pensando no que deveria fazer. Pagar os 5 mil dólares ou dizer ao homem para seguir em frente e cumprir suas ameaças? Todas as alternativas que considerava sempre terminavam em um pesadelo.

"Então, na noite de domingo, peguei por acaso o livreto sobre *Como parar de se preocupar* que eu tinha recebido na aula de oratória de Carnegie. Comecei a lê-lo e me deparei com a história de Willis H. Carrier. 'Encare o pior', estava escrito. Perguntei a mim mesmo: qual é a pior coisa que pode acontecer se eu me recusar a pagar e aquele chantagista entregar os registros para o promotor? A resposta foi: a ruína do meu negócio. Não irei para a cadeia, mas serei arruinado pela publicidade."

Ele continuou a contar: "Então eu disse para mim mesmo: Certo, o negócio *está* arruinado. Aceito isso mentalmente. O que acontece depois? Bem, com meu negócio arruinado, eu provavelmente teria que procurar um emprego. Aquilo não era ruim. Eu sabia muito sobre óleo, várias empresas ficariam felizes em me empregar... Comecei a me sentir melhor. O desânimo dos últimos dias começou a diminuir. Minhas emoções se acalmaram... E, para minha surpresa, consegui *pensar*."

Naquela etapa, ele já estava lúcido o suficiente para encarar o Passo III: *melhorar o pior*: "Enquanto eu pensava em soluções, vislumbrei o problema por um ângulo inteiramente novo. Se eu relatasse a situação para meu advogado, ele poderia encontrar uma saída que ainda não tinha me ocorrido. Sei que parece burrice dizer que isso sequer tinha passado pela minha cabeça antes, no entanto, obviamente, eu não estivera pensando, mas apenas me *preocupando!* Decidi consultar meu advogado na manhã seguinte. Fui para a cama e dormi como uma pedra!"

E como tudo isso terminou? "Bem, na manhã seguinte meu advogado me recomendou que procurasse o promotor distrital e contasse a verdade a ele. Fiz exatamente isso. Quando terminei, fiquei chocado ao ouvir o promotor dizer que aquele golpe da chantagem estava acontecendo havia meses e que o homem que alegava ser um 'agente do governo' era, na verdade, um criminoso procurado pela polícia. Que alívio escutar isso depois de três dias e três noites me atormentando com a ideia de entregar ou não 5 mil dólares àquele trapaceiro profissional!"

Essa experiência lhe ensinou uma lição duradoura. Agora, sempre que se depara com um problema que gera preocupação, ele aplica a "velha fórmula de Willis H. Carrier".

Se você achou que Willis H. Carrier tinha problemas, ainda não ouviu nada. Esta é a história de Earl P. Haney, de Winchester, Massachusetts, tal como ele me relatou em 17 de novembro de 1948 no Hotel Statler, em Boston.

"Na década de 1920", disse ele, "eu estava tão preocupado que úlceras começaram a corroer a mucosa do meu estômago. Uma noite, tive uma hemorragia terrível. Fui levado às pressas para o hospital da Faculdade de Medicina da Universidade Northwestern, de Chicago. Perdi 43 quilos. Eu estava tão doente que me avisaram para nem desperdiçar energia levantando a mão. Três médicos, incluindo um famoso especialista em úlceras, disseram que meu caso era 'incurável'. Eu vivia à base de pós alcalinos e de meia colher de leite e meia colher de um creme estranho a cada hora. Uma enfermeira enfiava um tubo de borracha até meu estômago à noite e pela manhã e bombeava o que havia lá dentro."

Ele contou que aquele tormento durou meses, até que disse para si mesmo: "Escute aqui, Earl, você não tem nada a esperar além de uma morte lenta, de modo que dá no mesmo viver ou não da melhor maneira possível o pouco tempo que lhe resta. Você sempre desejou dar a volta ao mundo antes de morrer; a hora é agora."

Earl disse aos médicos que pretendia dar a volta ao mundo. Eles ficaram perplexos. Avisaram que ele corria o risco de morrer e ser lançado ao mar. "Isso não ia acontecer. Eu havia prometido aos meus parentes que seria enterrado no jazigo da família. Então providenciei um caixão, despachei-o no navio e acertei com a empresa que, caso eu morresse, meu corpo seria mantido em uma câmara fria até que o navio voltasse."

Segundo o que me contou, no instante em que entrou no *S.S. President Adams* em Los Angeles e zarpou para o Oriente, ele já começou a se sentir melhor. "Pouco a pouco, abandonei os pós alcalinos e minha bomba estomacal. Logo estava comendo todo tipo de alimento, até estranhos preparados nativos e beberagens que com certeza me matariam. Com o passar das semanas, fumei charutos e bebi *highballs*. Me diverti mais do que em anos! Enfrentamos monções e tufões que deveriam ter me despachado para o caixão, mesmo que só de medo, mas aproveitei intensamente toda aquela aventura."

Earl participou de jogos no navio, cantou, fez novos amigos, passou noites em claro. Quando chegou à China e à Índia, percebeu que as preocupações que tinha com seus negócios eram o paraíso em comparação com a pobreza e a fome que encontrou no Oriente. "Deixei de lado todas as minhas preocupações sem sentido e me senti bem. De volta aos Estados Unidos, eu tinha ganhado 45 quilos e quase esquecera que um dia tive uma úlcera. Nunca me senti tão bem. Voltei ao trabalho e nunca mais adoeci."

Earl P. Haney contou-me que se deu conta de que estava usando inconscientemente os mesmos princípios que Willis H. Carrier usou para vencer suas preocupações.

"Primeiro, perguntei a mim mesmo: O que de pior pode acontecer? A resposta era a morte. Segundo, preparei-me para aceitar a morte. Eu precisava fazer isso. Não tinha escolha. Os médicos diziam que meu caso era incurável. Terceiro, tentei melhorar a situação desfrutando o máximo da vida durante o curto tempo que me restava. Se eu tivesse continuado a me preocupar depois de embarcar no navio, com certeza teria feito a viagem de volta dentro do caixão. Mas relaxei e esqueci todos os meus problemas. Essa paz de espírito me trouxe uma nova onda de energia que, na verdade, salvou minha vida."

Portanto, a Regra 2 é: Se você tem um problema com preocupação, aplique a fórmula mágica de Willis H. Carrier adotando estas três atitudes:

1. Pergunte a si mesmo: "O que de pior pode acontecer?"
2. Prepare-se para aceitar o pior, se for preciso.
3. Então trabalhe calmamente para melhorar o pior.

3

O que a preocupação pode fazer com você

Aqueles que não sabem como lutar contra a preocupação morrem jovens.
– DR. ALEXIS CARREL

HÁ MUITOS ANOS, um vizinho tocou minha campainha certa noite e insistiu para que eu e minha família nos vacinássemos contra a varíola. Ele era apenas um entre milhares de voluntários que estavam tocando campainhas em toda a cidade de Nova York. Pessoas assustadas ficavam horas em filas para serem vacinadas. Postos de imunização foram abertos não apenas em todos os hospitais, mas também em postos de bombeiros, delegacias e grandes fábricas. Mais de 2 mil médicos e enfermeiras trabalhavam dia e noite vacinando multidões. O motivo? Oito pessoas em Nova York contraíram varíola. E duas tinham morrido.

Bem, eu morava em Nova York havia muitos anos e, infelizmente, ninguém tinha tocado minha campainha para me avisar sobre a doença emocional da preocupação.

Na época, nenhum voluntário me avisou que uma em cada dez pessoas vivas nos Estados Unidos teria um colapso nervoso – induzido, quase sempre, por preocupação e conflitos emocionais. Portanto, escrevo este capítulo para tocar a campainha da sua casa e avisar você.

O grande ganhador do prêmio Nobel de Medicina Dr. Alexis Carrel declarou o seguinte: "Empresários que não sabem lutar morrem jovens." Assim como donas de casa, veterinários especializados em cavalos, pedreiros e pessoas com qualquer tipo de ocupação.

Há alguns anos, passei as férias viajando de carro pelo Texas e pelo Novo México com o Dr. O. F. Gober, um dos executivos médicos da estrada de ferro Santa Fé. Seu título exato era médico-chefe da Associação Hospitalar Gulf, Colorado e Santa Fé. Começamos a conversar sobre os efeitos da preocupação e ele disse que 70% dos pacientes que procuram ajuda médica poderiam curar a si mesmos se conseguissem se livrar de seus medos e preocupações. "São doenças tão reais quanto uma dor de dente, muitas vezes até mais graves: indigestão, úlceras, transtornos cardíacos, insônia, certas dores de cabeça e alguns tipos de paralisia. Sei do que estou falando pois eu mesmo sofri de uma úlcera gástrica por 12 anos."

Segundo ele, o medo causa preocupação. A preocupação nos deixa tensos e nervosos, afetando os nervos do estômago. Também provoca alterações anormais nos sucos gástricos e muitas vezes leva a úlceras gástricas.

O Dr. Joseph F. Montague, autor do livro *Nervous Stomach Trouble* (Problemas estomacais nervosos), diz, em essência, a mesma coisa: "Uma pessoa não contrai úlceras por causa de como se alimenta. As úlceras advêm do que as está devorando por dentro."

O Dr. W. C. Alvarez, da Clínica Mayo, afirma: "Frequentemente, úlceras pioram ou melhoram de acordo com os altos e baixos do estresse emocional."

Essa afirmação foi sustentada por um estudo com 15 mil pacientes submetidos a tratamento de problemas gástricos na Clínica Mayo. Quatro em cada cinco pacientes não tinham absolutamente nenhuma base física para seus sintomas. Medo, preocupação, ódio, egoísmo extremo e incapacidade de se ajustar à realidade quase sempre estavam por trás de suas doenças e úlceras gástricas, sendo que estas podem levar à morte.

Por um tempo me correspondi com o Dr. Harold C. Habein, da Clínica Mayo. No encontro anual da Associação Americana de Médicos e Cirurgiões Industriais, ele apresentou um artigo escrito a partir de um estudo com 176 executivos cuja idade média era de 44,3 anos. *Segundo o Dr. Habein, pouco mais de um terço deles sofria de um destes três males associados a uma vida de alta tensão: doença cardíaca, úlceras do trato digestivo e pressão arterial elevada.* Pense nisto: um terço dos nossos executivos está destruindo o próprio organismo com doenças cardíacas, úlceras e pressão arterial elevada antes mesmo de chegar aos 45 anos. Que preço alto a pagar pelo sucesso! E eles nem estão comprando sucesso! Qual é o homem que pode se vangloriar do êxito empresarial quando o preço para progredir nos negócios é desenvolver úlceras e problemas cardíacos? Que lucro terá ele se conquistar tudo que almeja mas perder a saúde? Mesmo que fosse dono do mundo inteiro, ele só poderia dormir em uma cama de cada vez e fazer três refeições por dia. Até um recém-contratado poderia fazer isso – e provavelmente dormiria melhor e desfrutaria mais da comida do que um executivo todo-poderoso. Francamente, eu preferiria ser uma pessoa despreocupada, sem responsabilidades, a destruir minha saúde aos 45 anos tentando administrar uma ferrovia ou uma empresa que fabrica cigarros.

O fabricante de cigarros mais conhecido do mundo caiu morto, vítima de falência cardíaca, em uma viagem de lazer às florestas canadenses. Ele acumulou milhões – e morreu aos 61 anos. Provavelmente trocou anos de vida pelo assim chamado "sucesso nos negócios".

Na minha opinião, esse executivo dos cigarros, com todos os seus milhões, não era nem remotamente mais bem-sucedido do que meu pai, um fazendeiro do Missouri que morreu aos 89 anos sem um único dólar.

Os famosos irmãos Mayo declararam que mais da metade dos nossos leitos de hospitais é ocupada por pessoas com problemas nervosos. Contudo, na maioria dos casos, quando os nervos dessas pessoas são estudados sob um microscópio poderoso em um exame *post-mortem*, eles parecem tão saudáveis quanto os de Jack Dempsey. Seus "problemas nervosos" não são causados por uma deterioração física dos nervos, e sim por emoções associadas a futilidade, frustração, ansiedade, preocupação, medo, derrota, desespero. Platão disse que "o grande erro que os médicos cometem é o de tentar curar o corpo sem tentar curar a mente; mente e corpo são um só e não deveriam ser tratados separadamente"!

A ciência médica levou 2.300 anos para reconhecer essa grande verdade. Faz pouco tempo que foi desenvolvida uma nova área, a medicina *psicossomática*, que trata tanto a mente quanto o corpo. Está mais do que na hora de fazermos isso, pois a ciência médica praticamente eliminou as terríveis *doenças causadas por germes físicos* – como varíola, cólera, febre amarela e dezenas de outros flagelos que varreram milhões prematuramente. Mas a ciência médica tem sido incapaz de lidar com os estragos mentais e físicos causados não por germes, mas por emoções como preocupação, medo, ódio, frustração e desespero. As mortes causadas por doenças emocionais estão se espalhando com uma rapidez catastrófica. Um em cada seis de nossos jovens convocados durante a Segunda Guerra Mundial foi rejeitado por transtornos psiquiátricos.

O que causa a insanidade? Ninguém conhece todas as respostas, mas é altamente provável que, em muitos casos, o medo e a preocupação sejam fatores contribuintes. O indivíduo ansioso que é incapaz de lidar com o difícil mundo real corta todo o contato com seu ambiente e se recolhe em um universo onírico criado por ele, e isso resolve seus problemas de preocupação.

Tenho na minha escrivaninha um livro do Dr. Edward Podolsky intitulado *Stop Worrying and Get Well* (Pare de se preocupar e fique bem). Aqui estão os títulos de alguns capítulos:

O QUE A PREOCUPAÇÃO FAZ COM O CORAÇÃO

PRESSÃO ALTA É ALIMENTADA PELA PREOCUPAÇÃO

REUMATISMO PODE SER CAUSADO POR PREOCUPAÇÃO

PREOCUPE-SE MENOS, PELO BEM DO SEU ESTÔMAGO

COMO A PREOCUPAÇÃO PODE DESENCADEAR UMA GRIPE

PREOCUPAÇÃO E A TIREOIDE

O DIABÉTICO PREOCUPADO

Outro livro esclarecedor sobre preocupação é *O homem contra si próprio*, do Dr. Karl Menninger, um dos "irmãos Mayo da psiquiatria". O livro de Menninger não oferece nenhuma regra sobre como evitar preocupações, mas contém revelações assustadoras sobre como destruímos nosso corpo e nossa mente com ansiedade, frustração, ódio, ressentimento, agressividade e medo. Procure um exemplar na biblioteca local.

A preocupação pode adoecer até a pessoa mais impassível – o general Grant descobriu isso durante os dias finais da Guerra Civil americana. A história foi assim: Grant sitiava Richmond fazia nove meses. As tropas do general Lee, esfarrapadas e famintas, estavam arrasadas. Regimentos inteiros desertavam de uma só vez, enquanto outros se reuniam para rezar em suas barracas – gritando, chorando e tendo alucinações. O fim estava próximo. Os homens de Lee incendiaram os armazéns de algodão e de tabaco em Richmond, queimaram o arsenal e fugiram da cidade à noite enquanto chamas gigantescas rugiam na escuridão. Grant os perseguia ferozmente, atacando os Confederados pelos dois lados e por trás, enquanto a cavalaria de Sheridan os liderava, destruindo linhas férreas e capturando vagões de suprimentos.

Grant, com a vista afetada por uma dor de cabeça violenta e nauseante, ficou para trás de seu exército e parou em uma casa de fazenda. Em suas *Memórias*, ele registrou: "Passei a noite com os pés de molho em água quente e mostarda e colocando emplastros de mostarda nos pulsos e na nuca, na esperança de estar curado pela manhã."

No dia seguinte, ele foi curado instantaneamente. Não pelo emplastro de mostarda, e sim por um cavaleiro que veio galopando pela estrada com uma carta de Lee informando que o general adversário queria se render.

"Quando o oficial [que trazia a mensagem] me alcançou", escreveu Grant, "eu ainda estava com a dor de cabeça nauseante, mas, no instante em que li o conteúdo do bilhete, a dor desapareceu."

Obviamente, eram as preocupações de Grant que o tinham deixado doente. Ele se curou no momento em que suas emoções mudaram para confiança, conquista e vitória.

Setenta anos depois, Henry Morgenthau Jr., secretário do Tesouro do gabinete de Franklin D. Roosevelt, descobriu que a preocupação podia deixá-lo tão doente que chegava a ter tonturas. Ele registrou em seu diário que ficou extremamente preocupado quando o presidente, para aumentar o preço do trigo, comprou 4,4 milhões de alqueires em um dia. Eis o que escreveu: "Fiquei literalmente tonto enquanto aquilo estava acontecendo. Fui para casa e passei duas horas de cama depois do almoço."

Para ver o que a preocupação faz com as pessoas, não preciso ir a uma biblioteca ou a um médico. Posso olhar pela janela da minha casa, onde estou escrevendo este livro, e observar, a uma quadra de distância, uma residência onde a preocupação causou um colapso nervoso e outra cujo morador se preocupou até desenvolver diabetes. Quando o mercado de ações despencou, os níveis de açúcar no seu sangue e na sua urina subiram.

Quando Montaigne, o ilustre filósofo francês, foi eleito prefeito de sua cidade natal – Bordeaux –, ele disse a seus conterrâneos: "Estou disposto a tomar seus problemas nas minhas mãos, mas não no meu fígado e nos meus pulmões."

Meu vizinho "injetou" os problemas do mercado de ações na corrente sanguínea – e isso quase o matou.

Se eu precisar de um lembrete sobre o que a preocupação faz com as pessoas, não preciso olhar para as casas dos meus vizinhos. Posso observar o próprio cômodo onde me encontro agora e recordar que um antigo proprietário desta casa morreu cedo, de tanta preocupação.

A preocupação pode colocar você em uma cadeira de rodas, com reumatismo e artrite. O Dr. Russel L. Cecil, autoridade reconhecida mundialmente em artrite, listou as quatro condições mais comuns que desencadeiam a doença:

1. Separação;
2. Desastre e sofrimento financeiro;
3. Solidão e preocupação;
4. Ressentimentos.

Naturalmente, essas quatro situações não são as únicas causas de artrite. Existem muitos tipos diferentes da doença, atribuídos a diversas causas. Mas, repetindo, as *condições mais comuns* que provocam artrite são as quatro listadas pelo Dr. Russel L. Cecil. Um amigo meu foi atingido tão duramente durante a Grande Depressão que a companhia de gás cortou o abastecimento e o banco executou a hipoteca da casa onde ele morava. De uma hora para outra, sua esposa teve um ataque doloroso de artrite – e, apesar de medicamentos e de dietas, a artrite persistiu até que a situação financeira deles melhorou.

A preocupação pode até provocar deterioração dentária. O Dr. William I. L. McGonigle disse, em uma palestra para a Associação Americana de Odontologia, que "emoções desagradáveis, como as causadas por preocupação, medo, irritação (...), podem perturbar o equilíbrio do cálcio do corpo e provocar deterioração nos dentes". Ele relatou o caso de um paciente que sempre teve dentes perfeitos até começar a se preocupar com uma doença repentina da esposa. Durante as três semanas que ela passou no hospital, o marido desenvolveu nove cáries.

Você já viu uma pessoa com tireoide agudamente hiperativa? Eu já, e posso dizer que essa pessoa tem tremores e parece muito apavorada. A glândula tireoide, que regula a função de vários órgãos do corpo, funciona mal. Ela faz disparar o coração – e o corpo inteiro acelera em velocidade máxima, como uma fornalha a todo vapor. Se esse sintoma não for controlado com cirurgia ou tratamento, a vítima pode morrer de esgotamento.

Há algum tempo, fui à Filadélfia com um amigo que sofria dessa condição. Acompanhei-o a uma consulta com o Dr. Israel Bram, um famoso especialista que trata esse tipo de doença há 38 anos. Eis o conselho que ele tinha pendurado na parede de sua sala de espera – pintado em um grande painel de madeira (copiei-o atrás de um envelope enquanto aguardava):

Relaxamento e Recreação
As forças mais relaxantes e revigorantes são
uma religião saudável, sono, música e riso.
Tenha fé em Deus – Aprenda a dormir bem –
Ame boa música – Veja o lado engraçado da vida –
E a saúde e a felicidade estarão com você.

A primeira pergunta que ele fez ao meu amigo foi: "Que perturbação emocional provocou essa condição?" Bram advertiu meu amigo de que, se ele não parasse de se preocupar, poderia ter outras complicações: problemas cardíacos, úlceras ou diabetes. "Todas essas doenças", disse o eminente médico, "são primas de primeiro grau."

Quando entrevistei a atriz Merle Oberon, ela me disse que se recusava a se preocupar porque sabia que a preocupação destruiria seu principal atrativo nas telas dos cinemas: a beleza.

"Quando quis tentar a sorte no cinema", disse-me ela, "eu estava preocupada e com medo. Tinha acabado de chegar da Índia e não conhecia ninguém em Londres, onde estava em busca de um emprego. Vi alguns produtores, mas nenhum me contratou, e o pouco dinheiro que eu tinha começou a acabar. Durante duas semanas, vivi à base de biscoitos cream-crackers e água. Logo eu não estava apenas preocupada: também estava faminta. Disse a mim mesma: 'Talvez você seja uma boba. Talvez você *nunca* faça sucesso no cinema. Afinal de contas, você não tem experiência, nunca atuou – o que tem a oferecer além de um rosto bonito?'"

Ela se olhou no espelho e só então compreendeu: "Quando vi meu reflexo, percebi o que a preocupação estava fazendo com minha aparência! Observei as rugas e a expressão ansiosa e falei: 'Você precisa parar com isso agora mesmo! Não pode se dar ao luxo de se preocupar. A única coisa que você tem a oferecer é sua aparência, e a preocupação pode arruiná-la!'"

Poucas situações têm tanto potencial para envelhecer e amargurar uma mulher – além de destruir sua aparência – quanto as preocupações. Elas perturbam a fisionomia, fazem com que travemos a mandíbula e marcam nosso rosto com rugas. Produzem uma carranca permanente. Preocupações podem deixar o cabelo grisalho e, em alguns casos, até fazê-lo cair. Também fazem muito mal à pele, desencadeando exantemas, erupções e espinhas.

Durante a Segunda Guerra Mundial, estima-se que 80 milhões de pessoas, entre militares e civis, foram mortas nos combates; no mesmo período, doenças do coração mataram 2 milhões de civis – e 1 milhão dessas mortes foram causadas pelo tipo de doença cardíaca provocada por preocupação e por forte tensão. Essa categoria de mal é um dos principais motivos pelos quais o Dr. Alexis Carrel disse: "Homens de negócios que não sabem como lutar morrem jovens."

"O Senhor pode perdoar nossos pecados", escreveu William James, "mas o sistema nervoso nunca perdoa."

Eis outro fato chocante e quase inacreditável: mais americanos cometem suicídio a cada ano do que os que morrem das cinco doenças contagiosas mais comuns.

Por quê? A resposta é: "Preocupação."

Quando os cruéis senhores da guerra chineses queriam torturar seus prisioneiros, amarravam as mãos e os pés deles e os colocavam sob uma bolsa d'água que pingava... e pingava... e pingava... sem parar, dia e noite. O tempo e a constância faziam com que aquele gotejar soasse como uma marreta e, pouco a pouco, os prisioneiros enlouqueciam. Esse mesmo método de tortura foi usado durante a Inquisição espanhola e nos campos de concentração nazistas.

A preocupação é como um gotejar, gotejar, gotejar constante. E esse gotejar, gotejar, gotejar constante de preocupação leva muitos à loucura e ao suicídio.

Quando eu era um jovem do campo no Missouri, morria de medo ao ouvir o pregador Billy Sunday descrever o fogo do inferno. Mas ele jamais mencionou os terrores da agonia física que acomete aqueles que se preocupam. Por exemplo, se você se preocupa cronicamente, pode ser atingido algum dia por uma das dores mais excruciantes já sentidas pelo ser humano: *angina pectoris*.

Você ama a vida? Quer viver muito e desfrutar de boa saúde? Aqui está a fórmula, e citarei o Dr. Alexis Carrel novamente. Ele disse: "Aqueles que mantêm a paz interior em meio ao tumulto da cidade moderna são imunes a doenças nervosas."

Você consegue manter a paz interior em meio ao tumulto de uma cidade moderna? Se é uma pessoa normal, a resposta é "Sim". Um sim enfático. A maioria de nós é mais forte do que imagina. Temos recursos interiores que provavelmente nunca exploramos. Como escreveu Thoreau em seu imortal *Walden*: "Não conheço nenhum fato mais encorajador do que a capacidade inquestionável do homem de elevar sua vida por meio de um empenho consciente. [...] Se alguém avança de maneira confiante na direção de seus sonhos e se empenha em viver a vida que imaginou, encontrará nas horas comuns um sucesso inesperado."

Com certeza, muitos leitores deste livro possuem tanta força de vontade e tantos recursos interiores quanto Olga K. Jarvey, de Coeur d'Alene, Idaho. Ela descobriu que conseguia afastar as preocupações mesmo sob as circunstâncias mais trágicas. Acredito que você e eu também podemos – se aplicarmos as verdades antigas, muito antigas, discutidas neste livro.

Esta é a história de Olga K. Jarvey, tal como ela a escreveu para mim:

"Oito anos e meio atrás, eu estava condenada a morrer – uma morte lenta e agonizante – de câncer. Os melhores médicos do país confirmaram a sentença. Eu estava em um beco sem saída. Era jovem. Não queria morrer! No meu desespero, telefonei para meu médico em Kellogg e expus a ele o desespero que havia no meu coração. Muito impaciente, ele me repreendeu: 'Qual o problema, Olga? Você não tem forças para lutar? É claro que vai morrer... se continuar chorando. O pior dominou você. Encare os fatos! Pare de se preocupar! Depois, faça algo a respeito!' Exatamente ali, naquele instante, fiz um juramento tão solene que as unhas se cravaram fundo na minha carne e senti arrepios na espinha: '*Não vou me preocupar! Não vou chorar! E, se existir o poder da mente sobre a matéria, vou vencer! Eu vou VIVER!*'"

Naquela época, um paciente com câncer avançado como o de Olga recebia aplicações diárias de raios X por cerca de dez minutos durante 30 dias. "Pois eu fui submetida a 14 minutos e meio de radiação todos os dias, por 49 dias; e, embora meus ossos despontassem do meu corpo emaciado como pedras em uma encosta infértil e meus pés parecessem de chumbo, *não me preocupei*! Não chorei nem uma vez! Eu *sorri*! Sim, realmente me *forcei* a sorrir. Não sou idiota de imaginar que só o fato de sorrir possa curar o câncer, mas acredito que uma atitude mental positiva ajuda o corpo a combater a doença. E eu vivenciei uma das curas milagrosas do câncer. Nunca estive mais saudável do que nos últimos anos, graças àquelas palavras desafiadoras: 'Encare os fatos! Pare de se preocupar! Depois, faça algo a respeito!'"

Encerrarei este capítulo repetindo as palavras do Dr. Alexis Carrel que mencionei na abertura: *"Aqueles que não sabem como lutar contra a preocupação morrem jovens."*

Muitos seguidores do profeta Maomé têm versos do Corão tatuados no peito. Eu gostaria de tatuar o título deste capítulo no peito de cada leitor deste livro: "Aqueles que não sabem como lutar contra a preocupação morrem jovens."

Estaria o Dr. Carrel falando de *você*?

Talvez.

PARTE UM

EM RESUMO

FATOS FUNDAMENTAIS SOBRE AS PREOCUPAÇÕES

REGRA 1

Se deseja evitar preocupações, faça como Sir William Osler: viva em "compartimentos de dias incomunicáveis". Não rumine o futuro. Apenas viva cada dia até a hora de dormir.

REGRA 2

Na próxima vez que um Problema - com P maiúsculo - encurralar você, experimente a fórmula mágica de Willis H. Carrier:

a. **Pergunte a si mesmo: "O que de pior pode acontecer se eu não conseguir resolver meu problema?"**
b. **Prepare-se mentalmente para aceitar o pior, caso seja necessário.**
c. **Depois, com calma, tente melhorar o pior – o que você já aceitou mentalmente.**

REGRA 3

Lembre a si mesmo do preço exorbitante que sua saúde pode pagar pela preocupação. "Aqueles que não sabem como lutar contra a preocupação morrem jovens."

PARTE DOIS

Técnicas básicas para analisar preocupações

4

Como analisar e aliviar preocupações

> Mantenho seis serviçais honestos.
> (Eles me ensinaram tudo que sei.)
> Seus nomes são O quê, Por quê, Quando,
> Como, Onde e Quem.
>
> – RUDYARD KIPLING

A FÓRMULA MÁGICA de Willis H. Carrier, descrita no capítulo 2 da Parte um, solucionará *todos* os problemas de preocupação? Não, é claro que não.

Então, qual é a resposta? A resposta é que precisamos nos equipar para lidar com tipos diferentes de preocupação, aprendendo os três passos básicos de análise de problemas. Esses passos são:

1. Reúna os fatos.
2. Analise os fatos.
3. Tome uma decisão – e, depois, aja de acordo com essa decisão.

Isso é óbvio? Sim, Aristóteles ensinava esse método – e o colocava em prática. Também devemos aplicá-lo se pretendemos solucionar problemas que nos incomodam e transformam nossos dias e noites em verdadeiros infernos.

Vejamos a primeira regra: *Reúna os fatos*. Por que é tão importante fazer isso? Porque, sem os fatos, não há como solucionar nosso problema de maneira inteligente. Sem os fatos, só nos resta andar em círculos. Essa ideia é minha? Não, é do falecido Herbert E. Hawkes, que foi reitor da Universidade Columbia durante 22 anos. Ele havia ajudado 200 mil alunos a solucionar suas preocupações e me contou que *"a confusão é a principal causa"*. Eis o que disse: "Metade das preocupações no mundo é provocada por pessoas que tentam tomar decisões antes de adquirir conhecimento suficiente para embasá-las. Por exemplo: se tenho um problema que precisa ser enfrentado às três horas na próxima terça-feira, recuso-me a sequer cogitar uma decisão até que esse dia chegue. Enquanto isso, concentro-me em reunir todos os fatos pertinentes ao problema. Não me preocupo. Não me aflijo por causa do problema. Não perco o sono. Simplesmente me concentro em reunir os fatos. Quando chega a terça-feira, tenho todas as informações e, em geral, o problema se resolve sozinho!"

Perguntei a Hawkes se isso significava que ele tinha eliminado totalmente as preocupações.

"Sim", respondeu ele, "acho que posso dizer com honestidade que minha vida hoje é quase totalmente livre de preocupações. Descobri que, se você dedicar seu tempo a reunir fatos de modo imparcial e objetivo, suas preocupações quase sempre vão evaporar à luz do conhecimento."

Vou repetir: "Se você dedicar seu tempo a reunir fatos de modo imparcial e objetivo, suas preocupações quase sempre vão evaporar à luz do conhecimento."

No entanto, o que a maioria de nós faz? Caso cheguemos a nos importar com fatos – e Thomas Edison disse, com toda a seriedade: "Não existe recurso ao qual um homem não recorrerá para evitar o trabalho de pensar" – caçaremos como cães perdigueiros os fatos que sustentam o que *já* pensamos e ignoraremos todos os outros! Só queremos os fatos que justificam nossos atos, aqueles que se encaixam de modo conveniente no nosso idealismo e justificam nossos preconceitos!

Como disse André Maurois: "Tudo que está de acordo com nossos desejos pessoais parece verdadeiro. Tudo que não está nos deixa furiosos."

Qual a surpresa, então, de acharmos tão difícil encontrar as respostas para nossos problemas? Não teríamos a mesma dificuldade tentando resolver um problema de aritmética básica se ainda acreditássemos que 2 mais 2 são 5? No entanto, o mundo está cheio de pessoas que tornam a vida um inferno para si mesmas e para os outros insistindo que 2 mais 2 são 5 – ou talvez 500!

O que podemos fazer quanto a isso? Precisamos afastar nossas emoções do nosso pensamento; e, como disse Hawkes, devemos reunir os fatos de maneira "imparcial e objetiva".

Não é uma tarefa fácil quando estamos preocupados. Nesse estado de espírito, nossas emoções estão à flor da pele. Mas, ao tentar me distanciar dos meus problemas para ver os fatos de maneira clara e objetiva, encontrei duas ideias úteis:

1. Ao tentar reunir os fatos, finjo que estou coletando-os não para mim, mas para outra pessoa. Isso me ajuda a suprimir minhas emoções e a ter uma visão fria e imparcial das evidências.
2. Às vezes finjo que sou um advogado me preparando para defender o outro lado do caso. Em outras palavras, tento reunir todos os fatos contra mim – aqueles que contrariam os meus desejos e que não gosto de encarar.

Depois, anoto tanto o meu ponto de vista quanto o do outro – e, geralmente, descubro que a verdade está em algum lugar entre essas duas posições opostas.

Eis a ideia que tento apresentar: nem você, nem eu, nem Einstein, nem a Suprema Corte dos Estados Unidos é suficientemente brilhante para chegar a uma decisão inteligente sobre qualquer problema sem, primeiro, reunir os fatos. Thomas Edison sabia disso. Quando morreu, ele tinha 2.500 blocos de notas repletos de fatos sobre os problemas que estava enfrentando.

Portanto, a Regra nº 1 para solucionar nossos problemas é: *Reúna os fatos.* Façamos como o reitor Hawkes: não tentemos solucionar nossos problemas sem primeiro reunir todas as informações de maneira imparcial.

Contudo, reunir todos os fatos e informações do mundo não nos ajudará se não os analisarmos e interpretarmos.

Descobri, por meio de árdua experiência, que é muito mais fácil analisar os fatos depois de anotá-los. Na verdade, simplesmente colocar no papel e definir com clareza nosso problema nos ajuda muito a chegar a uma decisão razoável. Como diz Charles Kettering: "Um problema bem colocado é um problema parcialmente resolvido."

Vou mostrar como tudo isso funciona na prática. Os chineses dizem que uma imagem vale por mil palavras; então suponhamos que eu pinte o quadro de como um homem transformou o que estamos falando em ação concreta.

Vejamos o caso de Galen Litchfield, um homem que conheço há muitos anos, um dos homens de negócios americanos mais bem-sucedidos no Oriente. Litchfield estava na China em 1942 quando os japoneses invadiram Xangai. Esta é a história dele, tal como me contou quando estava hospedado na minha casa:

"Pouco depois de bombardearem Pearl Harbor, os japoneses invadiram Xangai. Eu era gerente da Asia Life Insurance Company na cidade. Eles nos enviaram um 'liquidante do Exército' – na verdade, um almirante – e deram ordens para ajudar aquele homem a liquidar nossos ativos. Eu não tinha escolha. Podia cooperar ou então... E o 'ou então' era a morte certa. Eu fazia automaticamente o que me mandavam, pois não havia alternativa. No entanto, havia um portfólio de seguros, no valor de 750 mil dólares, que deixei fora da lista que entreguei ao almirante. Agi assim porque aquele portfólio de seguros não constava da lista e pertencia à nossa organização de Hong Kong; portanto, não tinha nenhuma relação com os ativos de Xangai. Mesmo assim, eu temia a reação dos japoneses se descobrissem o que eu fizera. E eles logo descobriram."

Litchfield não estava no escritório naquele momento, mas seu chefe de contabilidade estava. "Mais tarde, ele relatou que o almirante japonês teve um acesso de fúria, me chamando de ladrão e traidor! Eu tinha desafiado o Exército japonês! Eu sabia o que aquilo significava: seria jogado na Casa da Ponte!"

A Casa da Ponte era a câmara de torturas da "Gestapo" japonesa. "Tive amigos que preferiram se matar a entrar naquela prisão. Outros tinham morrido ali depois de dez dias de interrogatórios e torturas. Agora eu próprio estava cotado para a Casa da Ponte!"

Litchfield recebeu a notícia na tarde de domingo. Teria ficado aterrorizado se não tivesse uma técnica específica para solucionar seus problemas. Durante anos, sempre que ficava preocupado, ele se sentava à máquina de escrever e datilografava duas perguntas – e as respostas para elas:

1. O que está me preocupando?
2. O que posso fazer a respeito?

"No começo, eu tentava responder de cabeça, mas descobri que escrever tanto as perguntas quanto as respostas dá clareza ao meu pensamento", afirmou. "Então coloquei tudo no papel. Escrevi: O que está me preocupando? *Estou com medo de ser jogado amanhã na Casa da Ponte*. O que posso fazer a respeito? Passei horas pensando e escrevendo caminhos possíveis – e a consequência provável de cada um."

Eis o que ele escreveu:

1. *Posso tentar explicar ao almirante japonês. Mas ele não fala inglês. Se eu tentar explicar a ele por meio de um intérprete, talvez o irrite outra vez. Isso pode significar a morte, pois ele é cruel e preferiria me jogar na Casa da Ponte a se dar ao trabalho de conversar sobre a questão.*
2. *Posso tentar fugir. Impossível. Eles me vigiam o tempo todo. Preciso informar quando entro e quando saio do meu quarto. Se tentar fugir, provavelmente serei capturado e fuzilado.*
3. *Posso ficar aqui no meu quarto e não me aproximar mais do escritório. Se fizer isso, o almirante japonês suspeitará de algo, provavelmente enviará soldados para me capturar e me jogará na Casa da Ponte sem me dar uma oportunidade de explicar o que houve.*
4. *Posso ir ao escritório como de costume na segunda de manhã. Se fizer isso, há uma chance de que o almirante japonês esteja tão ocupado que não pensará no que fiz. Mesmo que pense, ele pode ter esfriado a cabeça e talvez não me incomode. Se isso acontecer, ficarei bem. Mesmo que ele me incomode, ainda terei uma chance de explicar a ele. Portanto, ir ao escritório como de costume na segunda*

de manhã e agir como se nada de errado tivesse acontecido me dá duas oportunidades de escapar da Casa da Ponte.

Depois de refletir sobre todos esses pontos, Galen optou pelo quarto plano: ir ao escritório como de costume. "Quando entrei no escritório no dia seguinte, o almirante japonês estava sentado lá com um cigarro na boca. Ele me encarou como sempre e não disse nada. Seis semanas depois, ele voltou para Tóquio e minhas preocupações terminaram."

Litchfield acredita que se sentar naquela tarde de domingo para escrever os caminhos que poderia trilhar salvou sua vida. "Se não tivesse feito isso, poderia ter me atrapalhado, hesitado e feito a coisa errada, no calor do momento. Se não tivesse refletido sobre meu problema e chegado a uma decisão, eu teria enlouquecido de preocupação. Não teria dormido naquela noite. Teria chegado ao escritório na manhã de segunda com uma aparência devastada e preocupada; esse simples fato poderia ter despertado as suspeitas do almirante japonês e desencadeado uma reação indesejada", disse ele.

Desde então, a experiência lhe provou repetidas vezes o valor enorme de chegar a uma decisão. "O que leva pessoas a ter colapsos nervosos e a viver infernos em vida é não conseguir chegar a um propósito definido, é a incapacidade de parar de andar em círculos. Observo que 50% das minhas preocupações desaparecem depois que tomo uma decisão clara e definida e outros 40% em geral somem quando começo a colocar em prática a decisão que tomei. Portanto, elimino em torno de 90% das minhas preocupações com estes quatro passos: escrevendo precisamente o que me preocupa, escrevendo o que posso fazer a respeito, decidindo o que fazer e implementando imediatamente a decisão."

Galen Litchfield se tornou o diretor no Oriente da Starr, Park, and Freeman, representando grandes interesses financeiros. Isso fez dele um dos homens de negócios americanos mais importantes na Ásia; a mim, ele confessou que devia grande parte do seu sucesso a esse método de analisar e enfrentar preocupações.

Por que essa técnica é tão maravilhosa? Porque é eficiente, concreta e vai diretamente ao cerne do problema. O clímax é a terceira regra, indispensável: *Faça algo a respeito.* A menos que entremos em ação, toda a nossa descoberta e análise dos fatos é enxugar gelo – puro desperdício de energia.

William James disse o seguinte: "Depois que uma decisão é tomada e a execução está em andamento, livre-se de toda responsabilidade e preocupação com o resultado." (Nesse caso, William James sem dúvida usou a palavra "preocupação" como sinônimo de "ansiedade".) Ele quis dizer o seguinte: depois que você tomou uma decisão criteriosa e baseada em fatos, *entre em ação.* Não pare para reconsiderar. Não comece a hesitar, a se preocupar e a reprogramar seus passos. Não duvide de si mesmo, o que atrai outras dúvidas. Não fique olhando para trás.

Certa vez, perguntei a Wake Phillips, um dos mais preeminentes homens do petróleo de Oklahoma, como ele tomava decisões. Ele respondeu: "Acho que continuar refletindo sobre problemas além de certo ponto produz confusão e preocupação. Há um momento no qual mais investigação e reflexão são prejudiciais. Chega a hora em que precisamos tomar uma decisão, agir e não olhar para trás."

Por que você não aplica a técnica de Galen Litchfield a uma de suas preocupações agora mesmo?

Pergunta número 1: *O que está me preocupando?*
Pergunta número 2: *O que posso fazer a respeito?*
Pergunta número 3: *O que vou fazer a respeito?*
Pergunta número 4: *Quando começarei a fazer isso?*

5

Como eliminar metade das suas preocupações profissionais

SE VOCÊ TEM UMA EMPRESA, provavelmente está dizendo neste instante a si mesmo: "O título deste capítulo é ridículo. Dirijo meu negócio há 20 anos e certamente sei as respostas melhor do que ninguém. A ideia de tentarem me ensinar a eliminar metade das minhas preocupações é absurda!"

É justo – eu teria me sentido da mesma maneira há alguns anos se tivesse me deparado com esse título. Ele promete muito – e é fácil fazer promessas.

Sejamos bem francos: *talvez eu não seja capaz* de ajudar você a eliminar metade das suas preocupações profissionais. Em última análise, ninguém pode fazer isso, exceto você mesmo. Mas o que *posso* fazer é mostrar como outras pessoas fizeram isso – e deixar o resto nas suas mãos!

Na página 40 deste livro, citei o mundialmente famoso Dr. Alexis Carrel: "Aqueles que não sabem como lutar contra a preocupação morrem jovens." Como preocupações são assunto sério, você não ficaria satisfeito se eu o ajudasse a eliminar ainda que apenas 10% delas? Sim? Ótimo! Bem, vou revelar como um executivo apagou não 50% das suas preocupações, mas 75% de todo o tempo que passava em reuniões tentando resolver problemas de sua empresa.

Além disso, não será a história de um "Sr. Jones" ou um "Sr. X" ou "um homem que conheço" – narrativas vagas que você não tem como checar. É a história de uma pessoa muito real: Leon Shimkin, ex-sócio e gerente geral de uma das maiores editoras dos Estados Unidos, a Simon & Schuster, com sede em Nova York.

Esta é a experiência de Leon Shimkin, em suas palavras:

"Durante 15 anos, passei quase metade de cada dia de trabalho em reuniões e debatendo problemas. Deveríamos fazer isso ou aquilo – ou nada? Ficávamos tensos, nos contorcíamos nas nossas cadeiras, andávamos de um lado para outro, discutíamos e andávamos em círculos. À noite, eu estava completamente exausto. Achava que passaria o restante da vida trabalhando daquela maneira – afinal, tinha sido assim nos últimos 15 anos e jamais me ocorreu que haveria uma maneira melhor de fazê-lo. Se alguém tivesse me dito que eu poderia eliminar três quartos do tempo que passava naquelas reuniões tensas e três quartos do meu desgaste nervoso, eu teria pensado que essa pessoa era um otimista desvairado. No entanto, criei um método que fez justamente isso e o aplico há oito anos. Tem feito maravilhas para minha eficiência, minha saúde e minha felicidade. Parece mágica – mas, como todos os truques de mágica, é muito simples quando você sabe como é feito."

Shimkin prosseguiu:

"Durante 15 anos, nossas reuniões começaram com meus colaboradores recitando, preocupados, todos os detalhes de algo que tinha dado errado. Eles terminavam a exposição com a pergunta: 'O que devemos fazer?' Primeiro, aboli esse procedimento. Segundo, impus uma nova regra: todos que desejassem me apresentar um problema deviam, antes, saber responder a quatro perguntas."

A primeira pergunta era: *Qual é o problema?*

("Antigamente, passávamos uma ou duas horas em reuniões marcadas pela preocupação sem que ninguém soubesse de maneira específica e concreta qual era o problema real. Discutíamos nossos problemas sem jamais nos darmos ao trabalho de escrever claramente quais eram", contou ele.)

A segunda pergunta era: *Qual é a causa do problema?*

("Olhando em retrospecto para a minha carreira, fico chocado com as horas desperdiçadas em reuniões carregadas de preocupação sem nunca ter buscado com clareza as origens do problema.")

A terceira pergunta era: *Quais são todas as soluções possíveis para o problema?*

("Antigamente", disse ele, "um colaborador sugeria uma solução. Outro discutia com ele. Os humores se exaltavam. Com frequência, nos desviávamos do assunto e, no final da reunião, ninguém tinha anotado o que poderíamos fazer para enfrentar o problema.")

E a quarta pergunta era: *Qual solução você sugere?*

("Eu costumava participar de reuniões com um colaborador que tinha passado horas se preocupando com uma situação e andando em círculos. No entanto, jamais ocorreu a esse funcionário pensar em todas as saídas possíveis e depois anotar: 'Esta é a solução que recomendo.'")

Shimkin afirmou que, desde que implementou essa técnica, seus funcionários raramente o procuraram com problemas. Por quê? "Porque descobriram que, para responder a essas quatro perguntas, precisam reunir todos os fatos e refletir sobre seus problemas. Ao agir assim, descobrem, em 75% dos casos, que não precisam me consultar, pois a melhor solução saltou diante deles como uma fatia de pão salta da torradeira. Mesmo nos casos em que uma consulta é necessária, a discussão leva cerca de um terço do tempo que levava antes, pois transcorre de maneira ordenada e lógica até uma conclusão racional."

A mudança foi impressionante. Segundo Shimkin, eles passaram a gastar muito menos tempo nos escritórios da Simon & Schuster com *preocupação* e *conversas* sobre o que está errado. "Há muito mais *ação* para corrigir esses pontos."

Meu amigo Frank Bettger, um dos principais executivos do ramo de seguros dos Estados Unidos, contou-me que não apenas reduziu suas preocupações nos negócios como quase dobrou sua renda utilizando um método parecido.

"Anos atrás, quando comecei a vender seguros, estava entusiasmado e apaixonado por meu trabalho. Então algo aconteceu. Fiquei tão desestimulado que passei a detestar o que fazia e pensei em desistir. Ia pedir demissão – se eu não tivesse tido a ideia, em uma manhã de sábado, de refletir e tentar chegar à raiz das minhas preocupações."

Primeiro, ele perguntou a si mesmo: *Qual é o problema, exatamente?* "O meu problema era: o retorno que eu obtinha não era proporcional à grande quantidade de visitas que eu fazia. Tudo parecia caminhar bem com um cliente em potencial até o momento de fechar a venda. Então o cliente dizia: 'Bem, acho que é isso, Sr. Bettger. Qualquer coisa, eu entro em contato.' O tempo que eu desperdiçava nessas visitas estava na raiz da minha depressão."

Em seguida, ele se fez outra pergunta: *Quais são as soluções possíveis?* "Para obter essa resposta, analisei meu histórico e descobri que 70% das minhas vendas tinham sido fechadas na primeira entrevista, 23% na segunda e apenas 7% na terceira, quarta, quinta entrevistas etc., justamente as que mais me desgastavam e consumiam mais tempo. Em outras palavras, eu estava desperdiçando metade do meu dia de trabalho em visitas que respondiam por apenas 7% das minhas vendas!"

Finalmente, ele se perguntou: *Qual é a resposta?* "A resposta era óbvia. Limitei minhas visitas a no máximo duas e passei o tempo que me sobrou prospectando novos clientes. Os resultados foram incríveis. Em um período muito curto, dobrei o valor em dinheiro de cada entrevista que fazia."

Como eu disse, Frank Bettger se tornou um dos vendedores de seguros mais conhecidos do país. Mas ele esteve a ponto de desistir. Esteve perto de admitir o fracasso – até que *analisar* o problema lhe deu um gás no caminho para o sucesso.

É possível aplicar as mesmas perguntas aos *seus* problemas de negócios? Repetindo meu desafio: elas *podem* reduzir suas preocupações pela metade. Aqui estão novamente:

1. Qual é o problema?
2. Qual é a CAUSA do problema?
3. Quais são as possíveis soluções para o problema?
4. Qual solução você sugere?

PARTE DOIS

EM RESUMO

TÉCNICAS BÁSICAS PARA ANALISAR PREOCUPAÇÕES

REGRA 1

Reúna os fatos. Hawkes, ex-reitor da Universidade Columbia, disse que "metade das preocupações no mundo é provocada por pessoas que tentam tomar decisões antes de adquirir conhecimento suficiente para embasá-las".

REGRA 2

Pese cuidadosamente todos os fatos e tome uma decisão.

REGRA 3

Depois de chegar cuidadosamente a uma decisão, aja! Ocupe-se em colocar sua decisão em prática – e abandone toda a ansiedade em relação ao resultado.

REGRA 4

Quando você, ou qualquer um de seus colaboradores, cair na tentação de se preocupar com um problema, escreva as seguintes perguntas e anote as respostas a elas:

1. Qual é o problema?
2. Qual é a causa do problema?
3. Quais são as soluções possíveis?
4. Qual é a melhor solução?

PARTE TRÊS

Como acabar com a preocupação antes que ela acabe com você

6

Como tirar preocupações da sua cabeça

JAMAIS ME ESQUECEREI de Marion J. Douglas, aluno em uma das minhas turmas. A tragédia atingiu seu lar não uma, mas duas vezes. Na primeira, ele perdeu sua filha de 5 anos. Ele e a esposa pensaram que não suportariam aquela primeira perda, mas, "dez meses depois, Deus nos deu outra menininha... e ela morreu em cinco dias".

O luto duplo foi uma provação terrível. "Eu não conseguia aguentar", disse à turma esse pai. "Eu não conseguia dormir, não conseguia comer, não conseguia descansar ou relaxar. Meus nervos estavam seriamente abalados e minha confiança tinha desaparecido." Ele consultou médicos; um recomendou remédios para dormir, outro sugeriu uma viagem. Tentou as duas coisas, mas não funcionaram. Marion disse: "Meu corpo parecia preso em um torno cuja pressão não parava de aumentar." Era a tensão do luto – se você já ficou paralisado de tristeza, sabe o que ele queria dizer.

"Mas, graças a Deus, eu ainda tinha um filho, um menino de 4 anos. Ele trouxe a solução para o meu problema. Uma tarde, enquanto eu estava quieto sentindo pena de mim mesmo, ele perguntou: 'Papai, quer construir um barco para mim?' Eu não estava com vontade de construir um barco; na verdade, não estava com vontade de fazer nada." Mas seu filho era um sujeitinho persistente e Marion percebeu que deveria ceder.

"Construir aquele barco de brinquedo levou cerca de três horas. Quando terminei, percebi que aquelas três horas tinham sido as primeiras de relaxamento mental e de paz que eu tivera em meses!"

Aquela descoberta deu uma sacudida em sua letargia e o levou a pensar um pouco. "Foi a primeira vez em meses que realmente pensei", disse ele. "Entendi que é difícil se preocupar quando se está concentrado fazendo algo que exige planejamento e raciocínio. No meu caso, construir o barco havia expulsado a preocupação para longe. Portanto, resolvi me manter ocupado."

Sua estratégia foi percorrer a casa inteira listando os consertos que precisavam ser feitos em cada cômodo: "Estantes de livros, degraus da escada, janelas, persianas, maçanetas, fechaduras, torneiras com vazamentos... No decorrer de duas semanas, listei 242 itens que precisavam de atenção." Em dois anos, ele realizou a maioria dos reparos.

"Além disso", contou, "preenchi minha vida com atividades estimulantes. Passei a frequentar, duas noites por semana, aulas de educação para adultos em Nova York. Me envolvi em atividades cívicas na minha cidade e sou agora presidente do conselho escolar. Participo de dezenas de reuniões. Ajudo a levantar fundos para a Cruz Vermelha e tenho outras tarefas. Sou tão ocupado agora que não tenho tempo para me preocupar."

Sem tempo para se preocupar! Foi exatamente isso que Winston Churchill disse quando estava trabalhando 18 horas por dia no auge da guerra. Quando lhe perguntaram se estava preocupado com suas enormes responsabilidades, ele respondeu: "Estou ocupado demais. Não tenho tempo para me preocupar."

Charles Kettering estava na mesma situação quando começou a inventar uma ignição automática para automóveis. Até se aposentar, Kettering foi vice-presidente da General Motors, responsável pela mundialmente famosa General Motors Research Corporation. Mas, naquela época, ele era tão pobre que seu laboratório era o palheiro de um celeiro. Para comprar mantimentos, recorreu aos 1.500 dólares que sua esposa ganhara dando aulas de piano; depois, pegou emprestados 500 dólares de seu seguro de vida. Perguntei à esposa se ela não ficara preocupada em um período como aquele. "Sim", respondeu ela, "eu estava tão preocupada que não conseguia dormir; mas não meu marido. Ele estava absorto demais em seu trabalho para se preocupar."

Pasteur, o grande cientista, falou da "paz que é possível encontrar em bibliotecas e laboratórios". Por que há paz nesses lugares? Porque, em geral, as pessoas nas bibliotecas e nos laboratórios estão absortas demais em suas tarefas para se preocuparem consigo mesmas. Pesquisadores raramente sofrem colapsos nervosos. Eles não têm tempo para tais luxos.

Por que algo tão simples quanto se manter ocupado ajuda a espantar a ansiedade? Por causa de uma lei, uma das mais fundamentais reveladas pela psicologia: é absolutamente impossível para qualquer mente humana, por mais brilhante que seja, pensar em mais de *uma coisa* ao mesmo tempo. Você não acredita? Pois bem, tentemos então um experimento.

Agora mesmo, sente-se, feche os olhos e tente, no mesmo instante, pensar na Estátua da Liberdade e no que planeja fazer amanhã de manhã. (Vá em frente, tente.)

Você descobriu que conseguia se concentrar em uma ou outra coisa *alternadamente*, mas nunca em ambas ao mesmo tempo? Bem, o mesmo é verdadeiro no campo das emoções. Não é possível nos sentirmos felizes e estimulados ao fazer algo excitante e, simultaneamente, deprimidos por causa de preocupações. Um tipo de emoção elimina o outro. Essa simples descoberta possibilitou a psiquiatras do Exército realizar milagres durante a Segunda Guerra Mundial.

Quando soldados saíam dos combates tão abalados pela experiência que eram chamados de "psiconeuróticos", os médicos prescreviam o seguinte tratamento: "Mantenham-nos ocupados."

Cada minuto que esses homens com os nervos em choque passavam acordados era repleto de atividades – a maioria ao ar livre, como pescar, caçar, jogar bola, jogar golfe, tirar fotos, praticar jardinagem e dançar. Eles não tinham tempo para ruminar suas experiências terríveis.

"Terapia ocupacional" é o termo utilizado pela psiquiatria quando o trabalho é prescrito como se fosse um medicamento. Isso não é novo. Os antigos médicos gregos defendiam esse método 500 anos antes do nascimento de Cristo!

Os quacres o utilizavam na Filadélfia na época de Benjamin Franklin. Um homem que visitou um sanatório quacre em 1774 ficou chocado ao ver pacientes com doenças mentais ocupados fiando linho. Ele pensou que aqueles pobres coitados estavam sendo explorados – até os quacres explicarem sua descoberta: os pacientes, na verdade, melhoravam quando trabalhavam um pouco. Aquilo os acalmava.

Qualquer psiquiatra lhe dirá que o trabalho – manter-se ocupado – é um dos melhores anestésicos conhecidos para a mente preocupada. O poeta Henry W. Longfellow descobriu isso por conta própria quando perdeu sua jovem esposa. Certo dia, ela estava derretendo um pouco de lacre de cartas com uma vela quando suas roupas pegaram fogo. Longfellow ouviu os gritos e tentou socorrê-la, mas ela morreu em consequência das queimaduras. O poeta foi tão torturado por aquela experiência terrível que quase enlouqueceu, mas, felizmente para ele, seus três filhos pequenos precisavam de atenção. Apesar da própria tristeza, Longfellow assumiu a tarefa de ser pai e mãe. Ele os levava para caminhadas, contava-lhes histórias, brincava com eles e imortalizou esse tempo em seu poema "The Children's Hour". Ele também traduziu as obras de Dante; e todas essas tarefas o mantiveram tão ocupado que ele se esqueceu totalmente de si mesmo e reconquistou a paz de espírito. Como declarou Tennyson, outro poeta, quando morreu seu amigo mais íntimo, Arthur Hallam: "Devo me perder em atividade para não definhar no desespero."

A maioria de nós não acha difícil "se perder em atividades" enquanto estamos dando duro em nosso trabalho cotidiano, mas as horas depois do expediente são perigosas. É justamente quando deveríamos estar mais felizes aproveitando nosso tempo livre que os demônios tristes da preocupação nos atacam. Começamos a nos perguntar o que estamos fazendo de nossa vida; se estamos presos a uma rotina; se nosso chefe quis "dizer algo" com aquele comentário que fez hoje; ou se perdemos nossa beleza.

Quando não estamos ocupados, nossa mente tende a se tornar quase um vácuo. Todo estudante de Física sabe que "a natureza odeia o vácuo". O mais próximo de um vácuo que você e eu provavelmente veremos será o interior de uma lâmpada elétrica incandescente. Quebre a lâmpada e a natureza preencherá com ar o espaço teoricamente vazio.

A natureza também se apressa em preencher a mente vazia. Com quê? Geralmente, com emoções. Por quê? Porque preocupação, medo, ódio, ciúme e inveja são emoções motivadas por um vigor primordial e pela energia dinâmica da selva. De tão violentas, elas tendem a expulsar da nossa mente todos os pensamentos e as emoções tranquilas e felizes.

James L. Mursell, professor de Educação da Teachers College, em Columbia, foi muito feliz quando afirmou: "A preocupação está mais apta a atacar não quando você está em ação, mas quando seu dia de trabalho terminou. Então sua imaginação pode correr solta, levantar todo tipo de possibilidade ridícula e amplificar cada pequeno erro. Nesse momento, sua mente é como um motor operando sem carga. Ele dispara e ameaça danificar as próprias peças ou até mesmo se despedaçar. O remédio para a preocupação é manter-se completamente ocupado com algo construtivo."

Não é preciso ser um professor universitário para perceber essa verdade e colocá-la em prática. Durante a Segunda Guerra Mundial, conheci uma dona de casa de Chicago que me contou como descobriu, por conta própria, que "o remédio para a preocupação é manter-se completamente ocupada com algo construtivo". Conheci essa mulher e seu marido enquanto viajava de Nova York para minha fazenda no Missouri.

Esse casal me contou que seu filho tinha ingressado nas Forças Armadas no dia seguinte ao ataque à base americana de Pearl Harbor. A mulher me disse que quase acabou com sua saúde se preocupando com o único filho. Onde ele estaria? Estaria seguro? Ou em batalha? Teria se ferido? Estaria morto?

Quando lhe perguntei como ela superou a preocupação, respondeu: "Me mantive ocupada." Ela me contou que, de início, demitiu sua empregada e tentou se ocupar fazendo sozinha todas as tarefas domésticas. Mas aquilo não ajudou muito. "O problema", disse ela, "era que eu conseguia realizar as tarefas domésticas de maneira quase mecânica, sem usar a cabeça. Portanto, eu continuava me preocupando enquanto arrumava as camas e lavava a louça. Percebi que precisava de um novo tipo de trabalho, um que me mantivesse ocupada tanto mental quanto fisicamente todas as horas do dia. Então consegui um emprego de vendedora em uma grande loja de departamentos."

Aquilo, sim, funcionou. "De imediato, encontrei-me em um remoinho de atividades: me vi cercada de clientes perguntando sobre preços, tamanhos, cores. Não sobrava um segundo sequer para pensar em nada que não fosse a minha tarefa imediata. E, quando a noite chegava, eu não conseguia pensar em nada além de descansar meus pés doloridos. Jantava, caía na cama e apagava. Eu não tinha tempo nem energia para me preocupar."

Ela descobriu por conta própria o que John Cowper Powys quis dizer quando escreveu em *The Art of Forgetting the Unpleasant* (A arte de esquecer o desagradável): "Uma certa segurança confortável, uma certa paz interior profunda, uma espécie de dormência feliz; isso acalma os nervos do animal humano quando ele está absorto na tarefa que lhe é atribuída."

E que bênção que seja assim! Osa Johnson, umas das exploradoras mais famosas do mundo, contou-me como se libertou da preocupação e da tristeza. Você talvez tenha lido a história da vida dela, intitulada *Casei-me com a aventura*. Se algum dia uma mulher de fato se uniu à aventura, foi Osa. Martin Johnson casou-se com ela quando Osa tinha 16 anos e levou-a das ruas asfaltadas de Chanute, Kansas, para as trilhas da selva de Bornéu. Durante um quarto de século, esse casal do Kansas viajou pelo mundo todo fazendo filmes sobre a vida selvagem em extinção na Ásia e na África. Alguns anos depois de voltarem para casa, durante uma turnê de palestras em que exibiam seus famosos filmes, o avião onde estavam chocou-se contra uma montanha. Martin Johnson morreu na hora e os médicos disseram que Osa jamais sairia da cama. Mas eles não a conheciam. Três meses depois, ela estava em uma cadeira de rodas fazendo palestras para grandes plateias. Foram mais de 100 naquela temporada – tudo em uma cadeira de rodas. Quando lhe perguntei por que fez isso, ela respondeu: "Assim eu não teria tempo para a tristeza e a preocupação."

Osa Johnson descobrira a mesma verdade sobre a qual Tennyson escrevera um século antes: "Devo me perder em atividade para não definhar no desespero."

O almirante Byrd compreendeu esse mesmo princípio quando viveu em total solidão durante cinco meses em uma cabana literalmente soterrada na grande calota glacial que cobre o Polo Sul. Essa calota de gelo, que guarda os segredos mais antigos da natureza, cobre um continente maior do que os territórios dos Estados Unidos e da Europa somados. O almirante Byrd passou cinco meses sozinho ali. Não havia nenhuma outra criatura viva de qualquer espécie em um raio de 160 quilômetros. O frio era tão intenso que ele ouvia a própria respiração congelar e cristalizar quando o vento tocava seu rosto. Em seu livro *Sozinho*, o almirante Byrd conta tudo sobre aqueles meses que passou em uma escuridão impressionante e desoladora. Os dias eram tão escuros quanto a noite. Ele precisou se manter ocupado para preservar a sanidade mental.

"À noite", diz ele, "antes de apagar a lamparina, adquiri o hábito de planejar o trabalho do dia seguinte. Eu determinava que precisaria de uma hora, digamos, para o Túnel de Fuga, meia hora para remover a neve acumulada, uma hora para endireitar os tonéis de combustível, uma hora para esculpir prateleiras de livros nas paredes do túnel de mantimentos e duas horas para reformar uma plataforma quebrada no meu trenó de tração humana."

Ele conta que era maravilhoso ser capaz de organizar o tempo: "Aquilo me trazia uma sensação extraordinária de autocontrole. Sem isso ou algo equivalente, os dias não teriam propósito; e, sem propósito, teriam terminado, como tais dias sempre terminam, em desintegração."

Releia a última parte: "Sem propósito, os dias teriam terminado, como tais dias sempre terminam, em desintegração."*

Se você e eu estamos preocupados, sempre podemos usar o bom, velho e antiquado trabalho como remédio. Quem disse isso foi ninguém menos do que uma autoridade: o falecido Dr. Richard C. Cabot, ex-pro-

* De *Alone*, de Richard E. Byrd. Copyright, 1938, de Richard E. Byrd. Cortesia de G. P. Putnam's Sons.

fessor de Medicina Clínica de Harvard. Em seu livro *What Men Live By* (O que motiva os homens), o Dr. Cabot afirma: "Como médico, tive a felicidade de ver o trabalho curar muitas pessoas de uma paralisia trêmula da alma, resultante de dúvidas, hesitações, vacilações e medos que as dominavam... A coragem que nosso trabalho nos proporciona é como a autoconfiança que Emerson glorificou para sempre."

Se você e eu não nos mantivermos ocupados – se ficarmos sentados ruminando –, chocaremos um bando inteiro do que Charles Darwin chamou de "wibber gibbers", diabinhos ancestrais que nos deixarão ocos e destruirão nosso poder de ação e nossa força de vontade.

Conheci um homem de negócios em Nova York que combateu os "wibber gibbers" mantendo-se tão ocupado que não tinha tempo para reclamar e ruminar. O nome dele é Tremper Longman. Foi aluno em uma das minhas turmas e sua apresentação sobre como vencer as preocupações foi tão interessante, tão impressionante, que o convidei para cear comigo depois da aula; ficamos conversando em um restaurante até muito depois da meia-noite, discutindo suas experiências. Esta é a história que ele me contou:

"Há 18 anos, eu estava tão preocupado que tinha insônia. Andava tenso, irritado e agitado. Sentia que estava a caminho de um colapso nervoso. Eu tinha motivo para isso. Era tesoureiro da Crown Fruit and Extract Company, que tinha investido meio milhão de dólares em morangos conservados em galões de estanho. Durante 20 anos havíamos vendido galões como aqueles para fabricantes de sorvetes. De repente, nossas vendas pararam, porque os grandes fabricantes de sorvetes decidiram aumentar sua produção e economizar tempo e dinheiro comprando morangos em tonéis, e não mais em galões."

Ele fez uma pausa, relembrando a história.

"Não apenas tínhamos meio milhão de dólares em morangos encalhados como também tínhamos um contrato segundo o qual deveríamos comprar mais 1 milhão de dólares em morangos nos 12 meses seguintes! Já tínhamos feito um empréstimo de 350 mil. Não seria possível pagar ou renovar aquele empréstimo. Não era de surpreender que eu estivesse preocupado!"

Então Longman contou que foi até a sede da fábrica e tentou convencer o presidente de que o cenário tinha mudado. O chefe se recusou a acreditar e culpou os vendedores pelo problema. "Depois de dias implorando, finalmente o convenci a parar de embalar morangos daquela forma e a vender o novo suprimento no mercado de morangos frescos. Aquilo resolveu parte dos nossos problemas, mas mesmo assim eu não conseguia parar de me preocupar. A preocupação era um hábito que eu tinha adquirido."

Ele se preocupava com tudo – das cerejas que comprava na Itália aos abacaxis que vinham do Havaí. No auge do desespero, prestes a ter um colapso nervoso, Longman acabou adotando um estilo de vida que curou sua insônia e o livrou das preocupações: manteve-se ocupado. "Eu estava tão sobrecarregado com problemas que demandavam minha atenção que não sobrava mais tempo para me preocupar. Até então, eu trabalhava sete horas por dia; passei a trabalhar de 15 a 16 horas diárias. Chegava ao escritório às oito horas todas as manhãs e ficava lá até quase meia-noite. Eu assumia novas tarefas, novas responsabilidades. Quando chegava em casa, estava tão exausto quando caía na cama que apagava em poucos segundos", lembra ele.

"Mantive esse esquema por cerca de três meses, o suficiente para eliminar o hábito da preocupação. Então retornei à jornada normal de trabalho, de sete ou oito horas diárias. Isso aconteceu há 18 anos. Desde então, nunca mais fui incomodado por insônia ou preocupação."

George Bernard Shaw estava certo quando disse: "*O segredo de ser miserável é ter tempo livre para se preocupar se você é feliz ou não.*" Portanto, não se preocupe com isso! Mantenha-se ocupado. Seu sangue começará a circular, sua mente será ativada – e, em pouco tempo, todo esse movimento positivo vital no seu corpo expulsará a preocupação da sua mente. *Fique* ocupado. *Mantenha-se* ocupado. É o remédio mais barato do mundo – e um dos melhores.

Para eliminar o hábito da preocupação, esta é a Regra 1:

Mantenha-se ocupado. A pessoa preocupada deve se perder em atividades para não se perder no desespero.

7
Não deixe os besouros derrubarem você

Eis aqui uma história dramática da qual provavelmente me lembrarei enquanto viver. Ela me foi contada por Robert Moore, de Maplewood, Nova Jersey.

"Aprendi a maior lição da minha vida em março de 1945", disse ele. "Eu estava sob 92 metros de água na costa da Indochina. Era um dos 88 homens a bordo do submarino *Baya S.S. 318*. Tínhamos visto pelo radar que uma pequena frota japonesa estava vindo na nossa direção. À medida que o amanhecer se aproximava, submergimos para atacar. Vi pelo periscópio um destroier japonês de escolta, um navio-tanque e um lança-minas. Disparamos três torpedos contra o destroier de escolta, mas erramos – um defeito no mecanismo que se repetiu em cada torpedo. O destroier, sem saber que fora atacado, seguia em frente. Estávamos nos preparando para bombardear o último navio, o lança-minas, quando, de repente, ele se virou e veio diretamente na nossa direção. (Um avião japonês nos detectara 20 metros abaixo da superfície e transmitira, via rádio, nossa posição.) Fomos para 50 metros, para fugir dos radares inimigos e das cargas de profundidade. Colocamos ferrolhos adicionais nas escotilhas e, para garantir silêncio absoluto, desligamos os ventiladores, o sistema de refrigeração e todos os equipamentos elétricos."

O caos se instalou naquele momento: "Seis bombas de profundidade explodiram ao nosso redor e nos empurraram para o fundo do oceano – a uma profundidade de 92 metros. Estávamos aterrorizados. Ser atacado a menos de 330 metros de profundidade é perigoso – menos de 170 é quase sempre fatal. E estávamos a pouco mais da metade de 170 metros de profundidade – praticamente de calças curtas, no que diz respeito à segurança. Durante 15 horas, aquele lança-minas japonês continuou atacando. Se uma carga de profundidade explode a menos de 6 metros de um submarino, a concussão abre um rombo no casco. Dezenas daquelas bombas explodiram a menos de 17 metros de nós. Recebemos ordens de nos protegermos, o que significava deitar em silêncio e permanecer calmos. Eu repetia para mim mesmo: 'Chegou a minha hora! Chegou a minha hora!' Com os ventiladores e o sistema de refrigeração desligados, a temperatura interna passava de 38 graus, mas eu estava congelando de medo. Vesti um agasalho e um casaco com forro de pele e ainda assim tremia de frio. De repente, o ataque cessou. Aparentemente, o lança-minas japonês havia detonado todas as suas cargas de profundidade e fora embora. Aquelas 15 horas de ataque pareceram 15 milhões de anos. Toda a minha vida passou pela minha mente. Me lembrei de tudo de ruim que eu fizera, de todas as bobagens com que tinha me preocupado. Antes de ingressar na Marinha, eu trabalhava como caixa de banco. Vivia preocupado com o excesso de trabalho, com o salário baixo, com as poucas perspectivas de progredir na carreira. Vivia preocupado porque não podia comprar uma casa nem um carro novo; não tinha dinheiro para dar roupas bonitas para minha esposa. Como eu odiava meu antigo chefe, que estava sempre reclamando e dando broncas! Lembrei-me de como eu chegava em casa à noite dolorido e mal-humorado e brigava com minha mulher por causa de besteiras. Eu reclamava de uma cicatriz que tinha na testa – um corte profundo resultante de um acidente de carro."

Naquela época, essas preocupações pareciam enormes, "mas pareciam absurdas quando bombas ameaçavam me reduzir a pó", ponderou ele. "Prometi a mim mesmo, naquele instante, que, se um dia eu voltasse a ver o sol e as estrelas, nunca mais me preocuparia de novo. Nunca! Nunca!! Nunca!!! Aprendi mais sobre a arte de viver naquelas 15 horas terríveis a bordo do submarino do que em quatro anos estudando na Universidade de Syracuse."

Muitas vezes encaramos os grandes desastres da vida com bravura – e depois deixamos as besteiras, os "pequenos incômodos", nos desanimarem. Em seu livro *Diary* (Diário), Samuel Peppys conta sobre o dia em que Sir Harry Vane foi decapitado em Londres. Enquanto o nobre subia no patíbulo, não pedia misericórdia, mas implorava ao carrasco que não atingisse o doloroso furúnculo no seu pescoço!

Essa foi outra descoberta do almirante Byrd no frio e na escuridão terríveis das noites polares: seus homens reclamavam mais dos "pequenos incômodos" do que das coisas grandes. Eles suportavam, sem reclamar, os perigos, as dificuldades e o frio, que muitas vezes chegava a 60 graus negativos. "Mas sei de homens que dividiam catres e pararam de se falar porque um suspeitava que o outro estivesse ocupando com seu equipamento um pouquinho a mais do espaço que lhe fora destinado; e soube de um que só conseguia comer se estivesse bem longe de um adepto da prática fletcherista que mastigava solenemente cada porção de comida 28 vezes antes de engolir."

Em um acampamento polar, segundo o almirante Byrd, "coisas pequenas como essas têm o poder de levar até mesmo homens disciplinados à beira da loucura."

Pelo menos, é o que dizem as autoridades. O juiz Joseph Sabath, de Chicago, depois de atuar como árbitro em mais de 40 mil casamentos infelizes, declarou: "Trivialidades estão por trás da maior parte da infelicidade matrimonial"; e Frank S. Hogan, ex-promotor distrital do condado de Nova York, disse: "Metade dos casos que chegam às nossas cortes criminais é fruto de pequenezas. Bravatas em bares, disputas domésticas, um comentário ofensivo, uma palavra disparatada, uma ação rude levam a agressões e assassinatos. Poucos são lesados cruel e profundamente. São os pequenos golpes contra nossa autoestima, as indignidades, os ataques contra nossa vaidade que causam metade dos sofrimentos do mundo."

Quando se casou pela primeira vez, Eleanor Roosevelt "passou dias preocupada" porque seu novo cozinheiro tinha servido uma refeição ruim. "Mas se isso acontecesse hoje", disse a Sra. Roosevelt, "eu daria de ombros e esqueceria." Ótimo. Isso é agir como um adulto. Até Catarina, a Grande, uma autocrata absolutista, ria quando o cozinheiro errava em uma refeição.

Certa vez, minha esposa e eu jantamos na casa de um amigo em Chicago. Enquanto fatiava a carne, ele fez algo errado. Não reparei nem teria me importado caso tivesse visto, mas a esposa dele viu e o atacou na nossa frente: "John, preste atenção no que está fazendo! Será que nunca vai aprender a servir direito?" Então ela disse para nós: "Ele sempre erra. Simplesmente não tenta acertar." Talvez ele não tivesse se esforçado para aprender a fatiar a carne, mas certamente merece crédito por tentar viver com ela durante 20 anos. Com franqueza, eu preferiria comer dois cachorros-quentes com mostarda – em uma atmosfera de paz – a degustar um pato de Pequim e barbatanas de tubarão ouvindo aquele sermão.

Pouco depois dessa experiência, minha esposa e eu recebemos alguns amigos em casa para jantar. Pouco antes de eles chegarem, ela descobriu que três guardanapos não combinavam com a toalha de mesa.

"Corri até a cozinha", disse-me ela depois, "e descobri que os outros três guardanapos do jogo tinham ido para a lavanderia. Os convidados estavam na porta. Não havia tempo para trocar. Senti vontade de chorar! Tudo que eu conseguia pensar era: 'Por que esse erro estúpido precisa estragar a minha noite?' Então pensei: 'Bem, por que permitir que estrague?' Fui jantar, determinada a me divertir. E foi o que fiz. Eu preferiria que nossos amigos pensassem que sou uma dona de casa desleixada", disse-me ela, "a me verem como uma pessoa nervosa e mal-humorada. Além disso, até onde pude perceber, ninguém reparou nos guardanapos!"

Uma máxima legal bastante conhecida diz: *De minimis non curat Lex* – "A lei não se importa com ninharias". E tampouco deveria aquele que se preocupa – se deseja paz de espírito.

Muitas vezes, tudo de que precisamos para superar o incômodo das ninharias é adotar uma mudança de ênfase – estabelecer mentalmente um ponto de vista novo e agradável. Meu amigo Homer Croy, que escreveu *They Had to See Paris* (Eles tinham que ver Paris) e uma dúzia de outros livros, dá um exemplo maravilhoso de como fazer isso. Quando escrevia, em seu apartamento em Nova York, ele quase enlouquecia com o barulho dos aquecedores. Os aparelhos estalavam e chiavam – e ele chiava de irritação sentado à sua escrivaninha.

"Então", diz Homer Croy, "fui acampar com alguns amigos. Em

volta da fogueira, enquanto ouvia os galhos estalando no fogo, pensei em como aquele barulho parecia os estalidos dos aquecedores. Por que eu gostava de um e odiava os outros? Quando voltei para casa, disse para mim mesmo: 'O estalar dos galhos no fogo era um som agradável; o dos aquecedores elétricos é mais ou menos igual – vou dormir e parar de me preocupar com o barulho.' *E foi o que fiz.* Durante alguns dias, ainda notava o ruído dos aquecedores, mas logo me esqueci completamente deles."

E é assim com muitas preocupações pequenas. "Não gostamos delas e deixamos que nos aborreçam, tudo porque exageramos sua importância...", concluiu ele.

Disraeli disse: "A vida é curta demais para ser pequena."

"As palavras de Disraeli", disse André Maurois na revista *This Week*, "me ajudaram durante muitas experiências dolorosas: muitas vezes nos deixamos irritar por coisas pequenas que deveríamos desprezar e esquecer... Temos apenas mais algumas décadas para viver e, no entanto, perdemos muitas horas insubstituíveis ruminando queixas que dentro de um ano estarão esquecidas por nós e por todo mundo. Não; devotemos nossa vida a ações e sentimentos que valham a pena, a pensamentos grandiosos, a afeições verdadeiras e a empreitadas duradouras. Pois a vida é curta demais para ser pequena."

Até mesmo uma figura tão ilustre quanto Rudyard Kipling esquecia às vezes que "a vida é curta demais para ser pequena". O resultado? Ele e o cunhado disputaram a batalha judicial mais famosa da história de Vermont – uma batalha tão celebrada que um livro foi escrito sobre ela: *Rudyard Kipling's Vermont Feud* (A disputa de Rudyard Kipling em Vermont).

A história é a seguinte: Kipling casou-se com uma jovem de Vermont, Caroline Balestier, e os dois viviam felizes em Brattleboro, naquele estado, onde o escritor esperava passar o resto da vida. Seu cunhado, Beatty Balestier, tornou-se seu melhor amigo. Os dois trabalhavam e jogavam juntos.

Então Kipling comprou um lote de terra de Balestier, mas este teria permissão para colher feno da terra o ano inteiro. Um dia, Balestier encontrou Kipling plantando flores no campo de feno. O sangue dele ferveu. Kipling também ficou furioso na hora. O céu sobre as montanhas verdes de Vermont ficou carregado!

Alguns dias depois, quando Kipling estava andando de bicicleta por uma estrada, seu cunhado bloqueou o caminho de repente com uma carroça e derrubou-o. E Kipling – o homem que escreveu "Mantenha a cabeça fria enquanto todos ao seu redor estiverem perdendo a calma e pondo a culpa em você..." – perdeu a cabeça e jurou que mandaria prender Balestier! Seguiu-se um julgamento sensacional, com repórteres das grandes cidades invadindo o vilarejo e as notícias correndo o mundo. Não houve acordo. A briga obrigou Kipling e a esposa a abandonar seu lar nos Estados Unidos. Nunca mais voltaram. Tamanha preocupação e amargura por causa de uma ninharia! Um carregamento de feno.

Péricles disse há 24 séculos: "Vamos, cavalheiros, perdemos tempo demais com ninharias." De fato, perdemos!

Esta é uma das histórias mais interessantes que o Dr. Harry Emerson Fosdick já contou – uma história sobre as batalhas vencidas e perdidas por um gigante da floresta:

> Na encosta do Long's Peak, no Colorado, ficam as ruínas de uma árvore gigantesca. Os estudiosos nos dizem que ela estava de pé havia cerca de 400 anos. Era uma muda quando Colombo atracou em San Salvador e estava parcialmente crescida quando os peregrinos se instalaram em Plymouth. Durante sua longa vida, ela foi atingida 14 vezes por raios; incontáveis avalanches e tempestades de quatro séculos trovejaram sobre ela. A árvore sobreviveu a tudo, até que um exército de besouros a atacou e derrubou. Os insetos abriram caminho devorando sua casca e, pouco a pouco, destruíram a força interior da árvore com seus ataques minúsculos mas incessantes. Um gigante da floresta que a idade não desgastou, que os raios não explodiram e tempestades não derrubaram caiu, por fim, diante de besouros tão pequenos que um homem poderia esmagá-los entre o indicador e o polegar.

Não somos todos como esse gigante valente da floresta? Não conseguimos, de alguma maneira, sobreviver às raras tempestades, avalanches e raios da vida somente para deixar que nosso coração seja devorado por pequenos besouros de preocupação – insetos que poderiam ser esmagados entre indicador e polegar?

Viajei pelo Parque Nacional de Teton, em Wyoming, com Charles Seifred e alguns amigos dele. Visitaríamos a propriedade de John D. Rockefeller no parque. Porém o carro no qual eu estava pegou uma curva errada, se perdeu e só passou pela entrada da propriedade uma hora depois dos outros. Seifred tinha destrancado o portão privado e aguardou na mata quente e infestada de mosquitos durante uma hora até chegarmos. Os mosquitos teriam enlouquecido um santo, mas não conseguiram triunfar sobre Charles Seifred. Enquanto nos esperava, ele cortou um galho de álamo e fez um apito. Quando chegamos, ele estava reclamando dos insetos? Não, estava tocando seu novo instrumento. Guardei aquele apito como uma lembrança de um homem que sabia colocar as coisas pequenas no devido lugar.

Para eliminar o hábito da preocupação antes que ele elimine você, esta é a Regra 2:

Não se deixe irritar por coisas insignificantes que você deveria desprezar e esquecer. Lembre-se: "A vida é curta demais para ser pequena."

8

A lei que vai proibir a maioria das suas preocupações

CRESCI EM UMA FAZENDA NO MISSOURI. Um dia, enquanto ajudava minha mãe a descaroçar cerejas, comecei a chorar. Ela me perguntou: "Dale, por que está chorando?" Balbuciei: "Tenho medo de ser enterrado vivo!"

Eu era cheio de preocupações naquele tempo. Quando havia tempestades com trovões, temia ser morto por um raio. Quando tempos difíceis se aproximavam, eu temia por achar que não teríamos o bastante para comer. Tinha medo de ir para o inferno quando morresse. Ficava aterrorizado diante da ideia de que um garoto mais velho, Sam White, cortasse minhas orelhas grandes – como ele ameaçava fazer. Achava que nenhuma garota jamais iria querer se casar comigo. Me preocupava com o que diria para minha esposa logo depois de nos casarmos. Imaginava que isso aconteceria em alguma igreja no campo; depois, entraríamos em uma carruagem enfeitada e iríamos para a fazenda... mas onde eu arranjaria assunto na viagem para a fazenda? Como? Como? Ponderei sobre esse problema avassalador durante muitas e muitas horas enquanto empurrava o arado.

Com os anos, descobri aos poucos que 99% das coisas com as quais me preocupava jamais aconteceram.

Como já disse, morria de medo de raios, mas agora sei que as chances de ser morto por um raio são mínimas.

Meu medo de ser enterrado vivo era ainda mais absurdo: mesmo antes de ser comum embalsamar os mortos, não imagino que sequer uma pessoa em 10 milhões fosse enterrada viva; ainda assim, um dia chorei de medo disso.

Uma em cada seis pessoas morre de câncer. Se eu quisesse um motivo real com que me preocupar, deveria ter pensado no câncer em vez de em ser morto por um raio ou enterrado vivo.

É verdade que falo das preocupações da juventude e da adolescência, mas muitos dos nossos temores adultos são quase igualmente absurdos. É bem provável que você e eu possamos eliminar nove em cada dez preocupações agora mesmo se interrompermos nossas inquietações pelo tempo necessário para descobrir se, *pela lei das médias*, elas se justificam.

A seguradora mais famosa do mundo – a Lloyd's de Londres – ganhou incontáveis milhões de dólares graças à tendência que todas as pessoas têm a se preocupar com coisas que só acontecem raramente. A Lloyd's de Londres aposta com as pessoas que os desastres com os quais elas se preocupam jamais acontecerão. Contudo, *eles não chamam isso de apostar; chamam de seguro. Mas, na verdade, é apostar com base na lei das médias*. Essa grande seguradora segue firme e forte há mais de 200 anos e, a menos que a natureza humana mude, continuará firme e forte daqui a 50 séculos, fazendo seguros para sapatos e navios e assinando apólices contra desastres que, *pela lei das médias*, não acontecem com tanta frequência quanto as pessoas imaginam.

Se examinarmos a lei das médias, ficaremos impressionados com os fatos. Por exemplo, se eu soubesse que, nos próximos cinco anos, precisaria lutar em uma batalha tão sangrenta quanto a de Gettysburg, ficaria aterrorizado. Faria todos os seguros de vida que conseguisse. Redigiria meu testamento e deixaria todos os meus assuntos terrenos em ordem. Eu diria: "Dificilmente sobreviverei a essa batalha, então é melhor aproveitar ao máximo os anos que me restam." Agora, os fatos: segundo a lei das médias, viver dos 50 aos 55 anos em tempos de paz é exatamente tão perigoso e fatal quanto lutar na Batalha de Gettysburg. O que estou tentando dizer é: mesmo sem guerra, o número de pessoas a cada mil que morrem com idade entre 50 e 55 anos é exatamente o mesmo número de pessoas a cada mil mortas entre os 163 mil soldados que lutaram em Gettysburg.

Escrevi vários capítulos deste livro na hospedaria Num-Ti-Gah, de James Simpson, às margens do lago Bow, nas Rochosas canadenses. Durante uma estadia de verão, conheci o Sr. e a Sra. Herbert H. Salinger, de São Francisco. A Sra. Salinger, uma mulher equilibrada e serena, deu-me a impressão de jamais haver se preocupado. Certa noite, diante da lareira acesa, perguntei a ela se algum dia já tinha sido incomodada por preocupações. "Incomodada?", disse ela. "Minha vida foi quase *arruinada* por preocupações. Antes de aprender a superá-las, vivi 11 anos em um inferno que eu mesma criei. Eu era irritadiça e esquentada. Vivia sob uma tensão terrível. Pegava o ônibus toda semana da minha casa, em San Mateo, para fazer compras em São Francisco. Enquanto estava fora, eu ficava me torturando: talvez tivesse deixado o ferro de passar ligado. Talvez a casa tivesse se incendiado. Talvez a babá tivesse fugido e abandonado as crianças. Talvez elas estivessem andando de bicicleta e um carro as houvesse atropelado. No meio das compras, eu suava frio de preocupação. Saía às pressas da loja e pegava o ônibus para casa para ver se tudo estava bem. Não foi uma surpresa que meu primeiro casamento tenha sido um desastre."

Seu segundo marido, um advogado tranquilo e analítico, nunca se preocupava com nada. Quando ela ficava tensa e ansiosa, ele dizia: "Relaxe. Vamos pensar sobre isso... Com que está se preocupando? Vamos examinar a lei das médias e ver se é ou não provável que isso aconteça."

Ela contou que um dia estavam numa estrada do Novo México quando foram surpreendidos por uma tempestade terrível. "O carro patinava e derrapava. Não conseguíamos controlá-lo. Eu tinha certeza de que cairíamos numa vala, mas meu marido ficava repetindo que estava dirigindo devagar e que era improvável que algum acidente acontecesse. A calma e a confiança dele me tranquilizaram."

Uma noite, eles estavam acampando 2.300 metros acima do nível do mar quando uma tempestade ameaçou estraçalhar suas barracas. "A lona sacudia, tremia, zunia e uivava ao vento. Eu estava aterrorizada! Mas meu marido ficava repetindo: 'Escute, querida, os guias sabem o que estão fazendo. Eles montam barracas nestas montanhas há 60 anos. Elas nunca foram destruídas pelo vento e, pela lei das médias, não serão destruídas hoje. E, mesmo que isso aconteça, podemos nos abrigar em outra barraca. Portanto, relaxe.' Foi o que fiz, e dormi profundamente o resto da noite."

Aquela frase, "Pela lei das médias, isso não acontecerá", demoliu 90% das suas preocupações e tornou sua vida mais bela e tranquila do que ela jamais imaginou.

Já se disse que quase todas as nossas preocupações e infelicidades vêm da nossa imaginação, não da realidade. Em retrospecto, posso ver que a maioria das minhas preocupações também veio da imaginação. E essa foi a experiência de Jim Grant, dono da James A. Grant Distributing Company, de Nova York. Ele encomendava de 10 a 15 vagões de laranjas e toranjas da Flórida de cada vez e se torturava com pensamentos como: "E se houver um acidente de trem? E se minhas frutas ficarem espalhadas pelo campo? E se uma ponte desabar quando meus vagões estiverem passando?" Obviamente, as frutas tinham seguro, mas ele temia perder sua clientela se não as entregasse a tempo. Ele se preocupava tanto que temia estar com úlcera e foi consultar um médico. O médico lhe disse que não havia nada de errado com ele, exceto os nervos à flor da pele. "Foi quando vi a luz", contou-me ele, "e comecei a me fazer perguntas. Eu disse a mim mesmo: 'Escute aqui, Jim Grant, quantos vagões de frutas você já negociou ao longo dos anos?' A resposta foi: 'Cerca de 25 mil.' Então perguntei a mim mesmo: 'Quantos desses vagões já se acidentaram?' A resposta foi: 'Ah... talvez cinco.' Então continuei o raciocínio: 'Apenas cinco... de 25 mil? Você sabe o que isso significa? Uma proporção de 1 a cada 5 mil! Em outras palavras, pela lei das médias, tomando por base sua experiência, as chances de que um vagão seu se acidente são de 1 em 5 mil. Portanto, com que está se preocupando?'"

Naquele momento, ele disse para si mesmo: "Bem, uma ponte pode desabar!" Em seguida, perguntou-se: "Quantos vagões você de fato perdeu por causa de uma ponte que desabou?" A resposta foi "Nenhum". Ele continuou: "Você é louco de estar se preocupando tanto por causa de uma ponte que nunca desabou e por causa de um acidente de trem cuja probabilidade é de 1 em 5 mil!"

"Quando olhei para a questão dessa maneira", disse-me Jim Grant, "me senti um idiota. Decidi naquele mesmo instante que deixaria a lei das médias se preocupar por mim – e nunca mais fui incomodado por dores de estômago!"

Quando Al Smith era governador de Nova York, ouvi-o responder aos ataques de seus inimigos políticos repetindo diversas vezes: "Vamos examinar o histórico... Vamos examinar o histórico." Então ele começava a pôr os fatos sobre a mesa. Na próxima vez que você e eu estivermos preocupados com o que possa nos acontecer, aceitemos uma dica do velho e sábio Al Smith: examinemos o histórico e vejamos qual base existe, caso exista alguma, para nossas ansiedades. Foi precisamente isso o que Frederick J. Mahlstedt fez quando achou que estava deitado em sua cova. Esta é a história dele, tal como a relatou para uma das nossas turmas em Nova York:

"No começo de junho de 1944, eu estava deitado em uma trincheira aberta perto da praia de Omaha. Estava com a 999ª Companhia de Sinais e tínhamos acabado de 'nos enterrar' na Normandia. Enquanto olhava ao redor daquela trincheira – apenas um buraco retangular no chão –, eu disse para mim mesmo: 'Isto é igualzinho a uma cova.' Quando tentei dormir lá dentro, tive a *sensação* de estar em uma cova. Eu não conseguia frear meu pensamento: *'Talvez esta seja a minha cova.'* Quando os bombardeiros alemães começaram a nos sobrevoar às 11 da noite e as primeiras bombas caíram, fiquei paralisado de medo. Nas primeiras duas ou três noites, não consegui pregar os olhos. Na quarta ou quinta noite, estava uma pilha de nervos. Então lembrei a mim mesmo que cinco noites haviam se passado e que eu continuava vivo, assim como todos os homens da nossa unidade. Apenas dois tinham sido feridos, e não por bombas alemãs, mas por estilhaços da nossa artilharia antiaérea. Decidi parar de me preocupar fazendo algo útil e construí um grosso telhado de madeira sobre minha trincheira aberta, para me proteger de estilhaços. Pensei que minha unidade estava espalhada em uma área ampla. Disse a mim mesmo que eu só poderia ser morto naquela trincheira estreita e profunda se fosse atingido diretamente e calculei que a probabilidade de que isso acontecesse era menor do que uma em 10 mil. Depois de umas duas noites pensando assim, fiquei mais calmo e passei a dormir até mesmo durante os bombardeios!"

A Marinha dos Estados Unidos usava as estatísticas da lei das médias para levantar o moral de seus homens. Um ex-marinheiro me disse que quando ele e seus companheiros eram designados para navios-tanques de alta octanagem, todos ficavam muito preocupados. Acreditavam que, se um navio-tanque carregado com gasolina de alta octanagem fosse atingido por um torpedo, explodiria e mandaria toda a tripulação pelos ares.

Mas a Marinha dos Estados Unidos sabia que não era assim; portanto, divulgou números exatos mostrando que, de cada 100 navios-tanques atingidos por torpedos, 60 permaneciam flutuando; e, dos 40 que afundavam, apenas cinco eram engolidos pelo mar em menos de 10 minutos. Isso significava que havia tempo para deixar o navio – e também que o número de mortes era extremamente baixo. Isso ajudou a tranquilizar os marinheiros? "O conhecimento da lei das médias acabou com meu medo", disse Clyde W. Mass, de St. Paul, Minnesota – o homem que contou essa história. "A tripulação inteira se sentiu melhor. Sabíamos que tínhamos uma chance e que, pela lei das médias, dificilmente seríamos mortos."

Para acabar com o hábito da preocupação antes que ele acabe com você, confira a Regra 3:

"Examine o histórico." Pergunte a si mesmo: "Qual é a probabilidade, pela lei das médias, de que este evento que vem me preocupando de fato ocorra?"

9
Colabore com o inevitável

QUANDO EU ERA PEQUENO, estava brincando com alguns amigos no sótão de uma antiga casa de troncos de madeira abandonada no Missouri. Enquanto descia do sótão, apoiei os pés no peitoril de uma janela por um momento e pulei. Eu usava um anel no indicador esquerdo; quando saltei, o anel ficou preso na cabeça de um prego e decepou meu dedo.

Gritei. Eu estava aterrorizado. Tinha certeza de que ia morrer. Mas, depois que a mão cicatrizou, nunca mais me preocupei com ela, nem um segundo sequer. De que adiantaria? Aceitei o inevitável.

Hoje passo um mês inteiro sem lembrar que tenho apenas quatro dedos na mão esquerda.

Há alguns anos, conheci um homem que estava conduzindo um elevador de carga em um prédio comercial no centro de Nova York. Reparei que a mão dele tinha sido decepada na altura do pulso. Perguntei se a perda o incomodava. Ele disse: "Ah, não, raramente penso nisso. Não sou casado, então só me lembro disso quando tento passar a linha no buraco de uma agulha."

É impressionante a rapidez com que somos capazes de aceitar praticamente qualquer situação – se for preciso –, nos ajustarmos a ela e esquecer a questão.

Sempre penso em uma inscrição que vi nas ruínas de uma catedral do século XV em Amsterdã, na Holanda. Estava escrito, em flamengo: "É assim. Não pode ser de outra maneira."

À medida que marcharmos pelas décadas da vida, encontraremos muitas situações desagradáveis que são como são; não podem ser de outra maneira. Podemos aceitá-las como inevitáveis e nos ajustarmos a elas ou nos rebelarmos, arruinando nossa vida e correndo o risco de um colapso nervoso.

Aqui vai um pequeno conselho sábio de um dos meus filósofos

favoritos, William James: "Esteja disposto a aceitar que assim seja. A aceitação do que aconteceu é o primeiro passo para a superação das consequências de qualquer infortúnio." Elizabeth Connley, de Portland, Oregon, descobriu isso da maneira mais difícil. Esta é uma carta que ela me escreveu:

No mesmo dia em que os Estados Unidos celebravam a vitória das nossas Forças Armadas no norte da África, recebi um telegrama do Departamento de Guerra: meu sobrinho – a pessoa que eu mais amava – desaparecera em combate. Pouco tempo depois, chegou outro telegrama informando que ele havia morrido.

Fiquei desesperada. Até aquele momento, a vida tinha sido muito boa para mim. Eu amava meu trabalho. Tinha ajudado a criar aquele sobrinho, que, para mim, representava tudo de bom e agradável na juventude masculina. Eu sentia que a vida retribuía todos os meus esforços. Então veio aquele telegrama. Meu mundo inteiro desmoronou. Não tinha mais razão para viver. Negligenciei meu trabalho; abandonei meus amigos. Abri mão de tudo. Estava amarga e ressentida. Por que meu sobrinho amoroso me fora tomado? Por que aquele bom garoto – que tinha uma vida inteira pela frente – precisara morrer? Eu não conseguia aceitar. Meu pesar era tão esmagador que resolvi me demitir do emprego. Decidi sumir, me esconder nas minhas lágrimas e amargura.

Eu estava esvaziando a minha mesa, pronta para me demitir, quando encontrei uma carta da qual tinha me esquecido – escrita justamente pelo meu sobrinho por ocasião da morte da minha mãe, alguns anos antes. "É claro que todos sentiremos falta dela", *dizia a carta, "especialmente você. Mas sei que seguirá em frente. Sua filosofia pessoal impelirá você. Jamais me esquecerei das lindas verdades que você me ensinou. Onde quer que eu esteja, ou por mais distantes que estejamos um do outro, sempre me lembrarei de que você me ensinou a sorrir e a enfrentar como um homem qualquer coisa que aconteça."*

Li e reli a carta. Parecia que ele estava ali, ao meu lado, falando comigo. Era como se me dissesse: 'Por que você não faz o que me ensinou a fazer? Siga em frente, não importa o que aconteça. Esconda suas tristezas pessoais sob um sorriso e continue."

Voltei para o meu emprego. Deixei de ser amarga e rebelde. Ficava repetindo para mim mesma: "Está feito. Não posso mudar o que aconteceu. Mas posso seguir em frente, e vou seguir, como ele desejava que eu fizesse." Concentrei meus pensamentos e minha energia no trabalho. Escrevi cartas para soldados – para filhos de outras pessoas. Entrei em um curso noturno de educação para adultos – procurando novos interesses – e fiz novos amigos. Mal posso acreditar na mudança que aconteceu comigo. Abandonei o luto pelo passado que se foi para sempre. Agora, vivo cada dia com alegria, exatamente como meu sobrinho gostaria que fosse. Fiz as pazes com a minha vida. Aceitei meu destino. Estou em minha fase mais plena e completa.

Elizabeth Connley aprendeu o que todos nós precisamos aprender, mais cedo ou mais tarde: que devemos aceitar o inevitável e colaborar com ele. "É assim. Não pode ser de outra maneira." Não é uma lição fácil de aprender. Até reis em seus tronos precisam que alguém os lembre disso. O falecido Jorge V pendurou na parede de sua biblioteca no Palácio de Buckingham um quadro com os seguintes dizeres: "Ensine-me a não chorar pela lua, tampouco pelo leite derramado." Schopenhauer expressou o mesmo pensamento assim: "Um bom estoque de resignação é de suma importância na provisão para a estrada da vida."

Obviamente, as circunstâncias por si só não nos deixam felizes ou infelizes; é o modo como reagimos a elas que determina nossos sentimentos. Jesus disse que o reino dos céus está dentro de nós. É lá também que está o reino do inferno.

Todos podemos suportar desastres e tragédias e triunfar – se precisarmos. Talvez acreditemos que não, mas fato é que possuímos recursos interiores surpreendentemente fortes que nos ajudarão a prosseguir. Somos mais fortes do que imaginamos.

O falecido Booth Tarkington sempre dizia: "Eu poderia aguentar qualquer fardo que a vida impusesse a mim, exceto um: a cegueira. Eu jamais suportaria isso."

Então, um dia, quando estava na casa dos 60 anos, Tarkington olhou para o tapete no chão e viu as cores borradas. Ele não conseguia enxergar o padrão. Consultou um especialista e descobriu a verdade trágica: estava perdendo a visão. Um olho estava quase cego; o outro em breve ficaria também. O que ele mais temia acontecera.

E como Tarkington reagiu a esse que era "o pior de todos os desastres"? Terá pensado "É *isso*! É o fim da minha vida"? Não. Para sua surpresa, ele se sentiu bastante alegre e até invocou seu humor. "Pontinhos" flutuantes o incomodavam; pairavam diante de seus olhos e bloqueavam a visão. Quando o maior desses pontinhos lhe turvava a vista, ele dizia: "Olá! Ali está o Vovô outra vez! Aonde ele estará indo nesta bela manhã?"

Como o destino poderia derrotar um espírito como aquele? A resposta é: não poderia. Quando a escuridão total se fechou, Tarkington disse: "Descobri que eu podia suportar a perda da minha visão, da mesma maneira que um homem pode suportar qualquer outra coisa. Se eu perdesse *todos os meus cinco sentidos*, sei que conseguiria viver dentro da minha mente. Pois é na mente que vemos, e é na mente que vivemos, saibamos disso ou não."

Na esperança de recuperar a visão, Tarkington submeteu-se a mais de 12 cirurgias em um ano. Com anestesia *local*! E ele protestou? Não; sabia que precisava ser feito. Sabia que era inevitável, de modo que a única maneira de diminuir seu sofrimento era suportar com graça o que viria. Ele recusou um quarto particular no hospital e ficou em uma enfermaria, com outros doentes a quem tentou alegrar. A cada nova cirurgia – plenamente consciente das intervenções em seus olhos – ele tentava se lembrar de quanto era afortunado. "Como é maravilhoso!", dizia. "Como é maravilhoso que hoje a ciência possa operar algo tão delicado quanto o olho humano!"

Um homem comum se tornaria uma pilha de nervos se precisasse suportar mais de 12 operações e a cegueira. Tarkington, porém, disse: "Eu não trocaria esta experiência por outra mais feliz." Com ela, aprendeu sobre aceitação. Aprendeu que nada que a vida lhe trouxesse estaria além da sua força. Aprendeu, como John Milton, que "ser cego não é terrível, só é terrível não ser capaz de suportar a cegueira".

Margaret Fuller, a famosa feminista da Nova Inglaterra, certa vez declarou como seu credo: "Aceito o Universo!"

Quando ouviu isso na Inglaterra, o rabugento Thomas Carlyle zombou: "Por Deus, melhor mesmo que seja assim!" Sim, e, por Deus, é melhor que você e eu também aceitemos o inevitável.

Se protestarmos e nos debatermos contra isso e nos tornarmos amargos, não mudaremos o inevitável; mas mudaremos a nós mesmos. Eu sei. Já tentei isso.

Certa vez, recusei-me a aceitar uma situação inevitável com a qual me deparei. Fiz papel de bobo e me rebelei. Transformei minhas noites em infernos de insônia. Atraí para mim tudo que eu não queria. Finalmente, depois de um ano torturando a mim mesmo, precisei aceitar o que sabia desde o princípio: que não era possível modificar aquela circunstância.

Eu deveria ter gritado, anos atrás, como o velho Walt Whitman:

> *Oh, para enfrentar a noite, as tempestades, a fome,*
> *O ridículo, os acidentes, as repulsas, como fazem as árvores e os animais.*

Passei 12 anos trabalhando com gado; nunca vi uma vaca Jersey ficar com febre porque o pasto estava queimando em época de seca ou por causa de granizo e frio ou porque seu namorado estava prestando atenção demais em outra bezerra. Os animais enfrentam a noite, as tempestades e a fome com tranquilidade; portanto, nunca têm colapsos nervosos ou úlceras. Nunca enlouquecem.

Não defendo que simplesmente nos curvemos diante de *todas* as adversidades que cruzem nosso caminho. Nem de longe! Seria puro fatalismo. Enquanto houver alguma chance de salvar uma situação, lutemos! Mas quando o bom senso nos diz que estamos enfrentando algo que é como é – e que não pode ser de outra maneira –, então, pelo bem da nossa sanidade, "não comparemos o antes e o depois, lamentando o que não é".

O falecido reitor Hawkes, da Universidade Columbia, disse-me que havia adotado um verso da personagem de livros infantis Mamãe Ganso como um de seus lemas:

Para cada mal sob o sol
Existe um remédio, ou não existe nenhum;
Caso exista um, tente encontrá-lo;
Caso não exista nenhum, deixe para lá.

Para escrever este livro, entrevistei muitos dos principais executivos dos Estados Unidos. Fiquei impressionado com o fato de que eles cooperavam com o inevitável e levavam vidas extraordinariamente despreocupadas. Se não fosse assim, teriam desmoronado sob a pressão. Aqui estão alguns exemplos do que estou dizendo:

J. C. Penney, fundador da rede de lojas de mesmo nome, me relatou: "Eu não me preocuparia se perdesse cada dólar que tenho, pois não ganhamos nada nos preocupando. Faço o melhor trabalho que posso e deixo os resultados por conta dos deuses."

Henry Ford me disse praticamente a mesma coisa. "Quando não consigo lidar com os acontecimentos", afirmou, "deixo que eles lidem consigo mesmos."

Quando perguntei a K. T. Keller – na época, presidente da Chrysler Corporation – como ele evitava preocupações, a resposta que obtive foi: "Quando estou enfrentando uma situação difícil, se posso fazer alguma coisa a respeito, faço. Se não posso, simplesmente esqueço o assunto. Nunca me preocupo com o futuro, pois sei que nenhum homem vivo é capaz de descobrir o que acontecerá amanhã. Tantas forças influenciarão o futuro! Ninguém pode dizer o que as motiva – nem compreendê-las. Portanto, por que se preocupar com elas?" K. T. Keller ficaria constrangido se você lhe dissesse que ele é um filósofo e retrucaria afirmando que é apenas um bom empresário. No entanto, ele se deparou com a mesma filosofia que Epiteto ensinava em Roma há 19 séculos. "Só existe um caminho para a felicidade", ensinava Epiteto aos romanos, "que é parar de se preocupar com situações que estão além do poder da nossa vontade."

Sarah Bernhardt, a "divina Sarah", era um exemplo ilustre de mulher que sabia cooperar com o inevitável. Durante meio século, ela foi a rainha do teatro em quatro continentes – a atriz mais amada da Terra. Então, quando estava com 71 anos e falida, seu médico, o professor Pozzi, de Paris, lhe disse que precisaria amputar uma perna. Na travessia do Atlântico, ela caíra no convés do navio durante uma tempestade e se machucara gravemente. Desenvolveu flebite, a perna encolheu e a dor ficou tão intensa que, para o médico, a amputação era a única saída. No entanto, ele estava quase temeroso de dizer à turbulenta e tempestuosa "divina Sarah" o que precisava ser feito; achava que a notícia terrível dispararia uma explosão de fúria. Mas ele estava errado. Sarah olhou-o por um momento e disse tranquilamente: "Se precisa ser assim, precisa ser assim." Era o destino.

A caminho da sala de cirurgia, Sarah encontrou o filho em prantos. Acenou alegremente para ele e disse, animada: "Não vá embora. Eu já volto."

Preparando-se para a operação, recitou uma cena de uma de suas peças. Alguém lhe perguntou se ela estava declamando para se alegrar. A grande atriz disse: "Não, é para alegrar os médicos e as enfermeiras. Eles estarão sob muita pressão."

Depois de se recuperar, Sarah Bernhardt continuou fazendo turnês pelo mundo e fascinando plateias por mais sete anos.

"Quando paramos de lutar contra o inevitável", disse Elsie MacCormick em um artigo para a *Reader's Digest*, "liberamos energia que nos possibilita criar uma vida mais rica."

Nenhum ser vivo dispõe de emoção e vigor suficientes para *lutar* contra o inevitável e, ao mesmo tempo, de energia suficiente para criar uma nova vida. É preciso escolher um ou outro. Você pode se curvar diante das inevitáveis tempestades de granizo da existência – ou pode resistir a elas e quebrar!

Vi isso acontecer em uma fazenda minha no Missouri. Lá, plantei 20 árvores que, de início, cresceram com uma rapidez impressionante. Então uma tempestade de granizo revestiu cada graveto e cada galho com uma camada pesada de gelo. Em vez de se curvarem com graça, as árvores resistiram orgulhosamente e se partiram sob o peso – e precisaram ser destruídas. Elas desconheciam a sabedoria das florestas do Norte. Viajei centenas de quilômetros pelas florestas perenes do Canadá, mas nunca vi um abeto ou um pinheiro quebrar-se pela violência do granizo ou pelo peso do gelo. Essas árvores sabem curvar seus galhos, cooperando com o inevitável.

Os mestres de jiu-jítsu ensinam seus pupilos a "se curvar como o salgueiro e a não resistir como o carvalho".

Por que você acha que os pneus do seu carro resistem ao atrito da estrada e suportam tantos impactos? No começo, os fabricantes tentaram criar um pneu que resistisse aos choques da estrada; ele foi rapidamente reduzido a tiras de borracha. Então fizeram um pneu que absorveria os choques; esse, sim, conseguia "aguentar". Você e eu duraremos mais, e desfrutaremos de uma viagem mais suave, se aprendermos a absorver os choques e solavancos da pedregosa estrada da vida.

O que acontecerá com você e comigo se resistirmos aos choques da vida ao invés de os absorvermos? O que acontecerá se nos recusarmos a nos "curvar como o salgueiro" e insistirmos em "resistir como o carvalho"? A resposta é fácil: produziremos uma série de conflitos internos. Ficaremos preocupados, tensos, desgastados e neuróticos.

Se formos além e rejeitarmos a dura realidade, recolhendo-nos a um mundo de sonhos criados por nós mesmos, enlouqueceremos.

Durante a Segunda Guerra Mundial, milhões de soldados apavorados precisavam aceitar o inevitável ou sucumbir à pressão. Para ilustrar isso, vejamos o caso de William H. Casselius, que ele contou em uma das minhas aulas em Nova York:

"Pouco depois de ingressar na Guarda Costeira, fui enviado para um dos locais mais perigosos do lado de cá do Atlântico. Me nomearam supervisor de explosivos. Imaginem só! Eu, um vendedor de biscoitos, tornando-me supervisor de explosivos! A mera ideia de estar sobre milhares de toneladas de TNT foi o bastante para me fazer gelar até os ossos. Recebi apenas dois dias de treinamento, e o que aprendi me encheu ainda mais de terror. Nunca me esquecerei da minha primeira tarefa. Em um dia escuro, frio e nebuloso, recebi minha missão no píer aberto de Caven Point, Bayonne, Nova Jersey."

Ele foi designado para o porão número 5 do navio, trabalhando com outros cinco estivadores que também não sabiam absolutamente nada sobre explosivos. "Eles estavam carregando bombas perigosíssimas, cada uma contendo 1 tonelada de TNT, o suficiente para mandar o navio pelos ares. Aquelas bombas estavam sendo baixadas por dois cabos de aço. Eu ficava só pensando: 'Imagine se um desses cabos escapar ou se romper!' Como eu estava com medo! Eu tremia. Minha boca estava seca. Meus joelhos fraquejavam. Meu coração batia forte. Mas eu não podia fugir; precisava ficar. Eu observava a maneira descuidada daqueles estivadores manejarem as bombas. Depois de uma hora ou mais desse terror, comecei a usar um pouco de bom senso. Dei uma bronca em mim mesmo, dizendo: 'Escute aqui! E daí se explodirem você? Você nunca saberá a diferença! Será um modo fácil de morrer, muito melhor do que de câncer. Não seja bobo. Ninguém vive para sempre! Se não fizer esse trabalho, você será fuzilado. Então, é melhor gostar dele.'"

Ele contou que ficou horas conversando consigo mesmo até começar a se sentir tranquilo. "Acabei superando minha preocupação e meus temores, obrigando-me a aceitar aquela situação, que era inevitável. Nunca me esquecerei dessa lição. Agora, sempre que fico tentado a me preocupar com algo que não tenho como mudar, dou de ombros e digo: 'Deixa pra lá.' Isso funciona – até mesmo para um vendedor de biscoitos como eu."

Afora a crucificação de Jesus, a morte mais famosa da história foi a de Sócrates. Daqui a 10 mil anos, os homens ainda lerão enlevados a descrição imortal que Platão fez dessa cena – uma das passagens mais lindas e tocantes de toda a literatura. Alguns cidadãos de Atenas – com ciúmes e inveja do velho e descalço Sócrates – levantaram acusações contra ele e fizeram com que fosse julgado e condenado à morte. O carrasco gentil que estendeu a Sócrates a taça com o veneno que ele deveria beber disse-lhe: *"Tente suportar com leveza o que precisa acontecer."* Sócrates o ouviu; enfrentou a morte com uma calma e uma resignação que beiraram a divindade.

"Tente suportar com leveza o que precisa acontecer." Essas palavras foram ditas 399 anos antes de Cristo nascer, mas este velho mundo preocupado de hoje precisa delas mais do que nunca. *"Tente suportar com leveza o que precisa acontecer."*

Li praticamente todo livro e toda reportagem que consegui encontrar que tratasse, ainda que remotamente, da ideia de eliminar preocupações. Quer saber qual é o melhor conselho sobre preocupação que encontrei? Bem, aqui está ele, resumido em 27 palavras – palavras que deveríamos colar no espelho do banheiro, para que, cada vez que lavarmos o rosto, possamos lavar também toda a preocupação da nossa mente. Esta oração inestimável foi escrita pelo Dr. Reinhold Niebuhr:

Concedei-me, Senhor, a serenidade necessária
Para aceitar as coisas que não posso modificar,
Coragem para modificar aquelas que posso e
Sabedoria para conhecer a diferença entre elas.

Para acabar com a preocupação antes que ela acabe com você, a Regra 4 é:

Colabore com o inevitável.

10

Imponha um limite às perdas decorrentes das suas preocupações

VOCÊ GOSTARIA DE SABER como ganhar dinheiro em Wall Street? Bem, 1 milhão de outras pessoas também gostaria – e, se eu soubesse a resposta, venderia cada exemplar deste livro por 10 mil dólares. No entanto, operadores bem-sucedidos lançam mão de uma boa estratégia para fazer isso. A história a seguir me foi contada por Charles Roberts, um consultor de investimentos.

"Cheguei a Nova York, vindo do Texas, com 20 mil dólares que meus amigos tinham me dado para investir no mercado de ações", contou-me Roberts. "Eu achava que conhecia o funcionamento desse mercado, mas perdi cada centavo. É bem verdade que obtive muito lucro em alguns negócios, mas acabei perdendo tudo."

Ele se sentia péssimo por ter perdido o dinheiro de seus amigos. "Eu sabia que eles teriam como arcar com o prejuízo, mas tinha pavor de encará-los depois daquele fracasso. Para minha surpresa, eles não apenas aceitaram bem o ocorrido como se revelaram otimistas incuráveis. A verdade era que eu estava negociando na base do erro ou acerto e dependendo principalmente da sorte e da opinião de outras pessoas. De certa forma, estava improvisando."

Roberts compreendeu que precisava conhecer melhor o mercado de ações antes de se lançar a ele novamente. "Comecei a refletir sobre meus erros e decidi descobrir como o mercado operava. Então procurei um dos especuladores mais bem-sucedidos de todos os tempos, Burton S. Castles. Eu acreditava que poderia aprender muito com ele. O Sr. Castles desfrutava de uma reputação de sucesso e eu sabia que uma carreira assim não era resultado de puro acaso ou de sorte", contou.

Castles fez a Roberts algumas perguntas sobre como ele fazia negócios e então lhe revelou o que acredita ser o princípio mais importante no mercado de ações. Ele disse: "Coloco uma ordem de *stop loss* em cada compromisso que assumo no mercado. Se compro uma ação a 50 dólares por lote, imediatamente imponho uma ordem de *stop loss* se o preço chegar a 45." Isso significa que, se e quando a ação cair a cinco pontos abaixo do seu valor de custo, deverá ser vendida automaticamente, limitando assim a perda a 5 pontos.

"Ele me explicou que, se assumirmos nossos compromissos de modo inteligente, podemos lucrar algo como 10, 25 ou até 50 pontos. Consequentemente, limitando as perdas a cinco pontos, você pode estar errado mais da metade das vezes e ainda assim ganhar bastante dinheiro. Adotei esse princípio na mesma hora e faço uso dele desde então. Graças a isso, meus clientes e eu economizamos muitos milhares de dólares", contou Roberts.

O princípio do *stop loss* pode ser utilizado em várias áreas além do mercado de ações. Foi o que Roberts fez: "Comecei a estabelecer ordens de *stop loss* para outras situações que não eram financeiras, como todo e qualquer tipo de irritação e ressentimento que chegasse até mim. Por exemplo, costumo almoçar com um amigo que raramente chega na hora. Antes, quando ele aparecia, metade do meu horário de almoço já tinha se esgotado. Um dia, contei a ele sobre minha decisão de impor um limite às minhas preocupações. Eu disse: 'Bill, minha ordem de *stop loss* para esperar você é de exatamente 10 minutos. Se você se atrasar mais do que isso, nosso compromisso de almoço será cancelado e eu irei embora.'"

Meu Deus! Como eu gostaria de ter tido o bom senso, anos atrás, de definir ordens de *stop loss* para a minha impaciência, a minha irritação, o meu desejo de autojustificação, os meus arrependimentos e todos os meus desgastes mentais e emocionais. Por que não tive o bom senso de avaliar cada situação que tinha ameaçado destruir minha paz de espírito dizendo a mim mesmo: "Escute aqui, Dale Carnegie, esta situação só merece certa dose de preocupação... e nada mais"? Por que não fiz isso?

No entanto, devo reconhecer pelo menos uma ocasião em que agi com um pouco de bom senso. E foi em uma situação séria – uma crise na minha vida –, durante a qual fiquei paralisado enquanto meus sonhos, meu trabalho e meus planos para o futuro pareciam evaporar. Aconteceu assim: quando eu tinha pouco mais de 30 anos, decidi passar a vida escrevendo romances. Eu seria um segundo Frank Norris ou Jack London ou Thomas Hardy. Estava tão envolvido com esse projeto que passei dois anos na Europa – onde poderia levar uma vida barata com alguns dólares durante o terrível período de inflação que se seguiu à Primeira Guerra Mundial. Passei dois anos lá, escrevendo minha *magnum opus*. Intitulei-a *The Blizzard* (A nevasca). O título era perfeito, pois a recepção que o romance teve entre as editoras foi tão gélida quanto qualquer nevasca que já caiu sobre as planícies das Dakotas. Quando meu agente literário me disse que o livro não valia nada, que eu não tinha nenhum dom, nenhum talento para a ficção, meu coração quase parou. Saí do escritório dele mais atordoado do que se ele tivesse me golpeado na cabeça com um taco. Eu estava estupefato. Dei-me conta de que estava na encruzilhada da vida. Precisava tomar uma decisão de enormes proporções: o que eu deveria fazer? Que direção deveria seguir? Semanas se passaram até que eu saísse daquele estado de atordoamento. Naquela época, eu nunca ouvira a frase "Imponha uma ordem de *stop loss* às suas preocupações". Em retrospecto, no entanto, vejo que fiz exatamente isso. Considerei os meus dois anos de dedicação àquele romance como um experimento nobre (e tinha sido isso, mesmo) e segui em frente a partir daquele ponto. Retomei meu trabalho de preparar e dar aulas de educação para adultos e escrevi biografias no meu tempo livre – biografias e livros de não ficção, como este que você está lendo agora.

Estou feliz por ter tomado essa decisão? Feliz? Toda vez que penso sobre isso agora, sinto vontade de sair dançando pelas ruas de pura alegria. Posso dizer honestamente que desde então nunca passei sequer um dia, nem mesmo uma hora, lamentando não ter sido outro Thomas Hardy.

Certa noite, quando uma coruja piava nas florestas à margem do lago Walden, Henry Thoreau mergulhou sua pena de ganso em um recipiente com tinta feita em casa e escreveu em seu diário: "O custo de algo é a quantidade do que chamo de vida, que deve ser trocada por esse algo imediatamente ou a longo prazo."

Colocando de outra maneira: somos tolos quando pagamos um preço muito alto por alguma coisa se comparado ao que ela subtrai da nossa existência.

Contudo, foi exatamente o que Gilbert e Sullivan fizeram. Eles sabiam muito sobre criar letras e músicas alegres e pouquíssimo sobre criar alegria na própria vida. Compuseram algumas das mais adoráveis óperas ligeiras que já entretiveram o mundo: *Patience*, *Pinafore*, *The Mikado*. Mas não conseguiam controlar o próprio temperamento e azedaram sua relação durante anos por causa do preço de um tapete! Aconteceu assim: Sullivan encomendou um tapete novo para o teatro que tinham comprado. Quando Gilbert viu a nota, ficou furioso. Os dois brigaram na justiça e nunca mais voltaram a se falar. Sullivan escrevia a música para uma nova produção e a enviava pelo correio para Gilbert; quando Gilbert escrevia as letras, ele as mandava de volta para Sullivan. Uma vez, ocupando o mesmo palco, ambos precisaram fazer uma mesura para o público; para isso, posicionaram-se em lados opostos e se curvaram em direções opostas, para que um não precisasse ver o outro. Não tiveram o bom senso de impor uma ordem de *stop loss* a seus ressentimentos, como Lincoln teve.

Uma vez, durante a Guerra Civil americana, quando amigos de Lincoln denunciaram seus grandes adversários, ele lhes disse: "Vocês guardam mais ressentimento pessoal do que eu. Talvez eu não tenha muitas mágoas; nunca achei que esse sentimento compensasse. Um homem não tem tempo de passar metade da vida em disputas. Se alguém parar de me atacar, esquecerei o que houve entre nós."

Eu gostaria que minha velha tia Edith tivesse cultivado o espírito clemente de Lincoln. Ela e tio Frank moravam em uma fazenda infestada de ervas daninhas e amaldiçoada com um solo ruim. Os dois levavam uma vida difícil – precisavam espremer cada centavo. Mas tia Edith amava comprar cortinas e outros pequenos luxos para alegrar seu lar vazio. Ela os adquiria a crédito na loja de tecidos de Dan Eversole em Maryville, Missouri. Tio Frank preocupava-se com as dívidas; tinha aquele pavor típico dos fazendeiros em relação a se endividar, então, sem contar à esposa, pediu a Dan Eversole que parasse de vender a crédito para minha tia. Quando ela soube, ficou furiosa – e ainda estava furiosa com aquilo quase 50 anos depois. Eu a ouvi contar essa história não uma, mas muitas vezes. A última vez que a vi, ela estava beirando os 80 anos. Falei: "Tia Edith, o tio Frank errou ao humilhar você. Mas seja honesta: você não acha que ter reclamado disso durante quase meio século é infinitamente pior do que o que ele fez?" (Foi como falar para as paredes.)

Tia Edith pagou caro pelos rancores e pelas memórias amargas que cultivou. Custaram-lhe a própria paz de espírito.

Aos 7 anos, Benjamin Franklin cometeu um erro do qual se lembrou por 70 anos: apaixonou-se por um apito. Ficou tão empolgado com o objeto que entrou na loja de brinquedos, empilhou todas as suas moedas no balcão e pediu o apito sem nem mesmo perguntar quanto custava. "Então voltei para casa", escreveu a um amigo 70 anos depois, "e fui apitando por todo o trajeto, muito satisfeito." Quando seus irmãos mais velhos descobriram que ele pagara pelo apito muito mais do que valia, caíram na gargalhada. "Chorei de vergonha", relatou.

Anos depois, Franklin tornou-se uma celebridade no mundo inteiro e embaixador na França, mas ainda lembrava que ter pagado demais pelo apito lhe causara "mais decepção do que prazer".

No final das contas, o apito ensinou a Franklin uma lição valiosa. "À medida que cresci, conheci o mundo e observei as ações dos homens, descobri que conheci muitos, muitos homens mesmo, que *pagaram demais pelo apito*", disse. "Em suma, acredito que grande parte dos sofrimentos da humanidade deve-se às falsas estimativas em torno do valor das coisas, que levaram esses homens a *pagar demais por seus apitos*."

Gilbert e Sullivan pagaram um preço muito alto por seus apitos. Tia Edith também. E Dale Carnegie também – em muitas ocasiões. E ainda o imortal Liev Tolstói, autor de dois dos maiores romances da história, *Guerra e paz* e *Anna Karenina*. Segundo a *Enciclopédia Britânica*, durante os últimos 20 anos da sua vida, Liev Tolstói foi "provavelmente o homem mais venerado em todo o mundo". Por duas décadas antes de sua morte – de 1890 a 1910 –, um fluxo interminável de admiradores peregrinou até sua casa para captar um vislumbre de seu rosto, ouvir sua voz ou mesmo tocar sua roupa. Cada frase que ele dizia era anotada, quase como uma "revelação divina". No entanto, quando se tratava de viver – de levar uma vida comum –, bem, Tolstói tinha ainda menos bom senso aos 70 anos do que Benjamin Franklin aos 7! Ou seja, ele não tinha bom senso.

Explico melhor. Tolstói se casou com uma jovem a quem amava profundamente. Os dois eram tão felizes juntos que se ajoelhavam e rezavam a Deus para que Ele permitisse que continuassem a viver aquele êxtase tão puro e paradisíaco. Mas a jovem era ciumenta por natureza. Ela costumava se vestir como camponesa para espionar os movimentos dele, até mesmo durante as caminhadas de Tolstói na floresta. Eles tinham brigas apavorantes. A mulher tornou-se tão ciumenta, até mesmo dos próprios filhos, que pegou uma pistola e atirou em uma fotografia da filha. Chegou a rolar no chão com uma garrafa de ópio nos lábios e ameaçou cometer suicídio enquanto as crianças se encolhiam em um canto e gritavam aterrorizadas.

E o que Tolstói fez? Bem, não o culpo por destruir os móveis – ele sofreu provocações suficientes. Mas o grande escritor fez muito pior do que isso: manteve um diário particular no qual colocava toda a culpa na esposa! Aquele era seu "apito"! Ele estava determinado a se assegurar de que as gerações futuras o exonerariam e culpariam a esposa. E como ela reagiu a isso? Bem, ela rasgou as páginas do diário e as queimou, é claro. Então começou a escrever o próprio diário, no qual fez *dele* o vilão. Escreveu até um romance, intitulado *Whose fault?* (De quem é a culpa?), no qual descrevia o marido como um monstro doméstico e a si própria como uma mártir.

Tudo isso com qual objetivo? Por que essas duas pessoas transformaram o único lar que tinham no que o próprio Tolstói chamou de "asilo para lunáticos"? Obviamente, por vários motivos. Um deles foi o desejo ardente de impressionar a mim e a você. Sim, nós somos a posteridade com cuja opinião eles estavam preocupados! E nós? Damos importância a quem era o culpado? Não; estamos preocupados demais com nossos problemas para desperdiçar um minuto sequer pensando no casal Tolstói. Que preço essas duas pessoas infelizes pagaram por seu apito! Cinquenta anos vivendo em um verdadeiro inferno – simplesmente porque nenhum deles teve o bom senso de dizer: "Pare!" Porque nenhum deles teve julgamento de valor suficiente para dizer: "Vamos impor uma ordem de *stop loss* a isto agora. Estamos desperdiçando nossas vidas. Vamos dizer 'Basta' já!"

Sim, acredito honestamente que este é um dos grandes segredos para a paz de espírito: um honrado senso de valores. E acredito que poderíamos aniquilar metade de todas as nossas preocupações de uma só vez se desenvolvêssemos uma espécie de padrão-ouro pessoal – um padrão-ouro de quanto as coisas valem para nós em relação à nossa vida.

Portanto, para acabar com o hábito da preocupação antes que ele acabe com você, esta é a Regra 5:

Sempre que ficar tentado a investir muito em causas ruins, pare e faça a si mesmo estas três perguntas:

1. Quanto isto de fato importa para mim?
2. Em qual ponto devo impor uma ordem de *stop loss* a essa preocupação e me esquecer dela?
3. Quanto, exatamente, vale este "apito"? Já paguei demais por ele?

11

Não tente serrar serragem

ENQUANTO ESCREVO ESTAS FRASES, olho pela minha janela e vejo algumas pegadas de dinossauros no jardim – gravadas em xisto e em pedras. Comprei essas pegadas do Museu Peabody da Universidade Yale; tenho uma carta do curador do museu atestando que foram feitas há 180 milhões de anos. Nem um tolo sonharia voltar 180 milhões de anos para mudar essas pegadas. Contudo, preocupar-se porque não podemos voltar atrás e mudar algo que aconteceu há 180 segundos seria tão tolo quanto isso – e é justamente o que muitos de nós fazemos. Com certeza, podemos agir para *modificar os efeitos* do que aconteceu há 180 segundos, mas não é possível mudar o passado.

Só existe uma maneira de transformar o passado em algo construtivo: analisar tranquilamente nossos erros e tirar proveito deles – e depois esquecê-los.

Eu sei que isso é verdade, mas será que tive sempre a coragem e o bom senso de fazê-lo? Para responder a essa pergunta, vou contar uma experiência fantástica que tive anos atrás. Deixei que mais de 300 mil dólares escapassem entre meus dedos sem lucrar um centavo. Aconteceu assim: lancei um empreendimento de grande escala em educação para adultos, abri filiais em várias cidades e gastei enormes quantias em despesas gerais e propaganda. Eu estava tão ocupado dando aulas que não tinha tempo nem desejo de cuidar das finanças. Era ingênuo demais para me dar conta de que precisava de um gerente astuto para supervisionar as despesas.

Somente cerca de um ano depois descobri uma verdade preocupante e chocante: apesar da nossa receita elevada, tivemos zero de lucro. Após essa descoberta, eu deveria ter feito duas coisas. Primeiro, ter tido o bom senso de fazer o mesmo que George Washington Carver ao perder 40 mil dólares, as economias de toda uma vida, por causa da falência de um banco. Quando alguém lhe perguntou se ele sabia que estava falido, Carver respondeu "Sim, ouvi dizer" e continuou dando sua aula. Ele eliminou a perda de sua mente de maneira tão absoluta que nunca mais a mencionou.

Esta é a segunda coisa: eu deveria ter analisado meus erros e aprendido uma lição duradoura.

Mas, francamente, não fiz nenhuma dessas duas coisas. Em vez disso, entrei em uma espiral de preocupação. Durante meses, fiquei atordoado. Perdi o sono e emagreci. Em vez de aprender uma lição com esse erro enorme, segui em frente e o repeti em uma escala menor!

É constrangedor para mim admitir tamanha estupidez, mas descobri há muito tempo que "é mais fácil ensinar a 20 pessoas o que devem fazer do que ser um dos 20 a seguir meus ensinamentos".

Como eu gostaria de ter tido o privilégio de estudar na George Washington High School, aqui em Nova York, e ter sido aluno do Dr. Paul Brandwine – o mesmo que deu aulas a Allen Saunders!

Saunders me revelou que seu professor, o Dr. Paul Brandwine, ensinou a ele uma das lições mais valiosas que já aprendeu. "Eu era apenas um adolescente", disse Saunders, "mas já era uma pessoa excessivamente preocupada. Vivia me preocupando e ruminando os erros que tinha cometido. Quando entregava uma prova, ficava acordado à noite roendo as unhas com medo de não ter passado. Eu vivia em função do que tinha feito e desejando ter feito de outra maneira; pensando sobre as coisas que eu tinha dito e desejando tê-las dito melhor."

Certa manhã, a turma de Saunders teve uma aula no laboratório de ciências. Lá estava o professor Brandwine, com uma garrafa de leite em cima da pia. "Todos nos sentamos, nos perguntando o que aquilo tinha a ver com a aula. De repente, o professor se levantou, derrubou a garrafa de leite na pia e gritou: 'Não chorem pelo leite derramado!' Então ele fez com que todos nós fôssemos até a pia e olhássemos o estrago. E depois disse: 'Olhem bem, porque quero que vocês se lembrem desta lição pelo resto da vida. Este leite se foi – observem que ele desceu pelo ralo. Por mais drama que façam, por mais que arranquem cabelos, isso não trará de volta uma gota sequer. Com um pouco de reflexão e cuidado, esse leite poderia ter sido salvo. Mas agora é tarde demais. Tudo que podemos fazer é esquecê-lo e seguir adiante.'"

Allen Saunders disse que aquela pequena demonstração permaneceu em sua mente por muito tempo. "Na verdade, ela me ensinou mais sobre a vida prática do que qualquer outra coisa em todos os meus anos do ensino médio. Me ensinou a evitar derramar o leite, se eu puder, mas também a esquecê-lo depois que foi derramado e desceu pelo ralo."

Alguns leitores vão torcer o nariz para a ideia de dar tanta importância a um provérbio tão trivial quanto "Não chore pelo leite derramado". Sei que ele é banal, comum, um clichê. Sei que você o ouviu mil vezes. Mas também sei que provérbios triviais como esse contêm a própria essência da sabedoria, destilada de todas as eras. Eles são fruto da experiência intensa da raça humana, transmitidos através de incontáveis gerações. Se você fosse ler tudo que os grandes acadêmicos de todos os tempos escreveram sobre preocupação, não encontraria nada mais básico ou mais profundo do que provérbios triviais como "Não conte com o ovo dentro da galinha" e "Não chore pelo leite derramado". Se colocássemos em prática esses provérbios em vez de torcermos o nariz para eles, não precisaríamos deste livro. Na verdade, se colocássemos em prática a maioria dos antigos provérbios, nossa vida seria quase perfeita. Contudo, o conhecimento não é poder enquanto não é posto em prática; e o propósito deste livro não é lhe contar algo novo. O propósito deste livro é lembrar-lhe o que você já sabe e cutucá-lo para que tome providências.

Sempre admirei pessoas como o falecido Fred Fuller Shedd, que tinha o dom de reafirmar antigas verdades de uma maneira nova e pitoresca. Quando era editor do *Philadelphia Bulletin*, durante uma palestra para uma turma que estava se formando na faculdade, ele perguntou: "Quantos de vocês já serraram madeira? Vamos ver suas mãos." A maioria deles já tinha feito aquilo. Então Fuller Shedd perguntou: "Quantos de vocês já serraram *serragem*?" Ninguém levantou a mão.

"É claro, não se pode serrar serragem!", exclamou Shedd. "Ela já está serrada! E o mesmo vale para o passado. Quando você começa a se preocupar com coisas passadas e encerradas, está apenas tentando serrar serragem."

Quando Connie Mack, o grande homem das antigas do beisebol, tinha 81 anos, perguntei a ele se alguma vez tinha se preocupado com os jogos que perdera.

"Ah, sim, eu costumava me preocupar", respondeu-me Connie Mack. "Mas superei essa bobagem há anos. Descobri que aquilo não me levava a lugar nenhum. Não se pode moer grãos com água que já passou pelo riacho."

Não, não se pode moer grãos com água que já passou pelo riacho – e não se pode serrar serragem. Isso só vai lhe render rugas e úlceras.

Jantei com Jack Dempsey em uma noite de Ação de Graças; naquela ocasião, ele me contou, enquanto comíamos peru com molho de cranberry, sobre a luta em que perdera o título de peso-pesado para Tunney. Naturalmente, foi um golpe para seu ego. "No meio daquela luta", ele me disse, "percebi de repente que tinha me tornado um velho... No final do décimo round, eu ainda estava de pé, mas aquilo era praticamente tudo que eu conseguia fazer. Meu rosto estava inchado e cortado, e meus olhos, quase fechados... Vi o juiz levantar a mão de Gene Tunney para indicar vitória... Eu não era mais campeão do mundo. Recuei na chuva, através da multidão, para meu camarim. Enquanto eu passava, algumas pessoas tentavam agarrar minha mão. Outras tinham lágrimas nos olhos."

Um ano depois, Dempsey enfrentou Tunney de novo. Mas não foi bem. "Eu estava acabado para sempre. Era difícil deixar de me preocupar com aquilo, mas eu disse para mim mesmo: 'Não vou viver no passado nem chorar pelo leite derramado. Vou levar esse soco no queixo e não vou deixá-lo me derrubar no chão.'"

Foi precisamente o que Jack Dempsey fez. Como? Repetindo diversas vezes para si mesmo "Não me preocuparei com o passado"? Não, isso apenas o teria obrigado a ruminar suas preocupações passadas. Ele fez isso aceitando sua derrota, esquecendo-a e depois se concentrando em seus planos para o futuro. Ele fez isso administrando o restaurante Jack Dempsey, na Broadway, e o hotel Great

Northern, na rua 57. Ele fez isso promovendo lutas e organizando exposições de boxe. Ele fez isso mantendo-se tão ocupado com algo construtivo que não tinha tempo para se preocupar com o passado nem se sentia tentado a isso. "Me diverti mais nos últimos 10 anos", disse Jack Dempsey, "do que quando era campeão."

Dempsey disse-me que não tinha lido muitos livros; mas, sem saber, estava seguindo o conselho de Shakespeare: "O sábio não se senta para lamentar-se, mas se ocupa alegremente em sua tarefa de consertar o dano feito."

Ao ler história e biografias e ao observar pessoas sob circunstâncias difíceis, fico frequentemente perplexo e inspirado pela capacidade que algumas têm de esquecer suas preocupações e tragédias e seguir levando vidas bastante felizes.

Certa vez, visitei a prisão de segurança máxima Sing Sing, e o que mais me impressionou foi que os prisioneiros dali me pareceram praticamente tão contentes quanto uma pessoa comum lá fora. Comentei isso com Lewis E. Lawes – o diretor daquela prisão na época – e ele me contou que, quando os criminosos chegavam a Sing Sing, provavelmente se sentiam ressentidos e amargurados. Depois de alguns meses, porém, a maioria dos mais inteligentes esquecia seus infortúnios, conformava-se e aceitava tranquilamente a vida na prisão, obtendo dela o melhor que podia. Lawes me contou sobre um prisioneiro de Sing Sing – um jardineiro – que *cantava* enquanto cultivava as verduras e as flores dentro dos muros da prisão.

Aquele prisioneiro que cantava enquanto plantava flores demonstrava muito mais bom senso do que a maioria de nós. Ele sabia que:

O dedo que se move escreve; e, tendo escrito,
Segue em frente: nem toda a sua piedade ou astúcia
Fará com que ele anule metade de uma linha.
Tampouco suas lágrimas lavarão uma palavra do que ele escreveu.

Portanto, por que desperdiçar tempo? Obviamente, cometemos erros e absurdos! E daí? Quem nunca os cometeu? Até Napoleão perdeu um terço de todas as batalhas importantes que travou. Talvez nossa média de batalhas perdidas não seja pior que a de Napoleão. Quem sabe?

De qualquer maneira, nem todos os cavalos e todos os homens do rei podem reescrever o passado. Portanto, lembremos a Regra 6:

Não tente serrar serragem.

PARTE TRÊS

EM RESUMO

COMO ACABAR COM A PREOCUPAÇÃO ANTES QUE ELA ACABE COM VOCÊ

REGRA 1

Expulse a preocupação da sua mente mantendo-se ocupado. Ter muitas atividades é uma das melhores terapias que existem para curar a mente tagarela.

REGRA 2

Não se preocupe com ninharias. Não permita que coisas pequenas – os meros cupins da vida – arruínem sua felicidade.

REGRA 3

Use a lei das médias para banir suas preocupações. Pergunte a si mesmo: "Qual é a probabilidade de isto realmente acontecer?"

REGRA 4

Colabore com o inevitável. Se você sabe que está fora do seu poder mudar uma circunstância, diga para si mesmo: "É assim que é; não pode ser de outra maneira."

REGRA 5

Imponha uma ordem *stop loss* a suas preocupações. Decida exatamente quanto de ansiedade determinada circunstância merece e recuse-se a entregar mais do que isso a ela.

REGRA 6

Deixe o passado enterrar seus mortos. Não serre serragem.

PARTE QUATRO

Sete maneiras de cultivar uma atitude mental que lhe trará paz e felicidade

12

Nove palavras que podem transformar sua vida

HÁ ALGUNS ANOS, pediram-me para responder a esta pergunta em um programa de rádio: "Qual foi a maior lição que você aprendeu?" Essa foi fácil: de longe, a lição mais vital que aprendi é a importância do que pensamos. Se eu soubesse o que você pensa, saberia o que você é. Nossos pensamentos nos transformam no que somos. Nossa atitude mental é o fator que determina nosso destino. O autor Ralph Waldo Emerson disse: "Um homem é aquilo sobre o que ele pensa o dia inteiro." O que mais ele poderia ser?

Sei agora, com uma convicção além de qualquer dúvida, que o maior problema com o qual você e eu precisamos lidar – na verdade, praticamente o único problema com que precisamos lidar – é escolher os pensamentos certos. Se conseguirmos fazer isso, estaremos no caminho certo para solucionar todos os nossos problemas. O grande filósofo que governou o Império Romano, Marco Aurélio, resumiu essa ideia em nove palavras – nove palavras que podem determinar o seu destino: "*Nossa vida é o que nossos pensamentos fazem dela.*"

Sim, se tivermos pensamentos felizes, seremos felizes. Se tivermos pensamentos infelizes, seremos infelizes. Se tivermos pensamentos amedrontadores, seremos amedrontados. Se tivermos pensamentos doentes, provavelmente ficaremos doentes. Se pensarmos em fracasso, certamente fracassaremos. Se chafurdarmos em autocomiseração, ninguém desejará a nossa companhia. "Você não é o que você pensa que é", disse Norman Vincent Peale, "mas o que você *pensa*, você é."

Não quero dizer com isso que devemos adotar uma atitude de Poliana em relação a todos os nossos problemas. Infelizmente, a vida não é assim tão simples. Mas defendo que adotemos uma atitude *positiva* em vez de uma atitude negativa. Em outras palavras, precisamos estar atentos aos nossos problemas, mas não preocupados com eles. E qual é a diferença entre atenção e preocupação? Permita-me explicar. Toda vez que atravesso as ruas engarrafadas de Nova York, estou atento ao que estou fazendo – mas não preocupado com isso. Atenção significa perceber quais são os problemas e agir com tranquilidade para enfrentá-los. Preocupar-se significa ficar andando em círculos inúteis e enlouquecedores.

Um homem pode estar atento aos seus problemas graves e ainda caminhar de cabeça erguida e com um cravo na lapela. Vi Lowell Thomas fazer justamente isso. Certa vez, tive o privilégio de me associar a ele na apresentação de seus famosos filmes sobre as campanhas de Allenby-Lawrence na Primeira Guerra Mundial. Ele e seus assistentes tinham fotografado a guerra em meia dúzia de fronts e, o melhor de tudo, tinham trazido de volta um registro fotográfico de T. E. Lawrence e de seu colorido exército árabe, bem como um registro filmográfico da conquista da Terra Santa por Allenby. Suas palestras ilustradas, intituladas "Com Allenby na Palestina e com Lawrence na Arábia", foram uma sensação em Londres – e em todo o mundo. A temporada de ópera em Londres foi adiada por seis semanas para que ele pudesse continuar relatando suas aventuras e mostrando suas imagens no Covent Garden Royal Opera House. Depois do sucesso fenomenal em Londres, veio uma turnê triunfante em muitos países. Na sequência, Lowell Thomas passou dois anos registrando em filme a vida na Índia e no Afeganistão. Então mergulhou em uma maré de azar e o impossível aconteceu: viu-se falido em Londres. Eu estava com ele na época. Lembro que precisávamos fazer refeições baratas nos restaurantes da Lyons' Corner House. Mesmo para isso, Thomas tomou dinheiro emprestado de um escocês – o renomado artista James McBey. A lição dessa história é: mesmo quando Lowell Thomas enfrentava dívidas enormes e decepções profundas, ele estava atento, mas não preocupado. Sabia que, se deixasse que esses reveses o derrubassem, ele não valeria nada para ninguém, inclusive para seus credores. Portanto, toda manhã, antes de sair, ele comprava uma flor, colocava-a na lapela e saía gingando pela rua Oxford com a cabeça erguida e passo firme. Nutria pensamentos positivos e corajosos e se recusava a deixar que a derrota o derrotasse. Para ele, levar uma rasteira fazia parte do jogo – o treinamento útil e inevitável quando se espera chegar ao topo.

Nossa atitude mental tem um efeito quase inacreditável sobre a nossa capacidade física. O famoso psiquiatra inglês J. A. Hadfield oferece uma imagem impressionante desse fato em seu maravilhoso livreto de 54 páginas intitulado *A psicologia do poder.* "Pedi a três homens", escreve ele, "que se submetessem a um teste do efeito da sugestão mental sobre sua força, a qual foi medida por meio de um dinamômetro." Ele mandou-os agarrar o dinamômetro com toda a força sob três condições distintas.

Quando os testou em uma situação normal de caminhada, a força média deles era de 45 quilos.

Quando os testou depois de hipnotizá-los e de dizer-lhes que eram muito fracos, eles só conseguiram exercer uma força de 13 quilos – menos de um terço de sua força normal. (Um dos homens era lutador profissional e quando lhe disseram, sob hipnose, que era fraco, ele comentou que seu braço parecia "muito pequeno, como o de um bebê".)

Então, quando o capitão Hadfield submeteu os homens ao teste pela terceira vez, dizendo a eles, sob hipnose, que eram muito fortes, eles foram capazes de aplicar ao dinamômetro uma força média de 65 quilos. Com a mente tomada por pensamentos positivos de força, eles aumentaram sua potência física real em quase 50%.

Esse é o incrível poder da nossa atitude mental.

Para ilustrar o poder mágico do pensamento, quero contar uma das histórias mais impressionantes nos anais dos Estados Unidos. Eu poderia escrever um livro sobre ela, mas sejamos breves. Em uma noite gélida de outubro, pouco depois do final da Guerra Civil americana, uma mulher sem-teto e destituída, pouco mais do que uma figura errante na face da Terra, bateu na porta da "Mama" Webster, esposa de um capitão de navio aposentado, que vivia em Amesbury, Massachusetts.

Ao abrir a porta, "Mama" Webster viu a frágil criatura, "pouco mais de 50 quilos de pele e ossos assustados". A estranha, uma certa Sra. Glover, explicou que estava procurando um lugar onde pudesse pensar e solucionar um grande problema que a consumia dia e noite.

"Por que não fica aqui?", respondeu a Sra. Webster. "Estou sozinha nesta casa enorme."

A Sra. Glover poderia ter ficado para sempre com "Mama" Webster se o genro desta, Bill Ellis, não tivesse vindo de Nova York para passar as férias. Quando soube da presença da Sra. Glover, ele gritou: "Não aceitarei vagabundos nesta casa." E expulsou a mulher. Caía uma chuva forte. Ela ficou tremendo na chuva por alguns minutos e depois começou a andar pela estrada em busca de abrigo.

Agora vem a parte impressionante da história. Tempos depois, a "vagabunda" que Bill Ellis expulsou da casa de sua sogra exerceria enorme influência sobre o pensamento mundial. Ela é hoje conhecida por milhões de seguidores devotos como Mary Baker Eddy – a fundadora da Ciência Cristã.

Até aquele momento, porém, ela conhecera pouco na vida além de doença, tristeza e tragédia. Seu primeiro marido morrera logo depois de se casarem. O segundo a abandonara para fugir com uma mulher casada; depois, morreu em um abrigo para mendigos. Ela tinha um único filho, mas, por causa da pobreza, da doença e da inveja, foi obrigada a abrir mão dele quando o menino tinha 4 anos. Ela perdeu todo o contato com esse filho e passou 31 anos sem vê-lo.

Por causa de sua saúde debilitada, Mary Baker Eddy abriu sua Bíblia e, segundo relatou, foi levada por orientação divina a ler as seguintes palavras de São Mateus: "E eis que lhe trouxeram um paralítico, deitado em uma cama: e Jesus [...] disse ao paralítico: 'Filho, anima-te; perdoados te são teus pecados; levanta-te, toma tua cama e vai para tua casa'; e, levantando-se, foi para sua casa."

Essas palavras de Jesus, declarou ela, infundiram nela tamanha força, tamanha fé, tamanha descarga de poder curativo, que ela "se levantou imediatamente da cama e caminhou".

"Aquela experiência", declarou a Sra. Eddy, "foi a iluminação que me levou à descoberta de como estar bem por conta própria e como fazer o mesmo pelos outros... Obtive a certeza científica de que a causa de tudo está na Mente e que todo efeito é um fenômeno mental."

Foi assim que Mary Baker Eddy tornou-se fundadora e suma-sacerdotisa de uma nova religião, a Ciência Cristã, única grande fé religiosa fundada por uma mulher – uma religião que se espalhou pelo mundo.

A esta altura, você provavelmente está dizendo para si mesmo: "Esse tal de Carnegie está pregando a favor da Ciência Cristã." Não. Você está enganado. Não sou um seguidor dessa fé. No entanto, quanto mais vivo, mais profundamente me convenço do tremendo poder do pensamento. Como resultado de muitos anos dando aulas para adultos, sei que homens e mulheres são capazes de eliminar a preocupação, o medo e vários tipos de doença, e ainda de transformar sua vida, mudando seus pensamentos. Eu sei! Eu sei!! Eu sei!!! Já vi transformações incríveis centenas de vezes, com tanta frequência que nem me maravilho mais com elas.

Uma dessas transformações incríveis que ilustram o poder do pensamento aconteceu com um dos meus alunos. Ele sofreu um colapso nervoso. O que o provocou? Preocupação. Esse aluno me contou: "Eu estava preocupado com tudo: porque estava magro demais; porque achava que estava perdendo cabelo; porque temia jamais ter dinheiro suficiente para casar; porque sentia que jamais seria um bom pai; porque achava que estava perdendo a garota com quem queria me casar; porque sentia que minha vida não era boa. Eu me preocupava com a impressão que estava causando nas outras pessoas. Eu me preocupava por achar que tinha úlcera. Não conseguia mais trabalhar; larguei meu emprego. A tensão se acumulou dentro de mim como uma panela de pressão sem válvula de segurança. A pressão ficou tão insuportável que algo precisaria ceder... e cedeu. Se você jamais teve um colapso nervoso, reze a Deus para que nunca tenha, pois não há dor física que supere a dor excruciante de uma mente em agonia."

Seu colapso foi tão grave que ele não conseguia falar nem com a própria família. Não tinha controle sobre seus sentimentos. Estava tomado pelo medo. Tinha sobressaltos com o mais leve ruído. Evitava a todos. Chorava sem qualquer motivo aparente.

"Todos os dias eram tomados de agonia. Eu sentia que tinha sido abandonado por todos, até por Deus. Estava tentado a me atirar no rio e a terminar com tudo. Mas, em vez disso, decidi fazer uma viagem para a Flórida, na esperança de que uma mudança de ambiente me ajudasse. Antes de embarcar no trem, meu pai me entregou uma carta e me disse para não abrir o envelope até o fim da viagem. Cheguei à Flórida no auge da temporada de turismo. Como não conseguia vaga em hotel, aluguei um quarto no porão de uma casa. Tentei um emprego em um cargueiro que fazia viagens na região de Miami, mas não tive sorte. Portanto, passava meu tempo na praia. Sentia-me mais infeliz na Flórida do que na minha cidade; então abri o envelope para ver o que meu pai tinha escrito. A carta dizia: 'Filho, você está a 940 quilômetros de casa e não sente nada de diferente, não é? Eu sabia que seria assim, pois você levou consigo a única causa de todos os seus problemas: você mesmo. Não há nada de errado com seu corpo ou com sua mente. Não foram as situações que perturbaram você, foi o que *você pensou* dessas situações. Somos aquilo que pensamos em nosso coração. Quando você se der conta disso, meu filho, volte para casa, pois estará curado.'"

A carta, no entanto, o deixou com raiva. "Eu estava em busca de empatia, não de instruções. Fiquei tão furioso que decidi jamais voltar para casa. Naquela noite, enquanto caminhava pelas ruas de Miami, cheguei a uma igreja onde estava sendo realizada uma missa. Sem destino, entrei e ouvi estas palavras: 'Aquele que conquista seu espírito é mais poderoso do que aquele que toma uma cidade.' Na santidade da Casa de Deus, ouvindo o mesmo que meu pai expressara em sua carta, tudo isso varreu o entulho do meu cérebro. Consegui pensar de maneira clara e sensata pela primeira vez na vida. Percebi como tinha sido tolo. Fiquei chocado ao ver a mim mesmo sob minha luz verdadeira: ali estava eu, querendo mudar o mundo inteiro e todos que viviam nele, quando a única coisa que precisava de mudança era o foco na lente da câmera que era a minha mente."

Na manhã seguinte, ele fez as malas e partiu para casa. Uma semana depois, estava de volta ao emprego. Quatro meses depois, casou-se com a garota que temia perder. "Agora temos uma família feliz, com cinco filhos. Deus tem sido bom comigo, tanto material quanto emocionalmente. Na época do meu colapso, eu comandava um pequeno departamento com 18 pessoas. Hoje, sou superintendente de uma fábrica de caixas de papel, responsável por mais de 450 funcionários. A vida é muito mais plena e amistosa. Creio que aprecio os verdadeiros valores da vida agora. Quando momentos de desconforto tentam se infiltrar (como sempre tentarão, isso acontece com todos), digo a mim mesmo para ajustar o foco da câmera e tudo fica bem."

Graças ao seu colapso nervoso, ele descobriu o poder dos pensamentos sobre a mente e o corpo: "Agora posso fazer meus pensamentos trabalharem a meu favor, e não contra mim. Meu pai estava certo quando disse que as situações externas não tinham causado meu sofrimento, mas sim o meu pensamento sobre essas situações. Quando me dei conta disso, fui curado – e permaneci curado."

Estou convencido de que nossa paz de espírito e a alegria que obtemos da vida dependem não de onde estamos, do que temos ou de quem somos, mas somente da nossa atitude mental. Condições externas têm muito pouco a ver com isso. Vejamos, por exemplo, o caso de John Brown, que foi enforcado por capturar o arsenal dos Estados Unidos em Harpers Ferry e por tentar incitar os escravos a se rebelar. Ele foi de carroça até o patíbulo sentado em seu caixão. O carcereiro que viajava ao seu lado estava nervoso e preocupado, mas o velho John Brown mantinha-se calmo e tranquilo. Levantando o olhar para as montanhas da Blue Ridge da Virgínia, ele exclamou: "Que país lindo! Nunca tive de fato a oportunidade de vê-lo."

Tem também o caso de Robert Falcon Scott e seus companheiros – os primeiros ingleses a alcançarem o Polo Sul. A viagem de volta deles foi provavelmente a jornada mais cruel que um ser humano já enfrentou. A comida tinha acabado – e também o combustível. Eles não podiam mais caminhar, pois uma nevasca feroz rugiu sobre a região por 11 dias e noites – um vento tão furioso e cortante que abria sulcos no gelo polar. Scott e seus companheiros sabiam que iam morrer e tinham trazido consigo certa quantidade de ópio para tal emergência. Bastava uma dose alta da droga e todos poderiam mergulhar em sonhos agradáveis, para nunca mais despertar. Mas eles ignoraram a droga e morreram "entoando canções cheias de alegria". Sabemos disso por uma carta de despedida encontrada junto a seus corpos congelados por uma equipe de busca, oito meses depois.

Sim, se cultivarmos pensamentos criativos de coragem e tranquilidade, poderemos desfrutar o cenário enquanto estivermos sentados no nosso caixão, a caminho do patíbulo, ou inundar nossas barracas com "canções cheias de alegria" enquanto morremos de fome e de frio.

Milton, em sua cegueira, descobriu essa mesma verdade há 300 anos:

A mente é seu próprio lugar, e nela própria
Pode fazer do paraíso um Inferno, do inferno um Paraíso.

Napoleão e Helen Keller são exemplos perfeitos da afirmação de Milton: Napoleão tinha tudo que os homens geralmente desejam – glória, poder, riquezas –, mas mesmo assim disse, em Santa Helena: "Jamais tive seis dias felizes na minha vida." Já Helen Keller – cega, surda e muda – declarou: "Achei a vida tão linda!"

Se meio século de vida me ensinou alguma coisa, foi isto: "Nada pode lhe trazer paz exceto você mesmo."

Estou apenas tentando repetir o que Emerson disse tão bem nas palavras finais de seu ensaio sobre autoconfiança: "Uma vitória política, um aumento de renda, a recuperação dos seus enfermos, o retorno do amigo ausente ou algum outro evento exterior eleva seu espírito e você pensa que bons dias virão. Não acredite nisso. Jamais poderá ser assim. Nada pode lhe trazer paz exceto você mesmo."

Epiteto, o grande filósofo estoico, alertou que devemos estar mais preocupados em remover pensamentos errados da mente do que em extrair "tumores e abscessos do corpo". Disse isso há 19 séculos, mas a medicina moderna o defenderia. O Dr. Canby Robinson declarou que quatro em cada cinco pacientes admitidos no Hospital Johns Hopkins sofriam de condições provocadas, em parte, por desgastes e estresses emocionais. Muitas vezes, isso era verdade até mesmo em casos de transtornos orgânicos. "Por fim", declarou ele, "rastreando a origem desses males, podemos chegar a desajustes em relação à vida e aos seus problemas." Montaigne, o grande filósofo francês, adotou estas palavras como seu lema de vida: "Um homem não é ferido tanto pelo que acontece quanto pela sua opinião acerca do que acontece." E nossa *opinião* acerca do que acontece cabe inteiramente a nós.

O que quero dizer com isso? Será que tenho a insolência colossal de dizer na sua cara – quando você está perturbado por problemas e seus nervos estão eriçados como arame e se enrolando nas pontas –, nessa circunstância, que é possível mudar sua atitude mental por meio da força de vontade? Sim, quero dizer exatamente isso! E não é tudo. Quero mostrar a você *como* fazer isso. Pode exigir algum esforço, mas o segredo é simples.

William James, que nunca foi superado em seu conhecimento prático de filosofia, certa vez fez a seguinte observação: "A ação parece seguir o sentimento, mas, na verdade, a ação e o sentimento andam de mãos dadas; e, regulando a ação, que está sob controle mais direto da vontade, podemos regular indiretamente o sentimento, que não está."

Em outras palavras, William James nos diz que não podemos mudar nossas emoções de modo instantâneo apenas "decidindo fazê-lo", mas que *podemos* mudar nossas ações. E, quando mudamos nossas ações, mudamos automaticamente nossos sentimentos.

"Portanto", explica ele, "o caminho voluntário soberano para a alegria, se sua alegria se perdeu, é sentar-se alegremente e agir e falar como se a alegria já estivesse presente."

Esse truque simples funciona? Experimente. Coloque um sorriso largo e sincero no rosto, jogue os ombros para trás, respire fundo e cante uma canção. Se não souber cantar, assovie. Se não souber assoviar, murmure. Você logo descobrirá do que William James estava falando – que é *fisicamente impossível* ficar triste quando você age como se estivesse explodindo de felicidade!

Essa é uma das pequenas verdades básicas da natureza que podem facilmente fazer milagres na vida de todos nós. Conheço uma mulher na Califórnia (não citarei o nome dela) que conseguiria eliminar todos os seus sofrimentos em 24 horas se soubesse desse segredo. Ela é idosa e ficou viúva – o que é triste, reconheço –, mas tenta agir como se fosse feliz? Não; se você perguntar a ela como está se sentindo, ouvirá: "Ah, estou bem", mas a expressão no seu rosto e o lamento em sua voz dirão: "Ai, se você soubesse os problemas que já enfrentei!" Ela parece irritar-se com a sua felicidade na presença dela. Centenas de mulheres estão em situação pior. O marido lhe deixou um seguro alto o suficiente para viver bem o restante da vida e ela tem filhas casadas com quem poderia morar, mas poucas vezes a vi sorrir. Ela reclama que todos os três genros são sovinas e egoístas – embora ela se hospede na casa deles por meses seguidos. Também se queixa de que as filhas nunca lhe dão presentes – embora ela poupe o próprio dinheiro com cuidado, "para minha velhice". Ela é um fardo para si mesma e para sua família desafortunada! Mas precisa ser assim? A parte lamentável disso tudo é que ela poderia deixar de ser uma velha amarga e infeliz e tornar-se um membro amado da família se ao menos *desejasse* mudar. Para isso, precisaria apenas começar a agir com alegria, como se tivesse um pouco de amor para dar – em vez de desperdiçar tudo em seu eu infeliz e amargurado.

H. J. Englert, de Tell City, Indiana, sobreviveu graças a esse segredo. Englert teve escarlatina e, quando se recuperou, descobriu que havia desenvolvido nefrite, uma doença renal. Ele procurou todo tipo de médico, "até charlatães", segundo me contou, mas nenhum o curou.

Então, depois de um tempo, surgiram outras complicações. A pressão arterial disparou. Um médico lhe disse que sua pressão máxima chegava a 21. Avisou-o de que era fatal – uma condição progressiva. Portanto, seria melhor ele colocar seus assuntos em ordem imediatamente.

"Fui para casa", relatou ele, "e verifiquei se meu seguro estava em dia. Depois me desculpei com o Criador por todos os meus erros e me entreguei a meditações sombrias. Deixei todos infelizes. Minha esposa e minha família estavam arrasadas, e eu mesmo mergulhei em depressão. Contudo, depois de uma semana chafurdando na autopiedade, disse a mim mesmo: Você está agindo como um idiota! Ainda pode demorar um ano até você morrer, então por que não tentar ser feliz enquanto está aqui?"

Foi o que tratou de fazer a partir de então. "Endireitei os ombros, coloquei um sorriso no rosto e tentei agir como se tudo estivesse normal. Admito que foi difícil no começo, mas me obriguei a ser agradável e alegre; e isso ajudou não apenas minha família como também a mim. Quando me dei conta, estava *me sentindo* melhor. Quase tão bem quanto fingia me sentir! A melhora continuou. E hoje, quando eu supostamente já deveria estar na minha sepultura, me sinto bem e feliz. E de uma coisa eu tenho certeza: a previsão do médico teria se concretizado se eu continuasse alimentando pensamentos 'mortais' de derrota. Mas dei ao meu corpo uma chance de curar a si mesmo por meio de uma mudança de atitude mental – e nada além disso!"

Quero lhe fazer uma pergunta: se apenas agir alegremente e alimentar pensamentos positivos de saúde e coragem salvaram a vida desse homem, por que ainda toleramos nossas tristezas menores? Por que deixar nós mesmos e todos ao nosso redor infelizes e deprimidos, quando é possível começar a criar felicidade simplesmente agindo com alegria?

Anos atrás, li um livrinho que teve um efeito profundo e duradouro na minha vida. Chamava-se *O homem é aquilo que ele pensa*, de James Allen, e dizia assim:

"Um homem descobrirá que, ao alterar seus pensamentos em relação às coisas e às outras pessoas, as coisas e as outras pessoas se alterarão em relação a ele. (...) Se um homem alterar radicalmente seus pensamentos, ficará chocado com a rápida transformação que isso provocará nas condições materiais da sua vida. Os homens não atraem aquilo que desejam, mas aquilo que são. (...) A divindade que molda nossos propósitos está dentro de nós. Ela é nosso próprio eu. (...) Tudo que um homem conquista é o resultado direto de seus pensamentos. (...) Um homem só pode ascender, conquistar e realizar elevando seus pensamentos. Caso se recuse a fazê-lo, permanecerá fraco, abjeto e infeliz."

Segundo o livro do Gênesis, o Criador concedeu ao homem o domínio sobre toda a Terra. Um presente grandioso. Mas não estou interessado nessas prerrogativas gigantescas, só o que desejo é dominar a mim mesmo – ter domínio sobre meus pensamentos, sobre meus medos, minha mente e meu espírito. E o maravilhoso é que sei que posso atingir esse domínio em um grau impressionante, a qualquer momento que eu desejar, apenas controlando minhas ações – as quais, por sua vez, controlam minhas reações.

Portanto, lembremos estas palavras de William James: "Muito do que chamamos de Mal... pode muitas vezes se converter em um benefício intenso e revigorante graças a uma simples mudança da atitude interior daquele que sofre, de medo para luta."

Lutemos por nossa felicidade!

Lutemos por nossa felicidade seguindo um programa diário de pensamentos alegres e construtivos. Esse programa se chama "Só por Hoje" e foi escrito pela falecida Sibyl F. Partridge. Achei-o tão inspirador que distribuí centenas de cópias. Se você e eu o seguirmos, eliminaremos a maioria das nossas preocupações e aumentaremos de modo imensurável nosso quinhão daquilo que os franceses chamam de *la joie de vivre*.

Só por Hoje

1. Só por hoje, serei feliz. Isso presume que Abraham Lincoln estava correto ao afirmar que "a maioria das pessoas é tão feliz quanto decide ser". A felicidade vem de dentro, não depende de fatores externos.
2. Só por hoje, tentarei me ajustar ao que está posto em vez de tentar ajustar tudo aos meus desejos. Aceitarei minha família, meus negócios e minha sorte da maneira como vierem a mim e me adequarei a eles.
3. Só por hoje, cuidarei do meu corpo. Vou me exercitar, cuidar dele e nutri-lo. Não abusarei dele nem o negligenciarei, de modo que seja uma máquina perfeita para realizar minhas vontades.
4. Só por hoje, tentarei fortalecer minha mente. Aprenderei algo

útil. Não serei um vagabundo mental. Lerei algo que exige esforço, pensamento e concentração.

5. Só por hoje, exercitarei minha alma de três maneiras: farei uma boa ação e não direi a ninguém o que fiz. Farei pelo menos duas coisas que não quero, como sugere William James, apenas a título de exercício.
6. Só por hoje, serei agradável. Cuidarei da minha aparência da melhor maneira possível, me vestirei da maneira mais elegante possível, falarei em voz baixa, agirei de modo cortês, serei generoso com elogios e não criticarei ninguém. Não encontrarei defeito em coisa alguma e tampouco tentarei regular ou melhorar o outro.
7. Só por hoje, tentarei viver somente o dia de hoje, sem tentar lidar de uma só vez com todos os problemas da minha vida. Durante 12 horas, posso realizar coisas que me chocariam se precisasse fazê-las por toda a vida.
8. Só por hoje, organizarei minha rotina. Anotarei o que espero fazer a cada hora. Posso não seguir à risca, mas tentarei. Com isso, eliminarei duas pragas: a preocupação e a indecisão.
9. Só por hoje, terei meia hora de tranquilidade totalmente só e relaxarei. Durante esse tempo, pensarei algumas vezes em Deus, buscando obter um pouco mais de perspectiva em relação à minha vida.
10. Só por hoje, não terei medo; em especial, não terei medo de ser feliz, de desfrutar do que é belo, de amar e de acreditar que aqueles que amo também me amam.

Se desejamos desenvolver uma atitude mental que nos trará paz e felicidade, esta é a Regra 1:

Pense e aja alegremente
e você sentirá alegria.

13

O alto custo de buscar vingança

CERTA NOITE, NO PARQUE YELLOWSTONE, eu estava sentado com outros turistas em arquibancadas contemplando uma densa mata de pinheiros e arbustos quando o animal que aguardávamos com ansiedade, o terror da floresta, o urso-cinzento, saiu sob o clarão das luzes e começou a devorar o lixo despejado ali pela cozinha de um dos hotéis do parque. Montado em um cavalo, o guarda florestal major Martindale fez uma explanação sobre ursos para os turistas empolgados. Ele nos disse que o urso-cinzento é capaz de estraçalhar qualquer animal do Ocidente, com a possível exceção do búfalo e do urso Kodiak; no entanto, reparei naquela noite que havia um animal, e apenas um, que o urso-cinzento permitia que saísse da floresta e partilhasse com ele aquela refeição sob os holofotes: um gambá. O grande animal sabia que poderia aniquilar o gambá com uma patada. Por que não fez isso? Porque a experiência lhe mostrou que não compensava.

Também descobri isso. Quando era menino e morava numa fazenda, capturava gambás ao longo das sebes no Missouri. Já adulto, encontrei algumas criaturas parecidas com eles nas calçadas de Nova York. Descobri, por tristes experiências, que não compensa atiçar nenhum dos dois tipos.

Quando odiamos nossos inimigos, damos a eles poder sobre nós: poder sobre nosso sono, nosso apetite, nossa pressão arterial, nossa saúde e nossa felicidade. Nossos inimigos dançariam de felicidade se soubessem quanto estão nos preocupando, nos dilacerando e assim obtendo vingança! Nosso ódio não faz nenhum mal a eles, mas transforma nossos dias e noites em um turbilhão infernal.

Quem você imagina que disse isto: "Se pessoas egoístas tentarem se aproveitar de você, risque-as de sua lista, mas não tente se vingar. Quando você tenta ir à forra, prejudica mais a si mesmo do que a outra pessoa"?... Parecem palavras de algum idealista sonhador, mas apareceram em um boletim emitido pelo Departamento de Polícia de Milwaukee.

Como buscar vingança prejudicará você? De muitas maneiras. Segundo a revista *Life*, pode até mesmo arruinar sua saúde. "A principal característica da personalidade das pessoas com hipertensão [pressão arterial alta] é o ressentimento", informou a *Life*. "Quando o ressentimento é crônico, hipertensão e problemas cardíacos vêm a reboque."

Portanto, observe que, quando Jesus disse "Ame seus inimigos", Ele não estava apenas pregando uma ética razoável. Referia-se também à medicina do século XX. Quando Ele falou "Perdoe setenta vezes sete", Jesus nos exortava a evitar males como pressão alta, problemas cardíacos, úlceras e muitos outros.

Uma amiga minha sofreu um ataque cardíaco grave. A médica ordenou a ela que fizesse repouso e se recusasse a sentir raiva de qualquer coisa, não importando o que acontecesse. Os médicos sabem que, quando se tem um coração fraco, um acesso de raiva *pode* matar. Eu disse *pode* matar? Um acesso de raiva *realmente* matou o dono de um restaurante em Spokane, Washington, há alguns anos. Tenho neste instante diante de mim uma carta de Jerry Swartout, que na época era chefe de polícia daquela cidade, dizendo: "Há alguns anos, William Falkaber, um homem de 68 anos, proprietário de um café aqui em Spokane, se matou num acesso de fúria porque um cozinheiro insistiu em tomar café da sua xícara. O proprietário do café ficou tão indignado que agarrou um revólver e começou a perseguir o cozinheiro. Caiu morto de infarto – com a arma ainda na mão. Segundo o relatório do legista, a causa do infarto foi raiva."

Quando Jesus disse "Ame seus inimigos", Ele também se referia a melhorarmos nossa aparência. Conheço pessoas – e você também – cujo rosto ficou enrugado e endurecido pelo ódio e desfigurado pelo ressentimento. Nem a melhor cirurgia plástica da cristandade obterá um efeito tão bom quanto um coração repleto de perdão, ternura e amor.

O ódio destrói nossa capacidade de desfrutar até mesmo nossa comida. Está na Bíblia: "Melhor um jantar frugal em que haja paz do que um boi gordo acompanhado de ódio."

Nossos inimigos não esfregariam as mãos de alegria se soubessem que nosso ódio por eles estaria nos exaurindo, deixando-nos cansados e nervosos, arruinando nossa aparência, causando-nos problemas cardíacos e provavelmente encurtando nossa vida?

Mesmo que não consigamos amar nossos inimigos, vamos pelo menos amar a nós mesmos. Amemos a nós mesmos de tal modo que não seja possível a nossos inimigos controlar nossa felicidade, nossa saúde e nossa aparência. Como disse Shakespeare:

Não aqueça para seu inimigo uma fornalha tão quente
que queime você.

Quando Jesus nos exortou a perdoar nossos inimigos "setenta vezes sete", Ele também estava pregando negócios razoáveis. Por exemplo, enquanto escrevo, tenho diante de mim uma carta que recebi de George Rona, de Uppsala, na Suécia. Durante anos, ele foi advogado em Viena, mas, na Segunda Guerra Mundial, fugiu para a Suécia. Não tinha dinheiro e precisava desesperadamente de trabalho. Como falava e escrevia em várias línguas, esperava obter uma posição de correspondente em alguma empresa de importação ou exportação. A maioria das empresas respondeu que não precisava de tais serviços por causa da guerra, mas que guardaria o currículo dele. Um homem, contudo, escreveu uma carta para George Rona dizendo: "O que você imagina sobre o meu negócio não é verdade. Você está enganado e é um tolo. Não preciso de nenhum correspondente. Mesmo que precisasse, não contrataria você, pois não escreve bem em sueco. Sua carta está repleta de erros."

Quando George Rona leu a carta, ficou tão furioso quanto o Pato Donald. O que aquele homem tinha em mente ao afirmar que ele não sabia escrever em sueco? Ora, a carta que o próprio sueco escrevera estava cheia de erros! George Rona redigiu uma resposta calculada para enfurecer o tal empresário. Então pensou melhor. Disse para si mesmo: "Espere um minuto. Como sei que esse homem está errado? Estudei sueco, mas não é minha língua pátria, então talvez eu tenha cometido erros que nem percebi. Se for o caso, e se espero conseguir um emprego neste país, então certamente preciso estudar mais. É bem possível que esse homem tenha me feito um favor, ainda que sem tal intenção. Ele se expressou em termos desagradáveis, mas isso não altera minha dívida com ele. Portanto, escreverei para lhe *agradecer*."

George Rona rasgou a carta causticante já pronta e escreveu outra, na qual dizia: "Foi gentil da sua parte me escrever, especialmente quando não precisava de um funcionário como eu. Sinto muito por ter me enganado quanto à sua empresa. Eu lhe escrevi porque pesquisei e seu nome me foi indicado como sendo um líder no seu ramo. Não sabia que havia erros gramaticais na minha carta. Sinto muito e estou envergonhado. Agora vou me aplicar com mais afinco ao estudo da língua sueca e tentarei corrigir meus erros. Quero lhe agradecer pela ajuda em me iniciar no caminho do autoaperfeiçoamento."

Poucos dias depois, George Rona recebeu nova carta do homem pedindo que fosse vê-lo. Ele foi – e conseguiu um emprego. George Rona descobriu por conta própria que "uma resposta delicada afasta a ira".

Talvez não sejamos santos a ponto de amar nossos inimigos, mas, pelo bem de nossa saúde e nossa felicidade, devemos ao menos perdoá-los e esquecê-los. Essa é a atitude inteligente. "Sofrer uma injustiça ou ser roubado", disse Confúcio, "não é nada, a menos que você continue relembrando isso." Certa vez, perguntei a John, filho do general Eisenhower, se seu pai havia cultivado ressentimentos. "Não", respondeu ele, "meu pai nunca desperdiça um minuto pensando em pessoas de quem não gosta."

Existe um velho ditado segundo o qual um homem que não consegue ficar com raiva é um tolo, mas aquele que se recusa a ficar com raiva é um sábio.

Essa era a filosofia pessoal de William J. Gaynor, ex-prefeito de Nova York. Detratado pela imprensa, ele levou um tiro de um louco e quase morreu. No hospital, lutando por sua vida, ele disse: "Todas as noites, perdoo a tudo e a todos." Isso é idealista demais? Doçura e leveza demais? Se for, recordemos o conselho do grande filósofo alemão Schopenhauer, autor de *Studies in Pessimism* (Estudos sobre pessimismo). Ele considerava a vida uma aventura fútil e dolorosa. A melancolia escorria dele enquanto caminhava; contudo, das profundezas de seu desespero, Schopenhauer gritou: "Se possível, ninguém deveria sentir animosidade."

Certa vez, perguntei a Bernard Baruch – o homem que foi conselheiro de confiança de seis presidentes americanos – Wilson, Harding, Coolidge, Hoover, Roosevelt e Truman – se ele se deixava afetar pelos ataques de seus inimigos. "Nenhum homem é capaz de me humilhar ou de me perturbar", respondeu ele. "Não lhe dou permissão para isso."

Ninguém pode humilhar ou perturbar a você ou a mim – *a menos que lhe demos permissão para isso.*

Paus e pedras podem quebrar meus ossos,
Mas palavras jamais poderão me ferir.

Ao longo das eras, a humanidade queimou velas diante de indivíduos parecidos com Cristo que enfrentavam seus inimigos sem nenhuma má intenção. Muitas vezes estive no Parque Nacional Jasper, no Canadá, e olhei para uma das montanhas mais lindas do Ocidente – batizada em homenagem a Edith Cavell, a enfermeira inglesa que foi ao encontro da morte como uma santa diante de um pelotão de fuzilamento alemão, em 12 de outubro de 1915. Seu crime? Ela havia escondido, alimentado e cuidado de soldados franceses e ingleses feridos em sua casa, na Bélgica, e os ajudara a fugir para a Holanda. Quando o capelão inglês entrou na sua cela naquela manhã de outubro para prepará-la para a morte, Edith Cavell disse duas frases que foram preservadas em bronze e granito: "Percebo que patriotismo não basta. Preciso não sentir ódio ou amargura por ninguém." Quatro anos depois, seu corpo foi levado para a Inglaterra e homenageado em uma cerimônia na Abadia de Westminster. Certa vez, passei um ano em Londres; em várias ocasiões, fiquei diante da estátua de Edith Cavell defronte da National Portrait Gallery e li suas palavras imortais gravadas em granito: "Percebo que patriotismo não basta. Preciso não sentir ódio ou amargura por ninguém."

Uma maneira eficaz de perdoar e esquecer nossos inimigos é envolver-nos com causas infinitamente maiores do que nós mesmos. Quando o fazemos, os insultos e as inimizades que encontrarmos não terão importância, pois estaremos concentrados na nossa *causa*. Trago como exemplo um evento dramático que estava prestes a ocorrer nas florestas de pinheiros do Mississippi em 1918. Um linchamento! Laurence Jones, um professor e pregador negro, estava prestes a ser linchado. Alguns anos antes, eu havia visitado a escola que Laurence Jones fundou – a Piney Woods Country School – e falado para o corpo discente. Hoje, a escola é conhecida em todo o país, mas o incidente que vou relatar ocorreu muito antes disso, nos tempos altamente inflamáveis da Primeira Guerra Mundial. Um rumor tinha se espalhado pela região central do Mississippi: os alemães estavam incitando os negros a se rebelarem. Laurence Jones, o homem que estava prestes a ser linchado, era, como eu já disse, ele próprio negro e fora acusado de incitar sua raça à insurreição. Um grupo de homens brancos – parando diante da igreja – ouvira Laurence Jones gritando para sua congregação: "A vida é uma batalha na qual cada negro deve colocar sua *armadura* e *lutar* para sobreviver e ter sucesso."

"Lutar!" "Armadura!" Aquilo bastava! Partindo a galope na noite, aqueles jovens agitados recrutaram um grande grupo, voltaram à igreja, amarraram o pregador, arrastaram-no por quase 2 quilômetros estrada acima, colocaram-no sobre uma pilha de gravetos, acenderam fósforos e estavam prontos para enforcá-lo e incendiá-lo ao mesmo tempo quando alguém gritou: "Vamos fazer o maldito falar antes de ele arder. Fale! Fale!" Laurence Jones, de pé sobre os gravetos, com uma corda no pescoço, falou por sua vida e por sua *causa*. Ele havia se formado na Universidade de Iowa em 1907. Sua personalidade valorosa, sua erudição e sua habilidade musical tinham feito dele uma figura popular tanto entre os estudantes quanto entre os professores. Após a formatura, recusou a oferta de um empresário do ramo hoteleiro para entrar no negócio e também a proposta de um homem rico que desejava financiar sua educação musical. Por quê? Porque tinha uma visão. Lendo a história de Booker T. Washington, ele se sentiu inspirado a dedicar a própria vida à educação de outros negros, pobres e analfabetos. Portanto, viajou para o lugar mais remoto que conseguiu encontrar na porção sulista do país – 40 quilômetros ao sul de Jackson, Mississippi. Penhorando seu relógio por 1,65 dólar, ele fundou aquela escola na mata aberta usando um toco de madeira como mesa. Àqueles homens furiosos, que estavam esperando para linchá-lo, Laurence Jones falou da luta que travara para educar meninos e meninas sem escolarização e para treiná-los para serem bons agricultores, mecânicos, cozinheiros e empregados domésticos. Falou dos homens brancos que o tinham ajudado a estabelecer a Piney Woods Country School – homens brancos que lhe haviam dado terra, madeira, porcos, vacas e dinheiro para que pudesse levar adiante seu trabalho educacional.

Mais tarde, quando perguntaram a Laurence Jones se ele não odiava os homens que tinham planejado enforcá-lo e incendiá-lo, ele respondeu que estava *ocupado demais com sua causa* para odiar – que estava *absorto demais em algo maior do que ele próprio. "Não tenho tempo para brigar"*, disse. *"Não tenho tempo para arrependimentos, e nenhum homem pode me obrigar a me rebaixar a ponto de odiá-lo."*

Enquanto Laurence Jones falava com eloquência sincera e tocante, enquanto implorava não por si próprio, mas por sua causa, a multidão começou a se acalmar. Finalmente, um velho veterano confederado disse: "Acredito que esse rapaz esteja dizendo a verdade. Conheço os homens brancos cujos nomes ele mencionou. Ele está fazendo um belo trabalho. Cometemos um erro. Deveríamos ajudá-lo em vez de enforcá-lo." O veterano confederado passou seu chapéu pela multidão e levantou uma doação de 52 dólares e 42 centavos dos próprios homens que tinham se reunido ali para enforcar o fundador da Piney Woods Country School – o homem que disse: "Não tenho tempo para brigar. Não tenho tempo para arrependimentos, e nenhum homem pode me obrigar a me rebaixar a ponto de odiá-lo."

Há 19 séculos, Epiteto destacou que colhemos o que plantamos e que, de algum modo, o destino quase sempre faz com que paguemos pelos maus atos que cometemos. "A longo prazo", disse Epiteto, "todo homem pagará o preço por suas maldades. O homem que se lembrar disso não terá raiva de ninguém, não ficará indignado com ninguém, não insultará ninguém, não culpará ninguém, não ofenderá ninguém, não odiará ninguém."

Provavelmente, nenhum homem na história dos Estados Unidos foi mais acusado, odiado e traído do que Abraham Lincoln. Contudo, Lincoln, segundo a biografia clássica de Herndon, "jamais julgou os homens pelo fato de gostar ou não deles. Se algo devesse ser realizado, ele compreendia que seu inimigo poderia realizá-lo tão bem quanto qualquer outra pessoa. Se um homem lhe tivesse feito mal ou o tratado mal, mas fosse o mais adequado para o posto, Lincoln lhe daria o cargo, assim como o daria a um amigo. (...) Não creio que ele alguma vez tenha afastado alguém por ter sido seu inimigo ou por não gostar dele."

Lincoln foi acusado e insultado por alguns homens que ele próprio nomeara para posições de alto poder – homens como o general McClellan e os secretários Seward, de Estado, Stanton, da Guerra, e Chase, do Tesouro. Contudo, Lincoln acreditava, segundo Herndon, seu sócio na advocacia, que "nenhum homem deveria ser elogiado pelo que fez ou censurado pelo que fez ou deixou de fazer", porque "todos nós somos filhos das condições, das circunstâncias, do ambiente, da educação, de hábitos adquiridos e da hereditariedade, aspectos que moldam os homens tal como são e sempre serão".

Talvez Lincoln estivesse certo. Se você e eu tivéssemos herdado as mesmas características físicas, mentais e emocionais de nossos inimigos, e se a vida tivesse feito conosco o que fez com eles, talvez agíssemos exatamente como eles. Não haveria outro caminho. Sejamos caridosos para repetir a oração dos índios Sioux: "Ó Grande Espírito, impeça-me de julgar e criticar um homem enquanto eu não tiver caminhado com os sapatos dele por duas semanas." Portanto, em vez de odiar nossos inimigos, tenhamos pena deles e agradeçamos a Deus por a vida não nos ter feito como eles. Em vez de acumular condenação e vingança contra nossos inimigos, ofereçamos a eles nossa compreensão, nossa simpatia, nossa ajuda, nosso perdão e nossas orações.

Fui criado em uma família que lia as Escrituras ou repetia um verso da Bíblia toda noite e, depois, se ajoelhava e fazia "orações familiares". Ainda consigo ouvir meu pai, em uma casa de fazenda remota no Missouri, repetindo estas palavras de Jesus, palavras que continuarão a ser ditas enquanto o homem cultivar seus ideais: "Ame seus inimigos, abençoe aqueles que o amaldiçoam, faça o bem àqueles que o odeiam e reze por aqueles que o usam com desprezo e o perseguem."

Meu pai tentou viver segundo essas palavras de Jesus e elas deram a ele uma paz interior que muitos capitães e reis da Terra buscaram em vão.

Para cultivar uma atitude mental que lhe trará paz e felicidade, lembre-se da Regra 2:

Nunca tente se vingar de seus inimigos, pois, se fizer isso, machucará mais a si mesmo do que a eles. Faça como o general Eisenhower: jamais desperdice um minuto sequer pensando em pessoas de quem não gosta.

14

Se você fizer isto, jamais se preocupará com ingratidão

CERTA VEZ CONHECI um empresário no Texas que estava ardendo de indignação. Quinze minutos depois de tê-lo conhecido, me avisaram de que ele me contaria a história. O incidente que o tinha enfurecido ocorrera 11 meses antes, mas o homem ainda estava com raiva. Não conseguia mudar de assunto. Esse homem dera 10 mil dólares em bônus de Natal aos seus 34 funcionários – aproximadamente 300 dólares para cada um – e ninguém lhe agradecera. "Lamento!", reclamou ele com amargura. "Eu não deveria ter dado um centavo a eles!"

"Um homem com raiva", disse Confúcio, "está sempre cheio de veneno." Aquele homem estava tão envenenado que, honestamente, fiquei com pena dele. Tinha cerca de 60 anos. As seguradoras chegaram à conclusão de que, em média, viveremos pouco mais de dois terços da diferença entre nossa idade atual e os 80 anos. Portanto, com sorte, aquele homem teria ainda 14 ou 15 anos pela frente. Contudo, ele já desperdiçara praticamente um desses anos restantes com sua amargura e seu ressentimento diante de um evento passado e encerrado. Senti pena dele.

Em vez de mergulhar em ressentimento e autopiedade, ele poderia ter perguntado a si mesmo *por que* não recebeu nenhuma gratidão. Talvez tivesse pagado salários baixos aos seus funcionários e exigido que trabalhassem demais. Talvez eles considerassem que aquele bônus de Natal não era um presente, mas algo que tinham conquistado. Talvez ele fosse tão crítico e difícil de conviver que ninguém ousava agradecer-lhe nem achava isso relevante. Talvez os funcionários sentissem que ele só dera o bônus porque a maioria dos lucros seria devorada pelos impostos.

Ou talvez os funcionários fossem egoístas, mesquinhos e mal-

-educados. Talvez isso. Talvez aquilo. Não sei mais a respeito dessa história do que você, mas sei o que o Dr. Samuel Johnson disse: "Gratidão é fruto de muito cultivo. Você não a encontra entre pessoas grosseiras."

Este é o ponto principal: *aquele homem cometeu o erro humano e irritante de esperar gratidão.* Ele apenas não conhecia a natureza humana.

Se você salvasse a vida de um homem, esperaria que ele ficasse agradecido? Talvez – mas Samuel Leibowitz, que era um famoso advogado criminalista antes de se tornar juiz, salvou 78 homens de irem para a cadeira elétrica! Quantos desses homens você supõe que pararam para agradecer a ele, ou mesmo se deram ao trabalho de mandar um cartão de Natal? Quantos? Adivinhe... Isso mesmo: nenhum.

Cristo curou 10 leprosos em uma tarde – mas quantos deles pararam para Lhe agradecer? Apenas um. Procure em São Lucas. Quando Cristo perguntou a Seus discípulos "Onde estão os outros nove?", todos tinham fugido. Desaparecido sem agradecer! Tenho uma pergunta: por que você ou eu – ou aquele empresário do Texas – deveríamos esperar mais agradecimentos pelos *nossos* pequenos favores do que Jesus Cristo recebeu?

E quando se trata de assuntos relacionados a dinheiro? Nesses casos, esperar gratidão é ainda mais inútil. Charles Schwab contou-me que certa vez salvou um caixa de banco que havia especulado no mercado de ações com fundos que pertenciam ao banco. Schwab cobriu o desfalque e evitou que o homem fosse preso. O caixa ficou agradecido? Ah, sim, por um curto período. Depois, voltou-se contra Schwab, insultou-o e acusou-o – o próprio homem que o salvara da prisão!

Se você desse 1 milhão de dólares a um parente, esperaria que ele ficasse agradecido? Andrew Carnegie fez exatamente isso. Mas, se Andrew Carnegie tivesse ressuscitado pouco depois, ficaria chocado ao descobrir que aquele mesmo parente o estava amaldiçoando! Por quê? Porque o Velho Andy deixara 365 milhões de dólares para instituições públicas de caridade e, para ele, apenas "um mísero milhão".

É assim que funciona. A natureza humana sempre foi a natureza humana – e provavelmente não mudará no decorrer da sua vida. Portanto, por que não aceitá-la? Por que não ser tão realista quanto Marco Aurélio, um dos homens mais sábios que governaram o Império Romano? Um dia, ele escreveu em seu diário: "Hoje encontrarei pessoas que falam demais – e também pessoas egoístas, egocêntricas, ingratas. Mas não ficarei surpreso ou perturbado, pois não conseguiria imaginar um mundo sem pessoas assim."

Faz sentido, não faz? Se você e eu ficarmos por aí resmungando sobre ingratidão, de quem é a culpa? É da natureza humana – ou da nossa ignorância sobre a natureza humana? Não esperemos gratidão. Então, se em algum momento alguém se mostrar grato, será uma surpresa deliciosa. Se nada acontecer, não ficaremos perturbados.

O primeiro ponto que tento mostrar neste capítulo é o seguinte: *É natural que as pessoas se esqueçam de ser gratas; portanto, se ficarmos esperando gratidão, estaremos no caminho certo para uma grande decepção.*

Conheço uma mulher em Nova York que vive reclamando da solidão. Nenhum parente quer se aproximar dela – o que não é de surpreender: se você a visitar, ela passará horas lhe contando o que fez pelas sobrinhas quando eram crianças; que cuidou delas quando tiveram sarampo, caxumba e coqueluche; acolheu-as em sua casa durante anos; ajudou uma delas a ser aceita na faculdade de Administração e abrigou a outra até que ela se casasse.

As sobrinhas a visitam? Ah, sim, de vez em quando, por se sentirem obrigadas. Mas elas detestam essas visitas. Sabem que precisarão ficar horas sentadas ouvindo repreensões parcialmente veladas. Serão recebidas com uma litania interminável de queixas amargas e suspiros autocomplacentes. E quando essa mulher não consegue obrigar, amedrontar ou incomodar as sobrinhas para que venham visitá-la, lança mão de um de seus "artifícios": um ataque do coração.

O ataque do coração é real? Ah, sim. Os médicos dizem que ela tem “um coração nervoso” e sofre de palpitações. Mas também dizem que não podem fazer nada por ela – o problema é emocional.

O que essa mulher realmente deseja é amor e atenção. Mas o nome que ela dá a isso é “gratidão”. E ela jamais receberá gratidão ou amor, pois os exige. Ela acha que merece.

Existem milhares de pessoas que, como ela, estão doentes de “ingratidão”, solidão e negligência. Elas anseiam por amor, mas a única maneira de ser amadas é parar de pedir amor e começar a distribuí-lo sem esperanças de receber algo em troca.

Isso parece idealismo puro, pouco prático e visionário, mas não é. É apenas bom senso. É uma boa maneira de encontrar a felicidade pela qual ansiamos. Eu sei. Vi isso acontecer na minha família. Meus pais faziam caridade pela alegria de ajudar os outros. Éramos pobres e estávamos sempre endividados, mas os dois sempre davam um jeito de, todo ano, enviar dinheiro para um orfanato em Council Bluffs, Iowa. Meus pais nunca visitaram aquele orfanato. Provavelmente, ninguém nunca agradeceu a eles pelos presentes – exceto por cartas –, mas eles eram ricamente recompensados, pois tinham a alegria de ajudar criancinhas sem desejar nem esperar nenhuma gratidão em retorno.

Depois que saí de casa, eu sempre enviava um cheque no Natal para meus pais e os estimulava a se permitirem alguns luxos. Mas eles raramente o faziam. Quando eu voltava para casa alguns dias antes do Natal, meu pai me contava do carvão que tinham conseguido e das compras que haviam feito para alguma viúva na cidade com muitos filhos que não tinha dinheiro para comprar comida e combustível. Que alegria eles extraíam daqueles presentes – a alegria de dar sem esperar absolutamente nada em troca!

Acredito que meu pai quase se qualificaria para a descrição de Aristóteles do homem ideal – o homem mais merecedor de ser feliz: “O homem ideal obtém prazer fazendo favores para os outros.”

O segundo ponto que tento mostrar neste capítulo é: *Se desejamos encontrar felicidade, devemos parar de pensar em gratidão ou em ingratidão e ser generosos pela simples alegria interior de dar.*

Há 10 mil anos pais arrancam os cabelos por causa da ingratidão dos filhos. Até o rei Lear, de Shakespeare, gritou: "Ter um filho ingrato é mais doloroso do que a mordida de uma serpente."

Mas por que os filhos deveriam ser gratos – a menos que os treinemos para que o sejam? A ingratidão é tão natural quanto o mato. A gratidão é como uma rosa: precisa ser alimentada, regada, cultivada, amada e protegida.

Se nossos filhos são ingratos, de quem é a culpa? Talvez seja nossa. Se nunca lhes ensinamos a manifestar gratidão aos outros, como podemos esperar que sejam gratos conosco?

Conheci um homem em Chicago que tinha razões para reclamar da ingratidão de seus enteados. Ele trabalhava duro em uma fábrica de caixas, raramente ganhando mais de 40 dólares por semana. Casou-se com uma viúva que o convenceu a tomar dinheiro emprestado para enviar seus dois filhos para a faculdade. Com seu salário de 40 dólares semanais, ele precisava bancar comida, aluguel, combustível, roupas e também as notas promissórias. Fez isso durante quatro anos, trabalhando exaustivamente sem nunca reclamar.

Ele recebeu algum agradecimento? Não; a esposa achava que ele não fazia mais do que sua obrigação, assim como os filhos. Nunca passou pela cabeça deles que deviam qualquer coisa ao padrasto – nem mesmo um obrigado!

De quem era a culpa? Dos garotos? Sim, mas a mãe era ainda mais culpada. Ela achava vergonhoso impor às jovens vidas dos filhos o fardo de "um senso de obrigação". Não queria que os filhos "começassem com dívidas". Portanto, jamais lhe ocorreu dizer: "Seu padrasto é um verdadeiro príncipe por ajudar vocês a cursar a faculdade!" A ideia que a postura dela refletia era: "É o mínimo que ele deveria fazer."

Aquela mulher achava que estava poupando os filhos, mas, na verdade, estava inculcando neles a ideia perigosa de que o mundo lhes devia seu sustento. E era *mesmo* uma ideia perigosa: tempos depois, um dos filhos tentou pegar dinheiro "emprestado" de um patrão e acabou na cadeia!

Devemos nos lembrar de que grande parte do que nossos filhos são é o que fazemos deles. Por exemplo, a irmã da minha mãe – Viola Alexander, de Minneapolis – é um exemplo perfeito de mulher que nunca teve motivo para reclamar da "ingratidão" dos filhos. Quando eu era garoto, tia Viola acolheu a própria mãe em sua casa para amá-la e cuidar dela, e fez o mesmo pela mãe do marido. Ainda hoje consigo fechar os olhos e ver aquelas duas senhoras sentadas diante da lareira na casa de fazenda da tia Viola. Será que elas davam algum "trabalho" para a minha tia? Ah, bastante, imagino. Mas nada na atitude dela traía isso. Ela *amava* aquelas velhinhas – então as mimava, atendia aos seus caprichos e fazia de tudo para que se sentissem em casa. Além disso, tia Viola tinha seis filhos, mas nunca lhe ocorreu que estivesse fazendo qualquer coisa especialmente nobre ou que merecesse a canonização por acolher aquelas senhoras em seu lar. Para ela, era apenas algo natural, o certo a fazer, o que ela queria fazer.

Onde está tia Viola hoje? Bem, ela enviuvou há mais de 20 anos e tem cinco filhos crescidos – em cinco lares distintos –, todos desejosos de tê-la por perto, ansiosos para que ela vá morar com eles! Seus filhos a adoram, nunca se cansam dela. E isso é por "gratidão"? Besteira! É amor – *puro amor*. Aqueles filhos respiraram calor humano e bondade durante toda a infância. É de surpreender que, agora que a situação é a inversa, eles *retribuam* aquele amor?

Portanto, lembremos que, para criarmos filhos gratos, precisamos *ser* gratos. Lembremos que crianças são "esponjas" e estejamos atentos ao que dissermos. Na próxima vez que ficar tentado a debochar da bondade de alguém na presença dos seus filhos, fique calado. Nunca diga: "Vejam os panos de prato que a prima Sue nos mandou para o Natal. Ela mesma fez. Não gastou um centavo!" Esse comentário pode parecer trivial para nós, mas as crianças estão escutando. Portanto, em vez disso, seria melhor dizer: "Imagine quantas horas a prima Sue gastou fazendo isso para o Natal! Ela não é muito gentil? Vamos escrever agora mesmo um bilhete de agradecimento para ela." Assim nossos filhos poderão absorver, inconscientemente, o hábito de elogiar e de demonstrar gratidão.

Para evitar ressentimentos e preocupações com ingratidão, aqui está a Regra 3:

A. Em vez de se preocupar com a ingratidão, passe a esperá-la. Jesus ajudou 10 leprosos em um dia – e apenas um agradeceu a Ele. Por que deveríamos esperar mais gratidão do que Jesus recebeu?

B. Lembre que a única maneira de encontrar felicidade é não esperar gratidão, mas dar pela simples alegria de dar.

C. Não se esqueça de que a gratidão é uma característica "cultivada"; portanto, se quiser que seus filhos sejam gratos, você deve treiná-los para isso.

15

Você trocaria tudo que tem por 1 milhão?

CONHEÇO HAROLD ABBOT HÁ ANOS. Ele morava em Webb City, Missouri, e era meu agente de palestras. Certo dia, nos encontramos em Kansas City e ele me levou de carro até minha fazenda em Belton, Missouri. Durante a viagem, perguntei-lhe como ele evitava as preocupações e Harold me contou uma história inspiradora que jamais esquecerei.

"Eu costumava me preocupar muito, mas certo dia, na primavera de 1934, eu estava andando pela rua West Dougherty, em Webb City, quando tive uma visão que eliminou todas as minhas preocupações. Tudo aconteceu em 10 segundos, mas durante esses 10 segundos aprendi mais sobre como viver do que nos 10 anos anteriores. Tive um mercado em Webb City por dois anos. Não apenas perdi todas as minhas economias nesse empreendimento como também contraí dívidas que levei sete anos para pagar. Meu mercado foi fechado no sábado anterior e eu estava indo ao banco pegar dinheiro emprestado. Com o empréstimo, ia procurar emprego em Kansas City. Eu caminhava como um homem derrotado. Tinha perdido toda a minha garra e a minha fé. De repente, vi um homem sem pernas descendo a rua. Ele estava sentado em uma pequena plataforma de madeira equipada com rodinhas de patins e impulsionava o corpo para a frente com um bloco de madeira em cada mão. Ele havia atravessado a rua e começava a se erguer alguns centímetros sobre o meio-fio para a calçada. Enquanto ele inclinava sua pequena plataforma de madeira, seus olhos encontraram os meus e ele me saudou com um grande sorriso. 'Bom dia, senhor. É uma bela manhã, não é?', disse, bem-humorado. Ali de pé, olhando para ele, percebi quanto era afortunado. Eu tinha duas pernas. Podia andar. Senti vergonha da minha autopiedade. Disse para mim mesmo que, se ele podia ser feliz, alegre e confiante sem pernas, eu certamente posso *com pernas*. Meu peito ficou mais leve. Eu pretendia pedir 100 dólares ao banco, mas decidi que tinha coragem de pedir *200*. Eu tinha dito que iria a Kansas City *tentar* conseguir um emprego. Depois daquela visão, anunciei confiantemente que iria até lá para *encontrar* um emprego. Consegui o empréstimo e consegui o emprego."

Depois disso, Harold Abbot colou as seguintes palavras no espelho do seu banheiro:

Eu estava triste porque não tinha sapatos,
Até que, na rua, encontrei um homem que não tinha pés.

Certa vez, perguntei a Eddie Rickenbacker qual foi a maior lição que ele aprendeu depois de 21 dias à deriva no Pacífico com seus companheiros, em botes salva-vidas, perdidos e desesperançados. "A maior lição daquela experiência", disse ele, "foi esta: se você tiver toda a água potável que quiser beber e toda a comida que quiser comer, nunca deve reclamar de nada."

A revista *Time* publicou uma matéria sobre um sargento ferido em Guadalcanal. Atingido na garganta por um estilhaço de bomba, esse militar recebeu sete transfusões de sangue. Escreveu um bilhete para seu médico perguntando: "Vou sobreviver?" O médico respondeu: "Sim." Ele escreveu novamente, agora perguntando: "Serei capaz de falar?" Outra vez, a resposta foi sim. Por fim, o sargento escreveu outro bilhete dizendo: "*Então, com que diabo estou me preocupando*?"

Por que você não para neste instante e pergunta a si mesmo: "Com que diabo estou me preocupando?" É bem provável que descubra tratar-se de algo comparativamente sem importância.

Cerca de 90% do que acontece na nossa vida está certo, e cerca de 10%, errado. Se desejamos ser felizes, precisamos nos concentrar nos 90% que estão certos e ignorar os 10% que estão errados. Se queremos ser pessoas preocupadas e amargas, com úlcera gástrica, basta nos concentrarmos nos 10% que estão errados e ignorar os 90% gloriosos.

As palavras "Pense e agradeça" estão inscritas em muitas das igrejas cromwellianas da Inglaterra. Também deveriam ser inscritas no nosso coração: "Pense e agradeça." Pensemos em tudo que deveria despertar a nossa gratidão e agradeçamos por todas as nossas bênçãos.

Jonathan Swift, de *As viagens de Gulliver*, foi o autor mais pessimista da literatura inglesa. Ele lamentava tanto ter nascido que se vestia de preto e jejuava nos seus aniversários; contudo, em seu desespero, esse pessimista supremo louvou os grandes poderes salutares da alegria e da felicidade. "Os melhores médicos do mundo", declarou ele, "são o Dr. Dieta, o Dr. Silêncio e o Dr. Alegria."

Podemos obter de graça os serviços do "Dr. Alegria" todas as horas do dia mantendo nossa atenção fixa nas maravilhosas riquezas que possuímos – riquezas que excedem em muito os tesouros fabulosos de Ali Babá. Você venderia seus dois olhos por 1 bilhão de dólares? Quanto aceitaria por suas duas pernas? Por suas mãos? Por sua audição? Por seus filhos? Por sua família? Some seus bens e você descobrirá que não venderia o que possui nem por todo o ouro acumulado pelos Rockefellers, os Fords e os Morgans somados.

Mas nós valorizamos tudo isso? Ah, não. Como disse Schopenhauer: "Raramente pensamos no que temos, mas sempre no que nos falta." Sim, a tendência a "pensar raramente no que temos, mas sempre no que nos falta" é a maior tragédia da Terra. Provavelmente causou mais sofrimento do que todas as guerras e doenças da história.

Essa tendência fez com que John Palmer se transformasse "de um sujeito comum em um velho rabugento" e quase destruiu seu lar. Sei disso porque ele me contou.

Palmer morava em Paterson, Nova Jersey. "Pouco depois de sair do Exército", disse ele, "abri um negócio. Eu trabalhava dia e noite. As coisas estavam indo bem. Então começaram os problemas. Eu não conseguia obter peças e materiais e temia que fosse preciso fechar as portas. Era um sujeito comum, mas me preocupava tanto que me tornei um velho rabugento. Fiquei tão azedo e irritado que... Bem, eu não sabia na época, mas agora sei que cheguei muito perto de perder meu feliz lar. Então, certo dia, um jovem veterano aleijado que trabalhava para mim disse: 'Johnny, você deveria ter vergonha de si mesmo. Você age como se fosse a única pessoa no mundo com problemas. Suponha que precise fechar o negócio por algum tempo... E daí? Você pode recomeçar quando as coisas voltarem ao normal. Você tem muito a agradecer, mas vive resmungando. Rapaz, como eu gostaria de estar no seu lugar! Olhe para mim. Tenho apenas um braço e metade do meu rosto foi destruída por um tiro, mas não reclamo. Se você não parar de rosnar e de resmungar, perderá não apenas seu negócio, mas também sua saúde, sua família e seus amigos!'"

Esses comentários o fizeram parar e pensar. "Percebi como estava bem na vida. Resolvi naquele mesmo instante que mudaria e voltaria a ser como antes... e foi o que fiz."

Uma amiga minha, Lucile Blake, oscilou à beira da tragédia antes de aprender a ser feliz com o que tinha em vez de se preocupar com o que lhe faltava.

Conheci Lucile há muitos anos, quando estudávamos redação de contos na Faculdade de Jornalismo da Universidade Columbia. Faz algum tempo, ela levou o maior choque da sua vida. Aqui está a história como ela a contou para mim:

"Eu vivia no olho do furacão: estudava órgão na Universidade do Arizona, dirigia uma clínica de fonoaudiologia na cidade e dava aulas de apreciação musical no Desert Willow Ranch, onde eu morava. Ia a festas, bailes, passeios a cavalo sob as estrelas. Certa manhã, meu coração não aguentou e desmaiei. O médico me disse que eu precisaria ficar de cama durante um ano, em repouso absoluto. Ele não me estimulou a acreditar que um dia eu voltaria a ser forte."

Ela ficou apavorada com a perspectiva. "Um ano de cama? Por que aquilo tinha que acontecer comigo? O que eu tinha feito para merecer uma coisa dessas? Eu chorava sem parar. Estava amargurada e rebelde. Mas comecei o repouso, como aconselhou o médico. Um vizinho meu me disse: 'Hoje você imagina que passar um ano de cama será uma tragédia. Mas não será. Você terá tempo para pensar e para conhecer a si própria. Evoluirá mais espiritualmente nos próximos meses do que em toda a sua vida até agora.' Fiquei mais calma e tentei desenvolver novos valores. Li livros inspiradores. Um dia, ouvi um comentarista no rádio dizer: 'Você só pode expressar o que está na sua consciência.' Eu tinha ouvido palavras como aquelas muitas vezes, mas naquele momento elas atingiram um lugar profundo dentro de mim e criaram raízes. Resolvi alimentar somente os pensamentos segundo os quais eu queria viver: pensamentos de alegria, felicidade, saúde. Todas as manhãs, assim que despertava, obrigava-me a repassar todas as razões que eu tinha para ser grata. Nenhuma dor. Uma filha pequena adorável. Minha visão. Minha audição. Música ótima no rádio. Tempo para ler. Boa comida. Bons amigos. Eu estava tão feliz e recebia tantas visitas que o médico me orientou a reduzir as visitas a apenas uma por vez... e em horários específicos."

Muitos anos se passaram desde então, e ela afirma que agora leva uma vida plena e ativa. "Sou profundamente grata por aquele tempo em que estive acamada. Foi o ano mais valioso e mais feliz que passei no Arizona. O hábito que adquiri de enumerar minhas bênçãos todas as manhãs ainda faz parte da minha rotina. É um dos meus bens mais preciosos. Só aprendi a viver quando achei que fosse morrer... e me envergonho de ter demorado tanto."

Minha querida Lucile Blake, você pode não se dar conta disso, mas aprendeu a mesma lição que o Dr. Samuel Johnson aprendeu há 200 anos. "O hábito de olhar o melhor lado de cada acontecimento", disse o Dr. Johnson, "vale mais do que mil libras por ano."

Essas palavras foram ditas, veja bem, não por um otimista profissional, mas por um homem que havia conhecido ansiedade, pobreza e fome por 20 anos – até finalmente se tornar um dos mais eminentes escritores da sua geração e um dos pensadores mais celebrados de todos os tempos.

Logan Pearsall Smith somou muita sabedoria em poucas palavras quando disse: "Há duas coisas a se almejar na vida: primeiro, conseguir o que se quer; depois, desfrutar disso. Somente os homens mais sábios conquistam a segunda."

Você gostaria de saber como transformar até mesmo tarefas como lavar a louça em experiências empolgantes? Se a resposta for sim, leia um livro inspirador e corajoso escrito por Borghild Dahl. Chama-se *I Wanted to See* (Eu queria ver).

Esse livro foi escrito por uma mulher que passou meio século praticamente cega. "Eu tinha apenas um olho", escreve ela, "que era coberto por tantas cicatrizes que eu só conseguia enxergar por uma pequena abertura no lado esquerdo. Para ler um livro, eu tinha que segurá-lo perto do rosto e forçar meu olho bom ao máximo para a esquerda."

Mas Borghild Dahl se recusava a permitir que sentissem pena dela; recusava-se a ser considerada "diferente". Quando menina, ela queria brincar de amarelinha com outras crianças, mas não conseguia ver as marcas no chão. Depois que as outras iam para casa, ela se agachava e se arrastava no chão com os olhos bem próximos das marcas. Memorizou cada porção do terreno onde ela e os amigos brincavam e em pouco tempo tornou-se especialista em jogos de corrida. Lia em casa, segurando um livro com letras grandes tão perto dos olhos que seus cílios tocavam as páginas. Ela obteve um bacharelado em Artes pela Universidade de Minnesota e um mestrado em Artes pela Universidade Columbia.

A autora começou a lecionar na minúscula aldeia de Twin Valley, Minnesota, e fez carreira até se tornar professora de Jornalismo e de Literatura na Augustana College, em Sioux Falls, Dakota do Sul. Deu aulas ali por 13 anos, fazendo palestras em clubes femininos e falando no rádio sobre livros e escritores. "No fundo da minha mente", escreve ela, "sempre houve o medo da cegueira total. Para superar isso, adotei uma atitude alegre, quase hilariante, em relação à vida".

Então, em 1943, quando Borghild Dahl tinha 52 anos, aconteceu um milagre: uma operação na famosa Clínica Mayo. Ela enfim conseguiu enxergar 40 vezes melhor do que antes.

Um mundo novo e excitante de beleza abriu-se diante dela. Agora Borghild achava empolgante até lavar louça. "Começo a brincar com as bolhas brancas e macias na panela", escreve. "Mergulho as mãos e pego uma porção de minúsculas bolhas de sabão. Seguro-as contra a luz e em cada uma delas vejo as cores brilhantes de um arco-íris em miniatura."

Enquanto olhava pela janela da cozinha, ela viu "as asas preto-acinzentadas dos pardais batendo enquanto eles voavam em meio à neve espessa que cai".

Sentiu tamanho êxtase olhando para as bolhas de sabão e para os pardais que encerrou seu livro assim: "'Querido Senhor', eu sussurro, 'Pai nosso que estais nos céus, agradeço a Você. Agradeço a Você.'"

Imagine agradecer a Deus porque você pode lavar a louça e ver arcos-íris em bolhas e pardais voando em meio à neve!

Deveríamos sentir vergonha de nós mesmos. Todos os dias da nossa vida temos diante de nós um mundo mágico repleto de beleza, mas estamos cegos demais para ver, saciados demais para desfrutar.

Se quiser parar de se preocupar e começar a viver, a Regra 4 é:

Enumere suas bênçãos, não seus problemas!

16

Encontre a si mesmo e seja autêntico: não há ninguém no mundo como você

GUARDO COMIGO UMA CARTA da Sra. Edith Allred, de Mount Airy, Carolina do Norte, na qual ela escreve: "Quando criança, eu era extremamente sensível e tímida. Estava sempre acima do peso e tinha bochechas enormes. Minha mãe era antiquada e achava bobagem se preocupar em usar roupas bonitas. Eu nunca ia a festas, nunca me divertia; quando ia para a escola, nunca me juntava às outras crianças em atividades ao ar livre, nem mesmo para as aulas de educação física. Eu era tímida de um jeito mórbido. Sentia que era 'diferente' de todo mundo e que ninguém queria saber de mim."

Edith contou que acabou se casando com um homem muitos anos mais velho do que ela, mas mesmo assim não mudara. "A família do meu marido era equilibrada e autoconfiante – tudo que eu deveria ser, mas não era. Eu tentava ao máximo imitá-los; impossível. Todas as tentativas deles para me deixar à vontade apenas faziam com que eu me escondesse ainda mais na minha concha. Fiquei nervosa e irritável. Evitava todos os amigos. Tinha horror até mesmo do toque da campainha. Eu era um fracasso, sabia disso e temia que meu marido descobrisse. Portanto, sempre que estávamos em público, eu tentava ser alegre e exagerava no papel. Depois, percebia meu exagero e ficava arrasada durante dias. A certa altura, estava tão infeliz que não via mais sentido em continuar vivendo. Comecei a pensar em suicídio."

O que mudou a vida dessa mulher infeliz? Apenas um comentário fortuito!

"Um dia, ouvi minha sogra falar sobre como tinha criado os filhos. Eis o que ela disse: 'Não importava o que acontecesse, eu sempre insistia que eles fossem autênticos, que fossem eles mesmos.' Foi esse comentário que me fez mudar! Em um lampejo, me dei conta de que impusera enorme sofrimento a mim mesma tentando me encaixar em um padrão ao qual não me adequava. Mudei radicalmente! Comecei a ser eu mesma. Tentei fazer um estudo da minha personalidade, descobrir *o que eu era*. Estudei meus pontos fortes. Aprendi tudo que consegui sobre cores e estilos e passei a me vestir de uma maneira que me favorecia. Procurei fazer amigos. Ingressei em uma organização – no início, de pequeno porte – e fiquei petrificada de medo quando me incluíram em um programa. A cada vez que eu falava, porém, ganhava um pouco de coragem. Demorou, mas hoje sou muito mais feliz do que jamais imaginei. Ao criar meus filhos, sempre ensinei a eles a lição que precisei aprender por meio de uma experiência tão amarga: *Não importa o que aconteça, seja sempre você mesmo!*"

Estar disposto a ser você mesmo é um dilema "tão antigo quanto a história", afirma o Dr. James Gordon Gilkey, "e tão universal quanto a vida humana". Não se assumir é o gatilho por trás de muitas neuroses, psicoses e complexos. Angelo Patri, que escreveu 13 livros e milhares de artigos em jornais de circulação nacional sobre educação infantil, observa: "Ninguém é tão infeliz quanto aquele que deseja ser diferente da pessoa que é no corpo e na mente."

Essa ânsia por ser algo que você não é está particularmente disseminada em Hollywood. Sam Wood, um dos mais conhecidos diretores americanos, disse que sua maior dor de cabeça com atores iniciantes é justamente fazer com que sejam autênticos. Todos querem ser Lana Turners ou Clark Gables. "O público já conhece esses astros", Sam Wood repetia para eles, "e agora quer algo diferente."

Antes de começar a dirigir filmes como *Adeus, Mr. Chips* e *Por quem os sinos dobram*, Sam Wood passou anos no ramo imobiliário, treinando equipes de vendas. Para ele, os mesmos princípios do mundo dos negócios se aplicam ao do cinema. Você não chegará a lugar nenhum interpretando um macaco ou agindo como um papagaio. "A experiência me ensinou", diz Sam Wood, "que é mais seguro abrir mão, o mais rápido possível, de pessoas que fingem ser o que não são."

Perguntei a Paul Boynton, na época diretor de recursos humanos de uma grande empresa de petróleo, qual é o maior erro que as pessoas cometem ao se candidatarem a uma vaga. Ele devia saber: tinha entrevistado mais de 60 mil pessoas em busca de trabalho e escreveu um livro chamado *6 Ways to Get a Job* (6 maneiras de conseguir um emprego). Paul Boynton disse: "O maior erro é não serem elas mesmas. Em vez de relaxarem e se comportarem de maneira honesta, elas oferecem as respostas que acham que você quer ouvir." Mas isso não funciona, pois ninguém quer um farsante. Ninguém procura uma moeda falsa.

Sei de um condutor de bondes cuja filha aprendeu essa lição da maneira mais difícil. Ela queria ser cantora, mas sua fisionomia não ajudava: tinha a boca grande e era dentuça. Quando cantou pela primeira vez em público, em um clube noturno de Nova Jersey, a jovem tentou cobrir os dentes fazendo um biquinho, simulando um "glamour" que não tinha. O resultado? Fez um papel ridículo. Convenceu-se de que estava destinada ao fracasso.

No entanto, um homem na plateia ouviu-a cantar e achou que ela tinha talento. Procurou-a e foi muito direto em sua crítica: "Assisti à sua apresentação e sei o que você está tentando esconder. Você tem vergonha dos seus dentes!" A jovem ficou constrangida, mas o homem continuou: "E daí? É algum crime ter dentes salientes? Não tente esconder essa característica! Abra a boca e a plateia vai aplaudir quando vir que você não sente vergonha. Além disso", disse ele, astutamente, "esses dentes que você está tentando esconder podem lhe render uma fortuna!"

Cass Daley aceitou o conselho e esqueceu seus dentes. Daquele momento em diante, ela só pensou no público. Abria bem a boca e cantava com tamanho prazer que se tornou uma das maiores estrelas do cinema e do rádio. Outros comediantes tentavam *copiá-la*!

O filósofo William James declarou certa vez que uma pessoa comum desenvolve, em média, apenas 10% de suas habilidades mentais latentes. Ele se referia àquelas que nunca tinham encontrado o próprio "eu". "Em comparação com o que deveríamos ser", escreveu ele, "estamos apenas parcialmente despertos. Só fazemos uso de uma pequena parte de nossos recursos mentais e físicos. De maneira geral, os indivíduos humanos vivem muito aquém de seus limites. Eles possuem poderes de vários tipos que, habitualmente, deixam de usar."

Você e eu temos essas habilidades, portanto não desperdicemos um segundo sequer nos preocupando com o que nos faz diferentes das outras pessoas. Desde o princípio dos tempos, nunca houve alguém exatamente como você; e nunca mais, em todas as eras que ainda estão por vir, haverá alguém exatamente como você. A genética nos informa que você é sobretudo o resultado da combinação entre os cromossomos que herdou de seu pai e os que vieram de sua mãe. Essa mistura de cromossomos determina todas as suas características. Em cada um deles pode haver, segundo Amram Scheinfeld, "algo entre dezenas e centenas de genes – sendo um único gene, em alguns casos, capaz de mudar a vida inteira de um indivíduo." De fato, somos criaturas "maravilhosas e assustadoras".

Mesmo depois de sua mãe e seu pai terem se conhecido e se relacionado sexualmente, havia apenas uma chance em 300 bilhões de que nascesse especificamente você! Em outras palavras, se você tivesse 300 bilhões de irmãos e de irmãs, todos poderiam ter sido diferentes de você. Isso tudo é especulação? Não. É um fato científico. Se quiser ler mais sobre isso, consulte *Você e a hereditariedade*, de Amram Scheinfeld.

Posso falar com convicção sobre esse tema de ser você mesmo, pois tenho sentimentos fortes em relação a ele. Sei do que estou falando, e sei por uma experiência amarga e custosa. Quando cheguei pela primeira vez a Nova York, vindo dos milharais do Missouri, inscrevi-me na Academia Americana de Artes Dramáticas. Meu sonho era ser ator. Eu tinha o que imaginava ser uma ideia brilhante, um atalho para o sucesso; era uma ideia tão simples, tão à prova de falhas, que eu não conseguia compreender como milhares de pessoas ambiciosas ainda não tinham pensado nisso. A ideia era a seguinte: eu estudaria como os atores famosos da época – John Drew, Walter Hampden e Otis Skinner – compunham seus personagens. Depois, eu imitaria os melhores pontos de cada um e me tornaria uma combinação brilhante e triunfante de todos eles. Que besteira! Que absurdo! Desperdicei anos da minha vida imitando outros até entrar na minha cabeça dura do Missouri que eu precisava ser eu mesmo e que era impossível ser qualquer outra pessoa.

Essa experiência perturbadora deveria ter me ensinado uma lição para sempre. Mas não ensinou. Não a mim. Eu era burro demais. Precisava aprender tudo de novo. Vários anos depois, decidi escrever o melhor livro sobre oratória para empresários. Tive a mesma ideia tola da época em que quis ser ator: pegaria *emprestadas* as ideias de vários escritores e as reuniria em um único volume – um livro que teria tudo. Para tanto, comprei dezenas de obras sobre oratória e passei um ano incorporando as ideias daqueles autores ao meu manuscrito. Outra vez, percebi que estava fazendo papel de bobo. O emaranhado de ideias de outros que eu tinha escrito era tão sintético, tão tedioso, que nenhum executivo o leria. Dessa vez, eu disse para mim mesmo: "Você precisa ser Dale Carnegie, com todas as suas falhas e limitações. Não é possível ser ninguém além de você mesmo." Portanto, desisti de tentar ser uma combinação de outros autores, arregacei as mangas e fiz o que deveria ter feito desde o começo: escrevi um livro sobre oratória a partir das minhas experiências, observações e crenças como orador e como professor de oratória. Aprendi – para sempre, espero – a lição que Sir Walter Raleigh aprendeu. (Não estou falando do Sir Walter que jogou seu casaco na lama para a rainha atravessar uma poça, e sim do professor de Literatura de Oxford em 1904.) "Não posso escrever um livro que se equipare a Shakespeare", disse ele, "mas posso escrever um livro escrito por mim."

Seja você mesmo. Siga o sábio conselho que Irving Berlin deu ao falecido George Gershwin. Quando ambos se conheceram, Berlin já era famoso, mas Gershwin era um jovem compositor em dificuldades trabalhando por 35 dólares por semana na Tin Pan Alley. Berlin, impressionado com o talento de Gershwin, ofereceu-lhe emprego como seu assistente musical ganhando quase o triplo do que ele recebia. "Mas não aceite a proposta", aconselhou Berlin. "Se o fizer, você talvez se transforme em um Berlin de segunda categoria. Mas, se insistir em ser você mesmo, algum dia se tornará um Gershwin de primeira categoria."

Gershwin acatou a advertência e, com o tempo, tornou-se um dos grandes compositores americanos da sua geração.

Charlie Chaplin, Will Rogers, Mary Margaret McBride, Gene Autry e milhões de outros precisaram aprender a lição que estou tentando fixar na sua mente neste capítulo. E aprenderam da maneira difícil – exatamente como eu.

Quando Charlie Chaplin começou a fazer cinema, o diretor insistia para que ele imitasse um comediante alemão popular na época, mas Chaplin não chegou a lugar nenhum enquanto não interpretou a si mesmo. Bob Hope teve uma experiência parecida: passou anos em um espetáculo de canto e dança – e não chegou a lugar nenhum até começar a contar piadas e a ser ele mesmo. Will Rogers girou cordas em espetáculos durante anos sem dizer uma única palavra. Ele não chegou a lugar nenhum até descobrir seu dom único para o humor e começar a falar enquanto se apresentava no vaudeville.

Quando Mary Margaret McBride foi ao ar pela primeira vez, tentou ser uma comediante irlandesa e fracassou. Ao tentar ser apenas o que era – uma garota simples do interior do Missouri –, tornou-se uma das estrelas do rádio mais populares de Nova York.

Quando Gene Autry tentou se livrar do seu sotaque texano, vestiu-se como os rapazes da cidade e disse ser de Nova York, as pessoas apenas riam dele pelas costas. Mas, quando começou a tocar seu banjo e a cantar baladas de caubói, deu o pontapé inicial numa carreira que fez dele o caubói mais popular dos filmes e do rádio.

Você é uma novidade neste mundo. Alegre-se com isso. Extraia o máximo daquilo que a natureza lhe deu. Em última análise, toda arte é autobiográfica. Você só pode cantar o que você é. Só pode pintar o que você é. Você deve ser o que suas experiências, seu ambiente e sua hereditariedade fizeram de você. Cabe a você cultivar seu pequeno jardim. Cabe a você tocar seu pequeno instrumento na orquestra da vida.

Em seu ensaio "Autoconfiança", Emerson escreveu: "Existe um momento na educação de todo homem em que ele se convence de que inveja é ignorância, de que imitação é suicídio, de que ele deve se aceitar, para melhor ou para pior, do jeito que é; embora o universo seja repleto de coisas boas, nenhuma espiga de milho chegará até ele se não cultivar, com seu trabalho, o pedaço de terra que lhe é dado para o plantio. O poder que há nele é novo por natureza, e ninguém, exceto ele, sabe o que pode fazer, tampouco ele próprio, até que tenha experimentado."

Foi isso que Emerson disse. Mas estas são as palavras de um poeta – o falecido Douglas Mallock:

Se você não pode ser um pinheiro no topo da colina,
Seja o arbusto no vale – mas seja
O melhor arbusto pequeno à margem do riacho;
Seja um arbusto, se não puder ser uma árvore.

Se não puder ser um arbusto, seja um pouco da grama
E torne alguma estrada mais alegre;
Se não puder ser um lúcio, seja então apenas um robalo,
Mas o robalo mais vivaz do lago!

Não podemos todos ser capitães, precisamos ser tripulação,
Existe algo para todos nós aqui.
Grandes trabalhos a serem feitos, e pequenos também,
E nossa próxima tarefa deve ser a que está à mão.

Se você não pode ser uma estrada, seja então apenas uma trilha,
Se não pode ser o sol, seja uma estrela;
Não é pelo tamanho que você vence ou fracassa –
Seja o melhor do que quer que você seja!

Para cultivar uma atitude mental que nos trará paz e nos libertará de nossas preocupações, aqui está a Regra 5:

Não imite os outros.
Descubra quem você é e
seja você mesmo.

17

Se a vida lhe der um limão, faça uma limonada

ENQUANTO ESCREVIA ESTE LIVRO, passei um dia na Universidade de Chicago e perguntei ao reitor, Robert Maynard Hutchins, como ele evitava as preocupações. Eis a resposta: "Sempre tentei seguir um conselho que me foi dado pelo falecido Julius Rosenwald, presidente da Sears, Roebuck and Company: 'Quando a vida lhe der um limão, faça uma limonada.'"

Essa é a receita de um grande acadêmico. Mas o homem tolo faz exatamente o contrário. Se descobre que a vida lhe deu um limão, ele desiste e diz: "Estou derrotado. É o destino. Não tenho chance." Então se volta contra o mundo e cede a um festival de autocomiseração. Quando o homem sábio recebe um limão, ele diz: "Que lição posso aprender com este infortúnio? Como posso melhorar minha situação? Como faço para transformar este limão em uma limonada?"

Depois de passar uma vida inteira estudando pessoas e suas reservas ocultas de poder, o grande psicólogo Alfred Adler declarou que uma das características mais maravilhosas dos seres humanos é "seu poder de transformar menos em mais".

Aqui está a história interessante e inspiradora de uma mulher que conheço e que fez justamente isso. O nome dela é Thelma Thompson.

"Durante a Segunda Guerra, meu marido estava servindo em um campo de treinamento do Exército perto do deserto de Mojave, na Califórnia. Fui morar lá para ficar perto dele. Eu detestava o lugar. Simplesmente odiava. Eu nunca tinha sido tão infeliz. Enquanto meu marido realizava manobras no deserto de Mojave, eu ficava sozinha em um casebre minúsculo. O calor era insuportável: 50 graus à sombra de um cacto. Nenhuma alma com quem conversar. O vento soprava sem parar e toda a comida, o próprio ar que eu respirava, tudo era cheio de areia, areia, areia!"

Ela contou que estava tão arrasada, tão triste por estar naquela situação, que escreveu para os pais. "Eu disse a eles que estava desistindo e voltaria para casa. Falei que não conseguiria aguentar nem mais um minuto. Eu preferia uma prisão! Meu pai respondeu à minha carta com duas linhas; duas linhas que sempre ecoam na minha memória, duas frases que mudaram completamente a minha vida:

'Dois homens olharam através das barras da prisão.
Um viu a lama, o outro viu as estrelas.'"

Thelma suspirou, fez uma pausa e prosseguiu:

"Li e reli aquelas duas linhas. Fiquei com vergonha de mim mesma. Decidi descobrir o que havia de bom na minha situação; eu procuraria as estrelas. Fiz amizade com os moradores da região, e a reação deles me impressionou. Quando demonstrei interesse por sua tecelagem e cerâmica, eles me deram de presente suas peças favoritas, que se recusavam a vender aos turistas. Estudei as formas maravilhosas dos cactos, das iúcas e das árvores-de-josué. Aprendi sobre os cães da planície, assisti ao pôr do sol no deserto e catei conchas que estavam ali havia milhões de anos, quando as areias do deserto eram o fundo do oceano."

Thelma se perguntou o que havia provocado uma mudança tão impressionante nela. E achou a resposta: "O deserto de Mojave continuava o mesmo, mas eu não: tinha mudado minha atitude mental. Ao fazer isso, transformei uma experiência sofrida na aventura mais excitante da minha vida. Eu estava muito animada com aquele novo mundo que descobrira, tanto que escrevi um livro a respeito – um romance chamado *Bright Ramparts* (Muralhas brilhantes)... Olhei para além da prisão que eu mesma tinha criado e encontrei as estrelas."

Thelma Thompson, você descobriu uma antiga verdade que os gregos já ensinavam 500 anos antes do nascimento de Cristo: "As melhores coisas são as mais difíceis."

Harry Emerson Fosdick repetiu isso no século XX: "A maior porção da felicidade não advém do prazer, e sim da vitória." Sim, a vitória que nasce de uma sensação de conquista, de triunfo, de transformar nossos limões em limonadas.

Certa vez, visitei um fazendeiro feliz na Flórida, um homem que converteu até um limão venenoso em limonada. Quando ele comprou sua propriedade, sentiu-se desanimado. Nada crescia ali exceto arbustos e cascavéis. Então teve a ideia de transformar aquela desvantagem em algo rentável: tiraria o máximo daquelas cascavéis. Para surpresa de todos, o fazendeiro começou a enlatar carne de cascavel. Quando eu o visitei, há alguns anos, descobri que ele recebia cerca de 20 mil visitantes em sua fazenda de cascavéis todo ano. O negócio estava prosperando. O veneno era enviado para laboratórios para produzir soro antiofídico; a pele era vendida a preços altos para a confecção de sapatos e bolsas femininas. Vi carne enlatada de cascavel sendo despachada para clientes de todo o mundo. Comprei um cartão-postal com uma fotografia do lugar e o enviei da agência de correios da aldeia, que fora rebatizada Rattlesnake em homenagem a um homem que transformou um limão venenoso em uma doce limonada.

Viajando com frequência pelos Estados Unidos, tenho o privilégio de conhecer muitos homens e mulheres que demonstraram "seu poder de transformar menos em mais".

O falecido William Bolitho, autor de *Twelve Against the Gods* (Doze contra os deuses), define assim: "O mais importante da vida é não lucrar em cima dos seus ganhos. Qualquer um consegue fazer isso. O mais importante é lucrar a partir das perdas. Isso exige inteligência e distingue um homem sensato de um tolo."

Bolitho proferiu essas palavras depois de ter perdido uma perna em um acidente ferroviário. Mas conheço um homem que perdeu as duas pernas e foi capaz de transformar seu menos em mais. O nome dele é Ben Forstson. Conheci-o no elevador de um hotel em Atlanta, Geórgia. Ao entrar, reparei em um homem com aparência alegre sentado em uma cadeira de rodas em um canto do elevador. Observei que não tinha as duas pernas. Quando o elevador parou no andar dele, o homem me pediu, de um jeito agradável, que eu desse um passo para o lado, para que ele pudesse manobrar melhor a cadeira de rodas. "Sinto muito pelo incômodo", disse ele, e um sorriso imenso, de aquecer o coração, iluminou seu rosto.

Saí do elevador e fui para meu quarto, mas não conseguia parar de pensar naquele encontro. Portanto, procurei o homem e pedi-lhe que me contasse sua história.

"Aconteceu em 1929. Eu tinha saído para cortar madeira que usaria como estacas na plantação de favas no meu jardim. Acomodei a madeira na minha caminhonete e voltei para casa. De repente, uma vara escorregou para baixo do carro e travou a direção justamente quando eu fazia uma curva fechada. O carro voou sobre um aterro e fui arremessado contra uma árvore. Machuquei a coluna e minhas pernas ficaram paralisadas. Eu tinha 24 anos quando isso aconteceu e desde então nunca mais dei um passo."

Vinte e quatro anos, e condenado a uma cadeira de rodas pelo resto da vida! Perguntei-lhe como conseguira encarar aquilo tão corajosamente e ele respondeu: "Não consegui." Me disse que ficou furioso e se rebelou contra o seu destino. Mas, à medida que os anos se arrastavam, ele descobriu que tanta revolta não lhe trazia nada além de amargura. "Finalmente me dei conta de que as outras pessoas eram gentis comigo. Portanto, o mínimo que eu podia fazer era ser gentil com elas."

Perguntei-lhe se, depois de todos aqueles anos, ele ainda sentia que seu acidente fora um infortúnio terrível e ele respondeu prontamente: "Não. Hoje fico quase feliz pelo que aconteceu." Depois que se recuperou do choque e do ressentimento, ele passou a viver em um mundo diferente. Começou a ler e desenvolveu o gosto por boa literatura. Em 14 anos, leu pelo menos 1.400 livros; aqueles livros abriram novos horizontes para ele e tornaram sua vida mais rica do que ele jamais imaginara que fosse possível. Também começou a ouvir boa música e agora fica maravilhado com grandes sinfonias que, antes, o teriam deixado entediado. Mas a maior mudança foi ter tempo para pensar. "Pela primeira vez na vida fui capaz de olhar para o mundo e perceber o que era realmente importante. Descobri que a maioria das coisas que eu me esforçava para conquistar não valia a pena."

Como resultado de suas leituras, interessou-se por política, estudou questões públicas, fez discursos – de sua cadeira de rodas! Passou a conhecer pessoas e as pessoas passaram a conhecê-lo. E – ainda na cadeira de rodas – tornou-se secretário de Estado da Geórgia.

Quando eu dava aulas para adultos na cidade de Nova York, entendi que um dos maiores arrependimentos de muitos adultos é nunca terem ido à faculdade. Eles parecem imaginar que não ter educação universitária é uma grande desvantagem. Sei que isso não é necessariamente verdade, pois conheci milhares de homens de sucesso que nunca foram além do ensino médio. Portanto, muitas vezes conto para meus alunos a história de um cidadão que foi criado em extrema pobreza e nunca terminou o ensino fundamental. Quando seu pai morreu, os amigos fizeram uma vaquinha para comprar o caixão no qual ele foi enterrado. Viúva, a mãe trabalhava 10 horas por dia em uma fábrica de guarda-chuvas e ainda levava trabalho para casa. Não ia dormir antes das 11 da noite.

O menino criado nessas circunstâncias envolveu-se em um grupo de teatro amador organizado por um clube da sua igreja. Achou tão prazeroso ser ator que resolveu estudar oratória. Isso o levou à política. Quando completou 30 anos, foi eleito para o Legislativo do estado de Nova York, mas era tristemente despreparado para tal responsabilidade. Estudava as leis extensas e complicadas que deveria votar, mas, para ele, aquelas leis poderiam muito bem ter sido escritas em algum idioma indígena. Ficou preocupado e maravilhado quando foi nomeado membro do Comitê Florestal sem jamais ter pisado em uma floresta. Ficou preocupado e maravilhado quando foi nomeado membro da Comissão Bancária Estadual sem jamais ter aberto uma conta bancária. Ele próprio me contou que estava tão desestimulado que só não renunciou ao cargo no Legislativo por vergonha de admitir a derrota para a mãe. Em desespero, decidiu estudar 16 horas por dia e transformar seu limão de ignorância em uma limonada de conhecimento. Ao fazer isso, deixou de ser apenas um político local e tornou-se uma figura nacional. Obteve tamanho destaque que *The New York Times* o chamou de "cidadão mais amado de Nova York".

Estou falando de Al Smith.

Dez anos depois de iniciar seu programa de autoeducação política, Al Smith era a maior autoridade no governo do estado de Nova York. Elegeu-se governador por quatro mandatos – na época, um recorde. Em 1928, foi o candidato democrata à Presidência. Seis grandes universidades – incluindo Columbia e Harvard – concederam diplomas honorários a esse homem que nunca passou do ensino fundamental.

O próprio Al Smith me contou que nada disso teria acontecido se ele não tivesse trabalhado duro, 16 horas por dia, para transformar seu menos em mais.

A fórmula de Nietzsche para o homem superior era "não apenas suportar a necessidade, mas amá-la".

Quanto mais estudei as carreiras de homens de sucesso, mais profundamente me convenci de que um número imenso deles foi bem-sucedido por conta de desvantagens na largada, desvantagens essas que os estimularam a se empenhar mais e a conquistar recompensas maiores. Como disse William James: "Nossas enfermidades nos ajudam da maneira mais inesperada."

Sim, é bastante provável que John Milton tenha escrito poemas de alta qualidade porque era cego e que Beethoven tenha composto música de alta qualidade porque ficou surdo.

A carreira brilhante de Helen Keller foi possível e inspiradora por causa de sua cegueira e de sua surdez.

Se Tchaikóvski não tivesse sofrido uma enorme decepção no casamento, que quase o levou ao suicídio, e se sua vida não tivesse sido patética, ele talvez não tivesse composto sua imortal *Sinfonia patética*.

Se Dostoiévski e Tolstói não tivessem levado vidas torturadas, dificilmente teriam escrito seus romances imortais.

"Se eu não tivesse sido um inválido tão incrível", escreveu o homem que mudou o conceito científico da vida na Terra, "não teria feito o que fiz." Charles Darwin confessou que suas diversas enfermidades o ajudaram da maneira mais inesperada.

No dia em que Darwin nasceu, na Inglaterra, outro bebê veio à luz em uma cabana de madeira nas florestas de Kentucky, nos Estados Unidos. Suas enfermidades, de certo modo, também o ajudaram. Seu nome era Lincoln – Abraham Lincoln. Se ele tivesse vindo de uma família aristocrática, obtido um diploma de Direito por Harvard e levado uma vida matrimonial feliz, dificilmente teria encontrado nas profundezas de seu coração as palavras poderosas que imortalizou em Gettysburg, tampouco o poema sagrado que declamou em sua segunda posse – as frases mais belas e nobres que um governante já disse: "Não tenhamos má intenção em relação a ninguém; sejamos caridosos com todos."

Em seu livro *The Power to See it Through* (O poder da superação), Harry Emerson Fosdick escreve: "Existe um ditado escandinavo que poderia ser o grito de guerra de alguns de nós na vida: 'O vento do norte fez os vikings.' De onde tiramos a ideia de que uma vida agradável e segura, a ausência de dificuldades e o conforto da tranquilidade, por si sós, bastam para fazer com que as pessoas sejam boas ou felizes? Pelo contrário: aquele que sente pena de si mesmo continua sentindo pena de si mesmo ainda que esteja deitado em uma cama macia. Ao longo da história, caráter e felicidade sobrevieram em toda sorte de circunstâncias, para pessoas boas, ruins e indiferentes, quando elas assumiram a responsabilidade pelo que faziam. Portanto, repetidas vezes, o vento do norte fez os vikings."

Pensemos em um momento no qual, de tão desencorajados, nos pareça impossível transformar nossos limões em limonada. Aqui estão duas razões para tentar de qualquer jeito, pois teremos tudo a ganhar e nada a perder.

Razão 1: podemos ter sucesso.

Razão 2: mesmo que não tenhamos sucesso, a mera tentativa de transformar nosso menos em mais nos fará olhar para a frente, e não para trás; ela substituirá os pensamentos negativos por pensamentos positivos; liberará energia criativa e nos estimulará a ficarmos tão ocupados que não teremos tempo nem inclinação para chorar pelo leite derramado.

Certa vez, quando Ole Bull, o violinista mundialmente famoso, estava dando um concerto em Paris, uma corda de seu instrumento arrebentou de repente. Ele terminou a peça com três cordas. "A vida é assim", diz Harry Emerson Fosdick. "A corda do seu violino arrebenta e você improvisa com o que tem."

Isso não é apenas a vida. É *mais* do que a vida. É a vida triunfante!

Se eu tivesse poder para isto, mandaria entalhar as seguintes palavras de William Bolitho em bronze eterno e pendurá-las nas paredes de todas as escolas da Terra:

> "O mais importante da vida não é lucrar em cima dos seus ganhos. Qualquer um consegue fazer isso. O que importa é lucrar a partir das perdas. Isso exige inteligência e distingue um homem sensato de um tolo."

Portanto, para cultivar a atitude mental que nos trará paz e felicidade, façamos algo a respeito da Regra 6:

Se a vida lhe der um limão,
faça uma limonada.

18

Como curar a depressão em 14 dias

QUANDO COMECEI A ESCREVER ESTE LIVRO, ofereci um prêmio de 200 dólares a quem me contasse a história mais útil e inspiradora sobre "Como venci as preocupações".

Os três juízes desse concurso foram: Eddie Rickenbacker, presidente da Eastern Air Lines; o Dr. Stewart W. McClelland, presidente da Lincoln Memorial University; e H. V. Kaltenborn, analista de notícias de rádio. Duas histórias empataram no primeiro lugar. Conto aqui a de C. R. Burton (que trabalhava para a Whizzer Motor Sales, de Springfield, Missouri).

"Perdi minha mãe aos 9 anos e meu pai, aos 12. Minha mãe simplesmente saiu de casa há 19 anos e nunca mais a vi. Tampouco voltei a ver minhas duas irmãs mais novas, que minha mãe levou junto. A primeira carta que recebi dela chegou sete anos depois. Meu pai morreu em um acidente três anos depois de minha mãe partir. Ele e um sócio tinham comprado um café em uma cidadezinha do Missouri; enquanto meu pai fazia uma viagem de negócios, o sócio vendeu a empresa e fugiu com o dinheiro. Um amigo enviou um telegrama dizendo-lhe para voltar rápido; na pressa, meu pai se envolveu em um acidente de carro em Salinas, Kansas, e faleceu. Duas irmãs dele, que eram pobres, velhas e doentes, acolheram três dos filhos, mas ninguém queria a mim e a meu irmão mais novo. Ficamos à mercê da caridade dos moradores da cidade. Temíamos ser chamados de órfãos e ser tratados como órfãos, e nossos medos logo se materializaram. Morei por algum tempo com uma família pobre, mas os tempos eram difíceis e o chefe da família perdeu o emprego, de modo que não tinham mais como me sustentar."

Então o destino começou a sorrir para o Sr. Burton:

"O Sr. e a Sra. Loftin me acolheram em sua fazenda a 18 quilômetros da cidade. O Sr. Loftin tinha 70 anos e estava de cama com catapora. Ele me disse que eu poderia ficar ali 'desde que não mentisse, não roubasse e fizesse o que mandassem'. Essas três ordens estavam na Bíblia. Eu vivia rigorosamente de acordo com elas. Comecei a frequentar a escola, mas após a primeira semana voltei para casa chorando como um bebê. As outras crianças me provocavam e zombavam do meu nariz grande. Também me chamavam de 'fedelho órfão'. Fiquei tão magoado que quis brigar com elas, mas o senhor Loftin, o fazendeiro que me acolhera, falou: 'Sempre se lembre de que o homem capaz de dar as costas para uma briga é muito mais forte do que aquele que fica e se engalfinha.' Obedeci até o dia em que um garoto pegou um pouco de estrume de galinha do jardim da escola e atirou na minha cara. Dei-lhe uma surra e tanto, o que me valeu um par de amigos. Eles disseram que o tal menino já vinha merecendo aquilo fazia algum tempo. Houve outro episódio ao qual não reagi. Eu tinha orgulho de um boné que a Sra. Loftin comprara para mim. Um dia, uma das meninas maiores arrancou-o da minha cabeça e encheu-o de água. O boné estragou. Ela disse que tinha feito aquilo para que 'a água encharcasse minha cabeça dura e impedisse que meu cérebro de pipoca estourasse'."

Foram momentos difíceis para ele, como se vê.

"Nunca chorei na escola, mas em casa caía em prantos. Então, certo dia, a Sra. Loftin me deu um conselho que eliminou todos os problemas e preocupações e transformou meus inimigos em amigos. Ela disse: 'Se você se interessar por esses meninos e eles virem o que você pode fazer por eles, vão parar de provocá-lo e de chamá-lo de fedelho órfão.' Ouvi o conselho dela. Estudei duro e logo me tornei o melhor da sala, mas eles nunca tiveram inveja de mim porque eu me esforçava para ajudá-los."

Como ele conseguiu isso?

"Ajudei muitos garotos a escrever trabalhos e redações. Para alguns, escrevi textos argumentativos completos. Um menino tinha vergonha de contar aos pais que eu o estava ajudando e dizia à mãe que ia caçar gambás. Então ele corria para a casa da Sra. Loftin, amarrava seus cachorros no celeiro e ficava estudando comigo. Escrevi resenhas de livros para um colega e passei várias noites ajudando uma menina que tinha dificuldade com matemática."

Mas o Sr. Burton não ajudou apenas os colegas da escola.

"Houve uma época em que a tragédia atingiu nossa vizinhança. Dois fazendeiros idosos morreram e uma mulher foi abandonada pelo marido. Eu era o único homem em quatro famílias que viviam próximo. Ajudei as viúvas durante dois anos. Na ida e na volta da escola, eu parava nas fazendas delas, cortava madeira, ordenhava as vacas e alimentava e dava água para os animais. Agora, eu era abençoado, e não mais amaldiçoado. Era aceito como amigo por todos. Quando voltei para casa depois de servir na Marinha, mais de 200 fazendeiros vieram me ver no meu primeiro dia, demonstrando real afeição. Alguns chegaram a dirigir 130 quilômetros para me visitar e a preocupação deles comigo era sincera. Como ando ocupado e feliz tentando ajudar outras pessoas, tenho poucas preocupações; e há 13 anos não me chamam de 'fedelho órfão'."

Um viva para C. R. Burton! Ele sabe fazer amigos! E também sabe domar a preocupação e aproveitar a vida.

O mesmo se podia dizer do falecido Dr. Frank Loope, de Seattle, Washington. A artrite fez dele um inválido por 23 anos. Contudo, Stuart Whithouse, do *Seattle Star*, me escreveu dizendo: "Entrevistei o Dr. Loope muitas vezes; jamais conheci um homem tão abnegado ou que obtivesse tanto da vida."

Como um inválido preso à cama obtinha tanto da vida? Vou lhe dar duas chances para adivinhar. Ele conseguiu essa façanha reclamando e criticando? Não... Chafurdando em autocomiseração e exigindo que todos cuidassem dele, tornando-se assim o centro das atenções? Não... Resposta errada. Ele tomou para si o lema do príncipe de Gales: "*Ich dien*" – "*Eu sirvo*". Coletou nomes e endereços de outros inválidos e levou alegria a eles e a si próprio escrevendo cartas felizes e encorajadoras. Na verdade, organizou um clube de correspondência para inválidos e fez com que escrevessem cartas uns para os outros. Por fim, montou uma organização nacional chamada The Shut-In Society (Sociedade dos reclusos).

Deitado na cama, ele escreveu uma média de 1.400 cartas por ano e ajudou milhares de inválidos conseguindo rádios e livros para pessoas que não podiam sair de casa.

Qual era a principal diferença entre o Dr. Loope e tantas outras pessoas? Apenas isto: o Dr. Loope tinha o brilho interior de um homem com um propósito, com uma missão. Ele se alegrava em se oferecer como instrumento para uma ideia muito mais nobre e importante do que ele próprio em vez de ser, como disse George Bernard Shaw, "um pequeno tolo autocentrado, pródigo em males e queixas, reclamando que o mundo não se dedicava a fazê-lo feliz".

Aqui está uma declaração impressionante dada pelo grande psiquiatra Alfred Adler. Ele costumava dizer a seus pacientes que sofriam de melancolia: "Você pode ficar curado em 14 dias se seguir esta receita: tente pensar, todo dia, em como agradar a alguém."

Essa declaração parece tão incrível que me sinto na obrigação de tentar explicá-la citando duas páginas do esplêndido livro do Dr. Adler *What Life Should Mean to You* (O que a vida deveria significar para você):

> A melancolia é como uma raiva e uma reprovação duradouras contra os outros, embora, com o propósito de obter cuidados, simpatia e apoio, o paciente pareça estar apenas abatido pela própria culpa. A primeira memória de um melancólico costuma ser algo como: "Lembro que eu queria me deitar no sofá, mas meu irmão mais velho estava deitado nele. Chorei tanto que ele precisou sair."
>
> Muitas vezes, os melancólicos são inclinados a se vingar cometendo suicídio, e o primeiro cuidado do médico é evitar dar a eles uma desculpa para o ato. Eu próprio tento aliviar a tensão propondo a eles, como primeira regra do tratamento, que "nunca façam nada de que não gostem". Parece pouco, mas acredito que atua na raiz de todo o problema. Se um melancólico for capaz de conseguir tudo que deseja, a quem poderá acusar? "Se quiser ir ao teatro", digo a ele, "ou viajar de férias, faça isso. Se no meio do caminho mudar de ideia, pare." Essa é a melhor situação em que qualquer pessoa poderia se encontrar. Ela satisfaz seu desejo de superioridade; é como Deus, pode fazer o que quiser. Por outro

lado, isso não se encaixa muito bem em seu estilo de vida. Essa pessoa quer dominar e acusar os outros, mas, se eles concordarem, não será mais possível dominá-los. Essa regra é um grande alívio e nunca tive um suicídio entre meus pacientes.

Geralmente, o paciente responde: "Mas não há nada que eu goste de fazer." Estou preparado para tal resposta, pois já a ouvi muitas vezes. "Então abstenha-se de fazer qualquer coisa de que não goste", digo. Às vezes, contudo, ele dirá: "Eu gostaria de ficar na cama o dia inteiro." Sei que, se permitir isso, ele perderá a vontade de fazê-lo. Sei que, se me opuser, ele começará uma guerra. Então sempre concordo.

Essa é uma regra. A outra ataca mais diretamente o estilo de vida dos pacientes. *Você pode ficar curado em 14 dias se seguir esta receita: tente pensar, todo dia, em como agradar a alguém.* Veja o que isso significa. Eles estão ocupados com o seguinte pensamento: "Como posso preocupar alguém?" As respostas são muito interessantes. Alguns dizem: "Será muito fácil para mim. Fiz isso a vida inteira." Eles nunca fizeram isso. Peço a eles que pensem melhor. Eles não pensam melhor. Digo então: "Sabe o tempo que você gasta tentando pegar no sono? Aproveite-o pensando como pode agradar a alguém. Será um grande passo rumo à saúde." Quando os vejo no dia seguinte, pergunto: "Você pensou sobre o que sugeri?" Eles respondem: "Ontem à noite, caí no sono assim que deitei na cama." Tudo isso precisa ser feito de uma maneira amigável, é claro, modesta, sem nenhum indício de superioridade.

Outros responderão: "Eu jamais seria capaz de fazer isso. Estou sempre muito preocupado." Então eu digo: "Não pare de se preocupar; mas, ao mesmo tempo, de vez em quando, pense nos outros." Sempre busco orientar o interesse deles para seus iguais. Muitos dizem: "Por que eu deveria tentar agradar aos outros? Os outros não tentam me agradar." "Faça isso pela sua saúde", respondo. "Os outros sofrerão as consequências mais tarde." Raramente encontro um paciente que diz: "Refleti sobre o que você sugeriu." Todos os meus esforços são dedicados a aumentar o interesse social do paciente. Sei que a verdadeira causa da doen-

> ça é a falta de cooperação, e quero que ele também perceba isso. Quando consegue se conectar com as outras pessoas em pé de igualdade e com espírito de cooperação, ele está curado. (...) A tarefa mais importante que a religião nos impõe tem sempre sido "Amai o próximo". (...) O indivíduo que não está interessado em seus semelhantes enfrenta mais dificuldades na vida; é também quem mais prejudica os outros. É desse tipo de indivíduo que brotam todos os fracassos humanos... Tudo que exigimos de um ser humano, e o maior elogio que podemos fazer a ele, é ser um bom companheiro de trabalho, um amigo de todos os outros homens e um verdadeiro parceiro no amor e no casamento.

O Dr. Adler nos encoraja a fazer uma boa ação todos os dias. E o que é uma boa ação? Segundo o profeta Maomé, "é aquela que traz um sorriso para o rosto de outra pessoa".

Por que fazer uma boa ação todo dia produzirá um efeito tão impressionante naquele que a realiza? Porque tentar agradar aos outros fará com que deixemos de pensar em nós mesmos: exatamente o que produz preocupação e melancolia.

A Sra. William T. Moon, que dirigia a Escola de Secretariado Moon, em Nova York, não precisou passar duas semanas pensando como poderia agradar a alguém para curar sua melancolia. Ela foi mais rápida do que Alfred Adler – *13 vezes* mais rápida: acabou com a melancolia não em 14 dias, mas em *um* dia, pensando como poderia agradar a um casal de órfãos. Aconteceu assim: "Em dezembro, há cinco anos, fui engolida por uma sensação de tristeza e de autocomiseração. Depois de muitos anos de uma vida matrimonial feliz, perdi meu marido. À medida que as festas natalinas se aproximavam, minha tristeza se tornava mais profunda. Em toda a vida, eu nunca tinha passado um Natal sozinha e estava aterrorizada com a chegada daquele. Amigos tinham me convidado para passar a data com eles, mas eu não me sentia nada animada: sabia que minha presença seria um banho de água fria em qualquer festa. Portanto, recusei os convites mais gentis. À medida que a véspera do Natal se aproximava, minha autopiedade aumentava, embora eu soubesse que deveria ser grata por muitas coisas – todos nós temos motivos para agradecer. Na véspera do Natal, saí do escritório às três da tarde e comecei a caminhar sem rumo pela Quinta Avenida, na esperança de expulsar minha melancolia. A avenida estava tomada por multidões alegres e felizes – uma cena que trazia de volta lembranças dos anos felizes do meu passado. Eu simplesmente não conseguia suportar a ideia de voltar para o meu apartamento solitário e vazio. Estava desnorteada. Não sabia o que fazer. Não conseguia conter as lágrimas."

Depois de caminhar a esmo por cerca de uma hora, a Sra. Moon viu-se diante de um terminal rodoviário.

"Lembrei que meu marido e eu tínhamos muitas vezes embarcado em algum ônibus com destino desconhecido, em busca de aventura, então entrei no primeiro ônibus que encontrei no terminal. Depois de atravessar o rio Hudson e viajar por algum tempo, ouvi o motorista dizer: 'Última parada, senhora.' Desembarquei. Eu nem sabia o nome da cidade. Enquanto esperava pelo ônibus seguinte para voltar, comecei a subir uma rua residencial. Ao passar por uma igreja, ouvi a linda melodia de "Noite feliz". Entrei. A igreja estava vazia, exceto pelo organista. Discretamente, sentei-me em um dos bancos. A iluminação alegre da árvore de Natal transformava a decoração natalina em miríades de estrelas dançando ao luar. A cadência arrastada da música – e o fato de que eu não comia nada desde cedo – me deixaram sonolenta. Cansada e com uma sensação de peso no corpo, adormeci."

Quando a Sra. Moon despertou, assustada, não sabia onde estava. "Vi diante de mim duas crianças pequenas que, aparentemente, tinham entrado para ver a árvore de Natal. Uma delas, uma menina, estava apontando para mim e dizendo: 'Será que Papai Noel a deixou aqui?' As crianças também ficaram assustadas quando acordei. Eu disse a elas que não lhes faria mal. Observei que estavam malvestidas. Perguntei onde estavam seus pais. 'Não temos mãe nem pai', elas disseram. Ali estavam dois órfãos em uma situação muito pior do que a minha. Graças a eles, senti vergonha da minha tristeza e autocomiseração. Mostrei a árvore de Natal e depois os levei para uma loja, onde tomamos refrescos e comprei doces e presentes para os dois. Minha solidão desapareceu em um passe de mágica. Aqueles dois órfãos me proporcionaram felicidade e desprendimento verdadeiros, como eu não sentia fazia meses. Enquanto conversava com eles, dei-me conta da minha sorte. Agradeci a Deus por todos os Natais luminosos da minha infância, cheios de amor e carinho paternais. As duas crianças fizeram muito mais por mim do que eu por elas. Descobri que a felicidade é contagiosa. Ao dar, recebemos. Ajudando alguém e dando amor, derrotei a preocupação, a tristeza e a autocomiseração, e me senti uma nova pessoa. E eu *era* uma nova pessoa – não somente naquele momento, mas nos anos que se seguiram."

Eu poderia encher um livro com histórias de pessoas que esqueceram de si mesmas na saúde e na felicidade. Por exemplo, vejamos o caso de Margaret Tayler Yates, uma das mulheres mais populares na Marinha dos Estados Unidos.

Yates é escritora, mas nenhuma de suas histórias de mistério chega aos pés da história real do que houve com ela na manhã fatídica em que os japoneses atacaram a frota americana em Pearl Harbor. Yates era inválida havia mais de um ano: tinha um coração extremamente fraco. Das 24 horas do dia, passava 22 na cama. Seu passeio mais extenso era uma caminhada no jardim para tomar banho de sol, e mesmo nessas ocasiões ela precisava se apoiar no braço da empregada enquanto andava. Ela própria me contou que, naquela época, não acreditava que pudesse recuperar seu vigor. "De fato, eu jamais teria vivido novamente se os japoneses não tivessem atacado Pearl Harbor e me sacudido da minha autoindulgência", falou.

Ela conta que, quando o ataque aconteceu, tudo era caos e confusão. "Uma bomba caiu tão perto da minha casa que o impacto me derrubou da cama. Caminhões do Exército foram às pressas para Hickham Field, Scofield Barracks e para a Estação Aérea de Kaneohe Bay e levaram esposas e filhos de militares do Exército e da Marinha para prédios de escolas públicas. De lá, a Cruz Vermelha contatava quem tivesse quartos extras para acomodá-los. Os funcionários da Cruz Vermelha sabiam que eu tinha um telefone ao lado da cama, então pediram que eu atuasse como uma central de informações.

Portanto, eu registrava onde estavam as esposas e os filhos dos militares do Exército e da Marinha e os soldados das duas forças recebiam instruções da Cruz Vermelha para me ligar. Eu saberia onde suas famílias estavam."

Para sua sorte, Yates logo descobriu que seu marido, o comandante Robert Raleigh Yates, estava em segurança. Tentou então animar as esposas que não sabiam se seus maridos estavam vivos e consolar as viúvas – e eram muitas: 2.117 militares da Marinha e fuzileiros navais morreram no ataque. Havia ainda 960 desaparecidos.

"No começo, atendi os telefonemas deitada na cama. Depois, sentada na cama. Por fim, de tão agitada e ocupada, esqueci completamente a minha fraqueza, levantei-me da cama e sentei-me a uma mesa. Ao ajudar outros que estavam em situação muito pior do que a minha, não pensei mais em mim mesma e nunca mais voltei para a cama, exceto para as minhas oito horas regulares de sono toda noite. Hoje sei que, se os japoneses não tivessem atacado Pearl Harbor, eu provavelmente permaneceria uma semi-inválida por toda a vida. Eu estava confortável na cama. Meus desejos eram sempre atendidos, mas me dei conta de que, inconscientemente, eu estava perdendo a vontade de me recuperar."

Agora vejamos que curioso balanço ela faz desse episódio:

"O ataque a Pearl Harbor foi uma das maiores tragédias da história americana; porém, no que me diz respeito, foi uma das melhores coisas que poderiam ter acontecido. Aquela crise terrível me deu uma força que eu não imaginava ter. Desviou minha atenção de mim mesma para outras pessoas. Me deu uma razão forte, fundamental para viver. Eu não tinha mais tempo para pensar na minha condição ou para me importar comigo."

Um terço das pessoas que correm para os psiquiatras em busca de ajuda provavelmente poderia obter a cura se fizesse o que Margaret Yates fez: interessar-se em ajudar os outros. Essa ideia é minha? Não; Carl Jung disse mais ou menos isso. Foram estas as suas palavras: "Cerca de um terço dos meus pacientes não está sofrendo de nenhuma neurose clinicamente definível, mas da falta de sentido e do vazio em suas vidas." Dito de outra maneira, eles estão pegando uma carona na vida – e ficam para trás. Então correm para um psiquiatra em busca de sentido para sua vida insignificante e inútil. Tendo perdido o barco, ficam de pé no atracadouro, culpando a todos exceto a si próprios e exigindo que o mundo atenda aos seus desejos autocentrados.

Talvez você esteja dizendo para si mesmo agora: "Bem, não estou impressionado com essas histórias. Eu também poderia ter me interessado por um casal de órfãos que conheci na véspera de Natal; e, se estivesse em Pearl Harbor, teria feito de bom grado o que Margaret Tayler Yates fez. Mas, comigo, as coisas são diferentes: levo uma vida comum e monótona. Trabalho oito horas por dia em um emprego tedioso. Nada de interessante acontece comigo. Como posso ter vontade de ajudar os outros? E por que deveria? Como isso me ajudaria?"

É uma pergunta justa. Tentarei respondê-la. Por mais que sua existência seja monótona, você com certeza encontra *algumas* pessoas todos os dias. O que você faz por elas? Apenas passa batido ou tenta descobrir o que as emociona? Que tal interessar-se pelo carteiro, por exemplo? Ele caminha centenas de quilômetros por ano, entregando a sua correspondência; mas você já se deu ao trabalho de descobrir onde *ele* mora ou pediu para ver uma foto de sua esposa e de seus filhos?

Você já perguntou ao carteiro se ele fica cansado ou entediado?

E quanto ao empacotador do supermercado, o entregador de folhetos, o sujeito na esquina que engraxa seus sapatos? Essas pessoas são seres humanos – cheias de problemas, de sonhos e de ambições pessoais. Elas também estão ansiosas para compartilhá-los com alguém. Alguma vez você se dispôs a ouvi-las? É disso que estou falando. Você não precisa se tornar uma Florence Nightingale ou um defensor de causas sociais para ajudar a melhorar o mundo – seu próprio mundo particular –; pode começar amanhã de manhã, com as pessoas que encontrar!

O que isso pode trazer para você? Uma felicidade muito maior! Mais satisfação e orgulho de si mesmo! Aristóteles chamou tais condutas de "egoísmo iluminado". Zoroastro disse: "Fazer o bem aos outros não é uma obrigação. É uma alegria, pois aumenta sua saúde e sua felicidade." E Benjamin Franklin resumiu de maneira muito simples: "Quando você é bom para os outros, é melhor ainda para si próprio."

"Nenhuma descoberta da Psicologia moderna", escreveu Henry C. Link, diretor do Centro de Serviço Psicossocial de Nova York, "é, na minha opinião, tão importante quanto a prova científica da necessidade do autossacrifício ou da disciplina para a autorrealização e para a felicidade."

Pensar nos outros não apenas impedirá você de se preocupar consigo mesmo; também o ajudará a ter muitos amigos e a se divertir bastante. Como? Bem, certa vez perguntei ao professor William Lyon Phelps, da Universidade Yale, como ele obteve sucesso. Esta foi a resposta:

"Nunca entro em um hotel, barbearia ou loja sem dizer algo agradável a todos que encontro. Tento mostrar a eles que os vejo como indivíduos, não apenas como engrenagens em uma máquina. Às vezes, elogio a vendedora da loja dizendo como seus olhos ou seu cabelo são bonitos. Pergunto a um barbeiro se ele não se cansa de ficar de pé o dia inteiro. Pergunto como se tornou barbeiro – há quanto tempo faz isso e se tem ideia de quantos cortes de cabelo já fez. Ajudo-o a fazer a conta. Descobri que demonstrar interesse pelas pessoas faz com que sorriam de prazer. Frequentemente, aperto a mão do funcionário da estação ferroviária que carregou minha bagagem. Isso lhes dá um novo ânimo e vigor para o restante do dia. Em uma manhã extremamente quente de verão, entrei no vagão-restaurante do Expresso de New Haven para almoçar. O vagão lotado estava quase tão quente quanto uma fornalha, e o serviço, lento. Quando o comissário de bordo finalmente me entregou o cardápio, eu disse: 'Imagino como os cozinheiros estão sofrendo hoje, naquela cozinha quente!' O comissário começou a praguejar com amargura. A princípio, achei que ele estivesse com raiva. 'As pessoas entram aqui e reclamam da comida. Reclamam do serviço e resmungam por causa do calor e dos preços. Só escuto críticas há 19 anos. O senhor é a primeira e única pessoa que demonstrou simpatia pelos cozinheiros lá atrás, na cozinha escaldante. Quem dera tivéssemos mais passageiros como o senhor.'"

O comissário de bordo ficou perplexo porque o professor Phelps tinha pensado nos cozinheiros como seres humanos, não apenas como engrenagens na organização de uma grande empresa.

"O que as pessoas desejam é um pouco de atenção como seres humanos. Quando encontro um homem na rua com um cachorro bonito, sempre comento sobre a beleza do animal. Depois que passo por eles, olho para trás e com frequência vejo o homem acariciando e admirando o cachorro. Minha apreciação renovou a apreciação dele. Certa vez, na Inglaterra, conheci um pastor e manifestei minha admiração sincera pelo cão de pastoreio grande e inteligente que o acompanhava na lida. Pedi que me contasse como o treinava. Enquanto me afastava, olhei para trás e vi o cachorro de pé com as patas nos ombros do pastor, que o acariciava. Ao demonstrar um pouco de interesse pelo pastor e por seu animal, deixei o pastor feliz, deixei o cachorro feliz e deixei a mim mesmo feliz."

Um homem que sai por aí apertando a mão de porteiros, manifestando empatia com os cozinheiros e dizendo às pessoas quanto admira seus cachorros – você consegue imaginar um homem assim sendo azedo e preocupado e necessitando dos serviços de um psiquiatra? Não consegue, não é verdade? Não, é claro que não. Há um provérbio chinês que diz: "Um pouco do perfume sempre fica na mão que lhe dá rosas."

Não precisei recitar esse provérbio para William Phelps. Ele sabia. Ele vivia isso.

A história que vou contar agora é sobre como uma jovem preocupada e infeliz conseguiu fazer com que vários rapazes a pedissem em casamento. A jovem em questão é hoje uma avó. Certa vez, hospedei-me na casa dela e de seu marido. Eu havia feito uma palestra em sua cidade. Na manhã seguinte, ela me levou de carro à Estação Central de Nova York, onde eu pegaria um trem; era um percurso de cerca de 80 quilômetros. Começamos a falar sobre amigos rabugentos e ela disse: "Sr. Carnegie, vou lhe contar algo que nunca confessei a ninguém até hoje... nem mesmo ao meu marido."

Ela me contou que cresceu rodeada de pessoas de muitas posses. “Mas a tragédia da minha infância e da minha juventude foi a pobreza da minha família. Nunca podíamos dar festas como as que as garotas do meu círculo social davam. Minhas roupas nunca eram da melhor qualidade; eu crescia e elas logo ficavam pequenas, além de muitas vezes estarem fora de moda. Eu me sentia tão humilhada, tão envergonhada, que muitas vezes chorava até dormir. Um dia, de puro desespero, tive a ideia de pedir aos rapazes com quem saía que me contassem sobre suas experiências, suas ideias e seus planos para o futuro. Eu não fazia essas perguntas por estar propriamente interessada nas respostas, mas somente para evitar que meu acompanhante reparasse em mim e em minhas roupas pobres. Passei a agir sempre assim. Então algo estranho aconteceu: conforme ouvia aqueles jovens e aprendia mais sobre eles, fiquei interessada de verdade em escutar o que tinham a dizer. Às vezes eu mesma me esquecia das minhas roupas. Mas o que mais me impressionou foi que, como eu era uma boa ouvinte e estimulava os rapazes a falarem sobre si mesmos, proporcionava felicidade a eles. Por conta disso, pouco a pouco me tornei a garota mais popular no nosso grupo social. Três daqueles jovens pediram minha mão em casamento.”

Alguns leitores deste capítulo dirão: “Todo esse papo de se interessar pelos outros é um monte de besteiras! Pura baboseira religiosa! Não serve para mim! Vou encher os bolsos de dinheiro. Vou agarrar tudo que conseguir – e agora –, e danem-se os outros idiotas!”

Bem, se essa é a sua opinião, você tem direito a pensar assim; mas, se estiver certo, então todos os grandes filósofos e mestres desde os primeiros registros históricos – Jesus, Confúcio, Buda, Platão, Aristóteles, Sócrates, São Francisco – estavam errados. Como você pode torcer o nariz para os ensinamentos de líderes religiosos, busquemos o conselho de dois ateus. Primeiro, o falecido A. E. Housman, professor da Universidade de Cambridge e um dos acadêmicos mais distintos de sua geração. Em 1936 ele fez uma palestra nessa mesma universidade sobre “O nome e a natureza da poesia”. Naquela palestra, ele declarou que “a maior verdade já proferida e a descoberta moral mais profunda de todos os tempos foram estas palavras de

Jesus: 'Aquele que acha sua vida, perdê-la-á; e aquele que perder sua vida por mim, achá-la-á.'"

Passamos a vida toda ouvindo sobre pregadores que diziam isso. Mas Housman era ateu e pessimista, um homem que contemplava o suicídio; contudo, ele sentia que o homem que só pensava em si mesmo não iria muito longe e seria infeliz. Já aquele que esquecia de si mesmo e vivia a serviço dos outros encontraria a alegria de viver.

Se você não se impressionou com as palavras de A. E. Housman, procuremos o conselho do ateu mais distinto de todo o século XX: o escritor Theodore Dreiser. Ele ridicularizava todas as religiões, chamando-as de contos de fadas, e considerava a vida "uma história contada por um idiota, cheia de som e fúria, significando nada". Contudo, Dreiser defendia o grande princípio ensinado por Jesus: servir aos outros. "Se ele [o homem] deseja extrair alguma alegria da vida", disse Dreiser, "deve pensar e planejar tornar as coisas melhores não apenas para si mesmo, mas também para os outros, pois alegria para si depende da sua alegria diante dos outros e da dos outros diante dele."

Se vamos "tornar as coisas melhores para os outros" – como defendia Dreiser –, sejamos rápidos. O tempo voa. "Só passarei por aqui uma vez. Portanto, qualquer bem que eu possa fazer ou qualquer gentileza que eu possa demonstrar, que seja agora. Que eu não adie nem me esquive disso, pois não passarei de novo por aqui."

Portanto, se você deseja eliminar a preocupação e cultivar paz e felicidade, esta é a Regra 7:

Cultive interesse pelos outros.
Todo dia, faça uma boa
ação que coloque um sorriso alegre
no rosto de alguém.

PARTE QUATRO

EM RESUMO

SETE MANEIRAS DE CULTIVAR UMA ATITUDE MENTAL QUE LHE TRARÁ PAZ E FELICIDADE

REGRA 1

Alimente sua mente com pensamentos de paz, coragem, saúde e esperança, pois "nossa vida é o que nossos pensamentos fazem dela".

REGRA 2

Nunca tente se vingar de seus inimigos, pois machucará mais a si mesmo do que a eles. Faça como o general Eisenhower: jamais desperdice um minuto sequer pensando em pessoas de quem você não gosta.

REGRA 3

- **A. Em vez de se preocupar com a ingratidão, espere por ela. Lembre que Jesus ajudou 10 leprosos em um dia e apenas um lhe agradeceu. Por que deveríamos esperar mais gratidão do que Jesus recebeu?**
- **B. Lembre que a única maneira de encontrar felicidade não é esperar gratidão, mas sim doar pela alegria de doar.**
- **C. Não esqueça que gratidão é uma característica "cultivada". Portanto, se quiser que seus filhos sejam gratos, você deve treiná-los para isso.**

REGRA 4

Enumere suas bênçãos, não seus problemas.

REGRA 5

Não imite os outros. Precisamos descobrir quem somos e então ser nós mesmos, pois "inveja é ignorância" e "imitação é suicídio".

REGRA 6

Se a vida lhe der um limão, faça uma limonada.

REGRA 7

Esqueça a própria infelicidade tentando levar um pouco de alegria para os outros. "Quando você é bom para os outros, é melhor ainda para si próprio."

PARTE CINCO

A maneira perfeita de derrotar as preocupações

19

Como meus pais venceram as preocupações

COMO JÁ DISSE, nasci e fui criado em uma fazenda no Missouri. Como a maioria dos trabalhadores rurais da época, meus pais levavam uma vida muito dura. Minha mãe era professora em uma escola do interior e meu pai trabalhava como empregado em uma fazenda, recebendo 12 dólares por mês. Minha mãe não apenas fazia minhas roupas, mas também o sabão com o qual as lavava.

Raramente tínhamos dinheiro – exceto uma vez por ano, quando vendíamos nossos porcos. Trocávamos manteiga e ovos que produzíamos por farinha, açúcar e café na mercearia. Aos 12 anos, eu não tinha nem 50 centavos por ano para gastar comigo. Ainda me lembro do dia em que fomos a uma comemoração do Quatro de Julho e meu pai me deu 10 centavos para eu gastar como quisesse. Me senti um milionário!

Eu caminhava mais de 1 quilômetro para ir a uma pequena escola no campo, mesmo que a neve estivesse alta e o termômetro marcasse 30 graus negativos. Até completar 14 anos, nunca tive botas impermeáveis ou galochas. Durante os gelados e longos invernos, meus pés viviam molhados e frios. Quando criança, jamais imaginei que fosse possível a qualquer pessoa manter os pés secos e quentes durante o inverno.

Meus pais trabalhavam exaustivamente 16 horas por dia, mas vivíamos oprimidos por dívidas e atormentados pela falta de sorte. Uma das minhas lembranças mais antigas é de observar as águas do rio 102 inundarem nossos campos de milho e de feno, levando tudo. As enchentes destruíam nossas colheitas em seis a cada sete anos. Era comum nossos porcos morrerem de cólera, e nós os queimávamos quando isso acontecia. Se eu fechar os olhos, ainda consigo sentir o cheiro pungente da carne dos porcos queimando.

Certo ano, não houve enchentes. Tivemos uma boa colheita de milho, compramos gado de corte e o engordamos com nosso milho. Mas daria no mesmo se o rio tivesse transbordado, pois o preço do boi gordo caiu no mercado de Chicago. Assim, depois de alimentar e engordar o gado, só conseguimos pelo rebanho 30 dólares a mais do que tínhamos pagado. Trinta dólares por um ano inteiro de trabalho!

Não importava o que fizéssemos, perdíamos dinheiro. Ainda me lembro dos burrinhos que meu pai comprou. Nós os alimentamos por três anos, contratamos homens para domesticá-los, depois os enviamos para Memphis, no Tennessee – e os vendemos por menos do que tínhamos pagado por eles três anos antes.

Depois de 10 anos de trabalho duro e exaustivo, não estávamos apenas sem dinheiro, mas também altamente endividados. Nossa fazenda foi hipotecada. Por mais que nos esforçássemos, não conseguíamos sequer pagar os juros da hipoteca. O banco pressionou meu pai, ameaçando tirar dele a fazenda. Meu pai tinha 47 anos. Depois de mais de 30 anos de trabalho duro, só tinha acumulado dívidas e humilhações; era mais do que ele conseguiria suportar. Ele se preocupava. Sua saúde se deteriorou. Ele perdeu o apetite; apesar do trabalho físico pesado e diário no campo, ele precisava de remédios para estimular o apetite. Perdeu peso. O médico disse à minha mãe que ele morreria em seis meses; estava tão preocupado que não desejava mais viver. Muitas vezes ouvi minha mãe dizer que, quando meu pai ia ao celeiro alimentar os cavalos e ordenhar as vacas e demorava a voltar, ela ia procurá-lo, temendo encontrar seu corpo pendurado em uma corda. Um dia, enquanto ele retornava de Maryville, onde o banqueiro tinha ameaçado executar a hipoteca, meu pai parou em uma ponte sobre o rio 102, saltou da carroça e ficou ali parado por um bom tempo, olhando a água correr e debatendo consigo mesmo se deveria saltar e dar um fim a tudo aquilo.

Anos depois, meu pai me disse que só não saltou naquele dia graças à crença profunda, duradoura e feliz da minha mãe de que, se amássemos Deus e seguíssemos Seus mandamentos, tudo acabaria bem. Minha mãe estava certa. Tudo acabou bem, no final das contas. Meu pai viveu mais 42 anos felizes e morreu em 1941, aos 89 anos.

Durante todos aqueles anos de luta e sofrimento, minha mãe nunca se preocupou. Ela orava, deixando todos os seus problemas nas mãos de Deus. Toda noite, antes de se deitar, minha mãe lia um capítulo da Bíblia; com frequência, ela ou meu pai liam estas frases reconfortantes de Jesus: "Na casa do meu pai há muitas moradas... Vou preparar um lugar para você... Que onde eu estiver, esteja você também." Então todos nos ajoelhávamos diante das nossas cadeiras naquela solitária casa de fazenda no Missouri e rezávamos pelo amor e pela proteção de Deus.

Quando William James era professor de Filosofia em Harvard, ele disse: "Obviamente, a cura soberana para a preocupação é a fé religiosa."

Não é preciso ir a Harvard para descobrir isso. Minha mãe descobriu em uma fazenda no Missouri. Enchentes, dívidas e desastres não conseguiram abalar seu espírito feliz, radiante e vitorioso. Ainda posso ouvi-la cantando enquanto trabalhava:

Paz, paz, maravilhosa paz,
Descendo de nosso Pai acima de nós,
Arrebate meu espírito para sempre, eu oro,
Em inimagináveis nuvens de amor.

Minha mãe queria que eu dedicasse minha vida ao trabalho religioso. Pensei seriamente em me tornar missionário em um país estrangeiro. Então parti para a faculdade e, aos poucos, com o passar dos anos, uma mudança ocorreu em mim. Estudei Biologia, Ciência, Filosofia e Religiões Comparadas. Li livros sobre como a Bíblia foi escrita e comecei a questionar muitas de suas afirmações. Comecei a duvidar de muitas das doutrinas fechadas que os pregadores do interior disseminavam naquela época. Eu estava desnorteado. Como Walt Whitman, eu "sentia as indagações curiosas e abruptas se remexendo dentro de mim". Não sabia em que acreditar. Não via propósito na vida. Parei de orar. Tornei-me agnóstico. Acreditava que não havia plano nem objetivo para a vida. Acreditava que, tanto quanto os dinossauros que tinham andado pela Terra há 200 milhões de anos, os seres humanos não possuíam nenhum propósito divino. Sentia que, algum dia, a raça humana pereceria – assim como acontecera com os dinossauros. Eu sabia que a ciência ensinava que o Sol estava esfriando lentamente e que, quando sua temperatura caísse meros 10%, nenhuma forma de vida resistiria sobre a Terra. Eu torcia o nariz para a ideia de um Deus benfeitor que havia criado o homem à Sua imagem e semelhança. Acreditava que os bilhões e bilhões de sóis girando em um espaço negro, frio e sem vida tinham sido criados por uma força cega. Talvez existissem desde sempre – assim como o tempo e o espaço sempre existiram.

Eu por acaso digo que tenho as respostas para todas essas perguntas agora? Não. Nenhum homem jamais conseguiu explicar o mistério do universo – o mistério da vida. Somos cercados de mistérios. O funcionamento do corpo humano é um mistério profundo. Assim como a eletricidade na sua casa. Assim como a flor que desabrocha na parede rachada. Assim como a grama verde diante da sua janela. Charles F. Kettering, o gênio por trás dos laboratórios de pesquisa da General Motors, doou 30 mil dólares do próprio bolso à Antioch College para que descobrissem por que a grama é verde. Kettering achava que, se soubéssemos como a grama é capaz de transformar luz solar, água e dióxido de carbono em glicose, poderíamos transformar a civilização.

Até o funcionamento do motor dos veículos é um mistério profundo. Os laboratórios da GM investiram anos e milhões de dólares na tentativa de descobrir como e por que uma centelha no cilindro dispara uma explosão que põe o carro em movimento.

O fato de que não compreendemos totalmente os mistérios do nosso corpo, da eletricidade ou do motor de um carro não nos impede de usá-los e desfrutar deles. O fato de que não compreendo os mistérios da oração e da religião não mais me impede de desfrutar da vida mais rica e feliz que a religião proporciona. Depois de muito tempo, entendi a sabedoria das palavras de Santayana: “O homem não é feito para compreender a vida, mas para vivê-la.”

Eu voltei – bem, eu estava prestes a dizer que tinha *voltado* à religião; mas isso não seria exato. *Avancei* para um novo conceito de religião. Não tenho mais o menor interesse nas diferenças de credo que dividem as Igrejas, mas estou profundamente interessado no que a religião faz por mim, da mesma forma que me interesso pelos efeitos da eletricidade e da boa comida sobre mim. Elas me ajudam a levar uma vida mais rica, mais plena e mais feliz. A religião, porém, faz muito mais. Ela me proporciona valores espirituais. Ela me proporciona, como disse William James, "*um novo gosto pela vida, (...) mais vida, uma vida mais ampla, mais rica, mais satisfatória*". Ela me dá fé, esperança e coragem. Elimina tensões, ansiedades, medos e preocupações. Traz propósito e rumo para minha vida. Aumenta enormemente a minha felicidade e me concede saúde abundante. A religião me ajuda a criar para mim mesmo "um oásis de paz em meio às areias turbulentas da vida".

Francis Bacon estava certo quando escreveu, há mais de 300 anos: "Um pouco de filosofia inclina a mente do homem para o ateísmo, mas aprofundar-se na filosofia direciona a mente dos homens para a religião."

Lembro-me de tempos em que as pessoas falavam do conflito entre ciência e religião. Hoje, não mais. A mais nova de todas as ciências – a psiquiatria – está ensinando o que Jesus ensinava. Por quê? Porque os psiquiatras percebem que a oração e uma forte fé religiosa eliminarão as preocupações, as ansiedades, os desgastes e os medos que provocam mais da metade das nossas enfermidades. Eles sabem muito bem disso. O Dr. A. A. Brill, por exemplo, chegou a dizer: "Qualquer um que seja realmente religioso não desenvolve uma neurose."

Se a religião não for verdadeira, então a vida é sem sentido. É uma farsa trágica.

Entrevistei Henry Ford alguns anos antes de sua morte. Até conhecê-lo, eu esperava que ele exibisse o desgaste dos longos anos que passara construindo e administrando um dos maiores negócios do mundo. Portanto, fiquei surpreso ao ver como parecia calmo, bem e em paz aos 78 anos. Quando lhe perguntei se tinha preocupações, ele respondeu: "Não. Acredito que Deus está cuidando de tudo e não precisa de nenhum conselho meu. Com Deus no comando, creio que tudo acabará bem. Portanto, com que eu deveria me preocupar?"

Hoje, muitos psiquiatras estão se tornando evangelistas modernos. Eles não nos estimulam a viver a religiosidade para evitar o fogo do inferno no outro mundo; nos estimulam a viver a religiosidade para evitar os fogos do inferno de úlceras, angina, crises de pânico e insanidade. Como exemplo do que nossos psicólogos e psiquiatras estão ensinando, leia *The Return to Religion* (O retorno à religião), do Dr. Henry C. Link.

Sim, a religião cristã é uma atividade inspiradora que promove a boa saúde. Jesus disse: "Eu vim para que tenham vida, e vida em abundância." Ele denunciava e atacava os formatos cristalizados e os rituais mortos que faziam o papel de religião no Seu tempo. Era um rebelde. Pregava uma nova forma de religião – que ameaçava perturbar o mundo. Por isso foi crucificado. Pregava que a religião deveria existir para o homem – e não o homem para a religião; que o Sabá foi criado para o homem – e não o homem para o Sabá. Ele falava mais de medo do que de pecado. *O tipo errado de medo é um pecado* – um pecado contra sua saúde, um pecado contra a vida mais rica, mais plena, mais feliz e mais corajosa que Jesus defendia. Emerson falava de si mesmo como um "professor da ciência da alegria". Jesus também era um professor da "ciência da alegria". Ele incentivava seus discípulos a "se regozijarem e pularem de alegria".

Jesus declarou que só havia duas coisas importantes na religião: amar a Deus de todo o coração e ao próximo como a nós mesmos. Qualquer homem que se deixe governar por esses dois princípios é religioso, saiba disso ou não. Meu sogro, Henry Price, de Tulsa, Oklahoma, é um bom exemplo. Ele tenta viver de acordo com essa segunda regra de ouro; é incapaz de atitudes perversas, egoístas ou desonestas. Contudo, não frequenta a igreja e se considera agnóstico. Ora! O que faz de um homem um cristão? Deixarei que John Baillie, um professor emérito que ensinava Teologia na Universidade de Edimburgo, responda: "O que faz de um homem um cristão não é sua aceitação intelectual de certas ideias, tampouco sua conformidade com certa regra, mas a posse de um certo Espírito e a participação em uma certa Vida."

Se isso faz de um homem um cristão, então Henry Price é um nobre exemplo.

William James – o pai da Psicologia moderna – relatou a um amigo, o professor Thomas Davidson, que, à medida que os anos passavam, via-se "cada vez menos capaz de se entender com Deus".

Anteriormente neste livro, mencionei que, quando os juízes tentaram selecionar a melhor história sobre preocupação enviada por meus alunos, tiveram tanta dificuldade que decidiram dividir o dinheiro do prêmio entre duas narrativas excepcionais. Aqui está a segunda história que ficou empatada no primeiro lugar – a experiência inesquecível de uma mulher que precisou descobrir da maneira mais difícil que "não conseguia se entender com Deus".

Chamarei essa mulher de Mary Cushman, embora não seja seu nome real. Ela tem filhos e netos que podem ficar constrangidos ao ler sua história, de modo que concordei em ocultar sua identidade. No entanto, a mulher é real – muito real. Eis o que ela nos contou:

"Durante a depressão, o salário médio do meu marido era de 18 dólares por semana. Muitas vezes, nem isso tínhamos, pois ele não recebia quando ficava doente – o que acontecia com frequência. Ele sofreu vários pequenos acidentes; também teve caxumba, escarlatina e gripes diversas. Perdemos a casinha que tínhamos construído com as próprias mãos. Devíamos 50 dólares na mercearia – e tínhamos cinco filhos para alimentar. Comecei a lavar e a passar para vizinhos. Comprei roupas de segunda mão na loja do Exército da Salvação e as reformei para os meus filhos. Fiquei doente de preocupação. Um dia, o dono da mercearia a quem devíamos 50 dólares acusou meu filho de 11 anos de roubar um lápis. Meu filho chorou ao me contar o que tinha acontecido. Eu sabia que ele era honesto e sensível – e sabia que fora xingado e humilhado na frente de outras pessoas. Foi a gota d'água. Pensei em todo o sofrimento que tínhamos suportado e não conseguia ver a luz no fim do túnel. De tanta preocupação, acho que fiquei temporariamente louca, pois desliguei a máquina de lavar, levei minha filha de 5 anos para o quarto e lacrei as janelas e rachaduras com papéis e trapos. Minha filhinha perguntou: 'Mamãe, o que você está fazendo?' E respondi: 'Vedando a janela para o ar não entrar.' Então liguei o aquecedor a gás que tínhamos no quarto, mas não o acendi. Enquanto jazia na cama com minha filha ao meu lado, ela disse: 'Mamãe, isso é engraçado. Acabamos de levantar.' Mas eu disse: 'Não se preocupe, vamos só tirar um cochilo.' Então fechei os olhos e fiquei ouvindo o gás escapar do aquecedor. Jamais me esquecerei daquele cheiro..."

De repente, ela ouviu uma música. Mary Cushman tinha esquecido de desligar o rádio na cozinha. Era um antigo hino religioso:

Em Jesus amigo temos
mais chegado que um irmão.
Ele manda que levemos
Tudo a Deus em oração.
Oh, que paz perdemos sempre,
Oh, que dor no coração,
Só porque nós não levamos
tudo a Deus em oração.

Quando ouviu aquele hino, ela percebeu que tinha cometido um erro trágico: tentara lutar batalhas terríveis sozinha. Não tinha entregado tudo a Deus em oração. Levantou-se com um salto, desligou o gás, abriu a porta e as janelas.

"Chorei e orei pelo restante daquele dia. Só que não orei pedindo ajuda. Derramei minha alma em gratidão a Deus por todas as bênçãos que Ele me concedera: cinco filhos maravilhosos, todos bem e saudáveis, fortes de corpo e mente. Prometi a Deus que jamais me mostraria tão ingrata novamente. E mantive a promessa. Mesmo depois que perdemos nosso lar e tivemos que nos mudar para uma pequena casa no campo, pela qual pagávamos 5 dólares por mês de aluguel, agradeci a Deus por aquela moradia; agradeci a Ele pelo fato de ter ao menos um teto para nos manter secos e aquecidos. Agradeci honestamente a Deus por nossa situação não ser pior – e acredito que Ele me ouviu, pois, com o tempo, as coisas melhoraram. Não foi da noite para o dia, mas, à medida que a depressão econômica recuava, começamos a ganhar um pouco mais de dinheiro. Consegui um emprego na chapelaria de um grande country clube e também vendia meias-calças nas horas vagas. Para ajudar a pagar a faculdade, um dos meus filhos conseguiu um emprego em uma fazenda, ordenhando 13 vacas de manhã e à noite. Hoje, meus filhos estão crescidos e casados e tenho três netos lindos. E, ao relembrar aquele dia terrível em que liguei o gás, agradeço repetidas vezes a Deus por ter me 'despertado' a tempo. Que alegrias eu teria perdido! Quantos anos maravilhosos eu teria abandonado para sempre! Toda vez que escuto alguém dizer que quer pôr fim à própria vida, sinto vontade de gritar: 'Não faça isso! Não faça isso!' Os momentos mais sombrios logo passarão – depois, virá o futuro..."

Em média, nos Estados Unidos, uma pessoa põe fim à própria vida a cada 35 minutos. Em média, alguém enlouquece a cada 120 segundos. A maioria desses suicídios – e, provavelmente, muitos casos de insanidade – poderia ter sido evitada se essas pessoas tivessem encontrado consolo e paz na religião e na oração.

Um dos psiquiatras mais renomados de todos os tempos, Carl Jung diz, em seu livro *O homem à descoberta da sua alma*: "Nos últimos 30 anos, pessoas de todos os países civilizados da Terra me consultaram. Tratei muitas centenas de pacientes. Entre quase todos os que estavam na segunda metade da vida – ou seja, com mais de 35 anos –, não houve um único cujo problema, em última instância, não tivesse relação com encontrar um ponto de vista religioso para a vida. É seguro afirmar que todos eles adoeceram por ter perdido o que as religiões vivas de todas as eras deram aos seus seguidores. Da mesma forma, todos os que se curaram de fato haviam recuperado esse ponto de vista religioso."

Essa afirmação é tão importante que quero repeti-la em *negrito.*

Carl Jung disse:

Nos últimos 30 anos, pessoas de todos os países civilizados da Terra me consultaram. Tratei muitas centenas de pacientes. Entre quase todos os que estavam na segunda metade da vida – ou seja, com mais de 35 anos –, não houve um único cujo problema, em última instância, não tivesse relação com encontrar um ponto de vista religioso para a vida. É seguro afirmar que todos eles adoeceram por ter perdido o que as religiões vivas

de todas as eras deram aos seus seguidores. Da mesma forma, todos os que se curaram de fato haviam recuperado esse ponto de vista religioso.

William James disse mais ou menos o mesmo. "*A fé é uma das forças que impulsionam o homem*", declarou ele, "*e a ausência total dela leva ao colapso.*"

Mahatma Gandhi, o maior líder indiano desde Buda, teria sofrido um colapso sem a inspiração do poder da oração. Como sei disso? Porque o próprio Gandhi o disse: "Sem oração", escreveu ele, "eu teria enlouquecido há muito tempo."

Milhares de pessoas poderiam dar testemunhos parecidos. Como meu pai – bem, como eu já disse, meu próprio pai teria se afogado se não fosse pelas orações e pela fé da minha mãe. Provavelmente, milhares de almas torturadas que padecem em nossos sanatórios teriam sido salvas se tivessem se voltado para um poder superior em busca de ajuda em vez de tentar travar sozinhas as batalhas da vida.

Quando estamos angustiados e atingimos o limite das nossas forças, muitos de nós recorremos a Deus em desespero – "não existem ateus em tocas de raposas". Mas por que esperar até que estejamos desesperados? Por que não renovar nossas forças todos os dias? Por que esperar até mesmo o domingo? Durante anos, tive o hábito de entrar em igrejas vazias em *dias de semana, à tarde*. Quando sinto que estou apressado e afobado demais para dedicar alguns minutos aos assuntos do espírito, digo a mim mesmo: "Espere um minuto, Dale Carnegie. Por que toda essa pressa e afobação? Você precisa parar e ver as coisas em perspectiva." Em momentos assim, entro na primeira igreja que encontro aberta. Embora eu seja protestante, durante a semana entro com frequência na Catedral de São Patrício, na Quinta Avenida, e digo a mim mesmo que estarei morto daqui a 30 anos, mas que as grandes verdades espirituais ensinadas por todas as Igrejas são eternas. Fecho os olhos e oro. Isso acalma meus nervos, descansa meu corpo, ilumina meu olhar e me ajuda a priorizar meus valores. Posso recomendar essa prática a você?

Durante os seis anos que passei escrevendo este livro, reuni centenas de exemplos e de casos concretos de como homens e mulheres venceram o medo e a preocupação por meio da oração. Tenho em meus arquivos pastas repletas de casos. Tomemos como exemplo típico a história de um vendedor de livros desesperançado e desiludido, John R. Anthony, de Houston, Texas.

"Há 22 anos, fechei meu escritório de advocacia para me tornar representante de uma editora americana de livros de Direito. Minha especialidade era vender uma coleção que era praticamente indispensável para o exercício da profissão de advogado. Fui meticulosamente treinado para o trabalho, conhecia todas as falas de venda direta e tinha respostas convincentes para possíveis objeções. Antes de visitar um cliente em potencial, eu me familiarizava com sua reputação como advogado, a natureza de sua prática, sua posição política e seus hobbies. Durante a entrevista que eu fazia, usava essas informações com muita habilidade. Contudo, algo estava errado. Eu simplesmente não conseguia vender!"

À medida que os dias e as semanas se passavam, o Sr. Anthony foi se sentindo cada vez mais desestimulado. "Redobrei meus esforços, mas ainda era incapaz de fechar vendas suficientes para pagar minhas despesas. Medo e terror cresceram dentro de mim. Fiquei com receio de visitar os clientes. Antes de entrar no escritório de um comprador em potencial, aquela sensação de terror brotava tão forte que eu ficava andando de um lado para outro diante da porta. Então, depois de perder muito tempo valioso tomando coragem, eu girava fracamente a maçaneta, com a mão trêmula – meio que esperando que o cliente em potencial tivesse saído!"

Foi quando o gerente de vendas ameaçou cortar os adiantamentos de Anthony se ele não trouxesse pedidos de compra.

"Em casa, minha mulher implorava por dinheiro para pagar as contas da mercearia para ela e para nossos três filhos. A preocupação me consumia. Como já disse, eu tinha fechado meu escritório privado de advocacia. Com isso, abri mão dos meus clientes. Agora estava falido – não tinha dinheiro sequer para pagar minha conta do hotel. Tampouco tinha dinheiro para comprar uma passagem de volta para casa, e não tinha coragem de voltar para casa como um derrotado, mesmo que tivesse a passagem. Então, ao final infeliz de mais um dia ruim, arrastei-me até meu quarto de hotel – pela última vez, eu imaginava. A meu ver, eu estava completamente derrotado. Inconsolável e deprimido, não sabia a que recorrer. Pouco me importava se viveria ou morreria. Eu lamentava ter nascido. Naquela noite, meu jantar foi um copo de leite, e nem isso eu podia pagar. Compreendi por que homens desesperados abrem uma janela de hotel e saltam. Eu mesmo poderia ter feito isso, se tivesse coragem. Comecei a me perguntar qual era o propósito da vida. Eu não sabia. Não conseguia decifrar."

Como não havia mais ninguém a quem pudesse recorrer, esse homem recorreu a Deus.

"Comecei a rezar. Implorei ao Todo-Poderoso que me concedesse luz, compreensão e orientação no deserto escuro e denso de desespero que me cercara. Pedi a Deus que me ajudasse a conseguir pedidos para meus livros e que me desse dinheiro para alimentar minha esposa e meus filhos. Depois daquela oração, abri os olhos e vi uma Bíblia sobre a cômoda daquele quarto de hotel solitário. Abri-a e li as promessas lindas e imortais de Jesus que inspiraram incontáveis gerações de homens solitários, preocupados e derrotados ao longo das eras – as palavras de Jesus para Seus discípulos sobre como evitar preocupações."

Ele se refere ao seguinte trecho do livro de Mateus:

> Portanto vos digo: não andeis preocupados com a vossa vida, pelo que haveis de comer; nem com o vosso corpo, pelo que haveis de vestir. A vida vale mais do que o sustento e o corpo, mais do que as vestes. Considerai os corvos: eles não semeiam, nem ceifam, nem têm despensa, nem celeiro; entretanto, Deus os sustenta. Quanto mais valeis vós do que eles? [...] Buscai antes o Reino de Deus e a sua justiça e todas essas coisas vos serão acrescentadas.

Enquanto ele rezava e lia aquelas palavras, aconteceu um milagre: sua tensão se dissipou. "Minhas ansiedades, medos e preocupações transformaram-se em coragem, esperança e fé triunfal. Eu estava feliz, ainda que não tivesse dinheiro para pagar minha conta do hotel. Fui para a cama e dormi profundamente – livre de preocupações –, algo que não acontecia havia muitos anos."

Na manhã seguinte, Anthony mal conseguiu se conter até o horário em que os escritórios dos clientes em potencial abriam. Aproximou-se da porta do primeiro escritório em um dia lindo, frio e chuvoso. Girou a maçaneta com firmeza e caminhou com segurança até o homem. Cheio de energia, com o queixo erguido e a dignidade apropriada, todo sorrisos, disse: "Bom dia, Sr. Smith! Sou John R. Anthony, da Companhia All-American de Livros de Direito!"

"Bom dia", respondeu o cliente, também sorrindo, enquanto se levantava da cadeira com a mão estendida. "Estou feliz em vê-lo. Sente-se!"

Eis então o desfecho dessa história:

"Fiz mais vendas naquele dia do que em semanas. À noite, retornei orgulhoso para meu hotel como um herói conquistador! Sentia-me um novo homem. E eu *era* um novo homem, pois tinha uma atitude mental nova e vitoriosa. Nada de jantar leite quente naquela noite. Não, senhor! Comi um filé com todos os acompanhamentos. A partir daquele dia, minhas vendas decolaram. Renasci naquela noite desesperada há 22 anos, em um pequeno hotel em Amarillo, Texas. Para quem olhava de fora, minha situação no dia seguinte era a mesma das semanas anteriores de fracasso, mas algo tremendo acontecera dentro de mim. De repente, eu me tornei ciente da minha relação com Deus. Um homem sozinho pode ser derrotado, mas um homem com o poder de Deus dentro de si é invencível. Eu sei. Vi isso funcionar na minha vida."

Disse Jesus: "Pedi e vos será concedido; buscai e encontrareis; batei e a porta será aberta para vós."

Quando a Sra. L. G. Beaird, de Highland, Illinois, se deparou com uma grande tragédia, ela descobriu que conseguia encontrar paz e tranquilidade ajoelhando-se e dizendo: "Ó Senhor, que Sua vontade, e não a minha, seja feita."

"Certa noite, nosso telefone tocou", escreveu ela em uma carta que tenho diante de mim agora. "Tocou 14 vezes antes que eu tivesse coragem de pegar o fone. Eu sabia que só podia ser do hospital, e estava aterrorizada: temia que nosso filhinho estivesse morrendo. Ele tinha meningite. Já havia tomado penicilina, mas a droga fez sua temperatura oscilar; os médicos temiam que a doença tivesse alcançado seu cérebro e desencadeasse um tumor cerebral... e a morte."

De fato, era do hospital; o médico queria que os pais do menino fossem imediatamente para lá.

"Talvez você possa imaginar a angústia que meu marido e eu sentimos, sentados na sala de espera. Todas as outras pessoas ali tinham seus bebês, exceto nós, com os braços vazios, perguntando-nos se algum dia voltaríamos a segurar nosso garotinho. Quando finalmente fomos levados ao escritório particular do médico, a expressão em seu rosto encheu nosso coração de terror. As palavras dele trouxeram ainda mais pavor. Ele nos disse que havia apenas uma chance em quatro de nosso bebê sobreviver. Sugeriu que, se conhecêssemos outro médico, o procurássemos para falar sobre o caso."

A caminho de casa, o marido dela irrompeu em lágrimas e, com o punho cerrado, socou o volante, dizendo: "Betts, não posso desistir do nosso garotinho." Para a Sra. Beaird, foi difícil ver o marido assim, tão fragilizado. "Paramos o carro e, depois de conversar sobre o assunto, decidimos parar na igreja e rezar; se fosse a vontade de Deus levar nosso bebê, resignaríamos nossa vontade à Dele. Afundei no banco da igreja e falei, com lágrimas escorrendo pelas faces: 'Que seja feita a Sua vontade, e não a minha.'"

No momento em que proferiu essas palavras, ela se sentiu melhor. "Fui tomada por uma paz que não sentia havia muito tempo. Durante todo o caminho para casa, fiquei repetindo: 'Ó Deus, que seja feita a Sua vontade, e não a minha.' Dormi profundamente naquela noite, pela primeira vez em uma semana. O médico telefonou alguns dias depois e disse que Bobby havia superado a crise. Agradeço a Deus pelo garoto de 4 anos forte e saudável que temos hoje."

Conheço homens que consideram a religião assunto de mulheres, crianças e pregadores. Eles se orgulham de ser "homens de verdade" que podem lutar suas batalhas sozinhos.

Quão surpresos eles ficariam ao descobrir que alguns dos mais famosos "homens de verdade" do mundo rezam todo dia. Por exemplo, o "homem de verdade" Jack Dempsey me disse que nunca foi para a cama sem antes fazer suas orações. Falou também que agradecia a Deus antes de todas as refeições. E que rezava todos os dias quando estava treinando para uma luta; quando estava lutando, sempre rezava pouco antes de o gongo tocar no início de cada round. "Rezar me ajudou a lutar com coragem e confiança."

O "homem de verdade" Connie Mack me disse que não conseguia adormecer sem fazer suas orações.

O "homem de verdade" Eddie Rickenbacker me disse acreditar que sua vida fora salva por preces. Ele rezava todo dia.

O "homem de verdade" Edward R. Stettinius, alto executivo da General Motors e da United States Steel e ex-secretário de Estado americano, me disse que orava pedindo sabedoria e orientação toda manhã e toda noite.

O "homem de verdade" J. Piermont Morgan, maior financista de sua era, muitas vezes ia sozinho à Igreja Trinity, no final da Wall Street, nas tardes de sábado e ajoelhava-se em oração.

Quando o "homem de verdade" Eisenhower foi para a Inglaterra para assumir o comando supremo das forças britânicas e americanas, levou apenas um livro no avião: a Bíblia.

O "homem de verdade" general Mark Clark me contou que lia sua Bíblia todos os dias durante a guerra e se ajoelhava em oração. Chiang Kai-shek e o general Montgomery – "Monty de El Alamein" – faziam o mesmo, bem como Lorde Nelson em Trafalgar, os generais George Washington, Robert E. Lee, Stonewall Jackson e dezenas de outros líderes militares.

Esses "homens de verdade" descobriram que William James tinha razão ao dizer: "Nós e Deus temos negócios entre nós; e, ao nos abrirmos para Sua influência, nosso destino mais profundo se realiza."

Muitos "homens de verdade" estão descobrindo isso. Setenta e dois milhões de americanos são membros de Igrejas hoje – um recorde histórico. Como afirmei antes, até os cientistas estão se voltando para a religião. Vejamos, por exemplo, o Dr. Alexis Carrel, que escreveu *O homem, esse desconhecido*, e recebeu a maior honraria concedida a qualquer cientista, o Prêmio Nobel. O Dr. Carrel disse, em um artigo para a *Reader's Digest*: "A oração é a forma de energia mais poderosa que uma pessoa pode gerar. É uma força tão real quanto a gravidade terrestre. Como médico, vi homens serem curados de doenças e da melancolia pelo esforço sereno da oração depois de todas as outras terapias terem falhado. (...) A oração, como o rádio, é uma fonte de energia luminosa e autogeradora. (...) Na oração, os seres humanos buscam aumentar sua energia finita dirigindo-se à força infinita de toda a energia. Quando rezamos, nos conectamos com o inesgotável poder motor que faz o universo girar. Rezamos para que uma parte desse poder seja destinada às nossas necessidades. Mesmo ao pedir, nossas deficiências humanas são satisfeitas e nos erguemos fortificados e reparados. (...) Sempre que nos dirigimos a Deus em uma oração fervorosa, mudamos tanto a alma quanto o corpo para melhor. Não é possível que qualquer homem ou mulher possa rezar, mesmo que por um único momento, sem obter algum resultado bom."

O almirante Byrd sabia o que significava "nos conectamos com o inesgotável poder motor que faz o universo girar". Sua capacidade de estabelecer essa conexão o fez superar a provação mais dura de sua vida. Ele conta a história em seu livro *Alone*. Em 1934, Byrd passou cinco meses em uma cabana enterrada sob a calota polar da plataforma de Ross, nas profundezas da Antártica. Ele era a única criatura viva naquela área. Nevascas rugiam sobre sua cabana; fazia 63 graus negativos e ele estava completamente cercado por uma noite interminável. Então descobriu, para seu horror, que estava sendo lentamente envenenado pelo monóxido de carbono que escapava de seu aquecedor! O que ele podia fazer? A ajuda mais próxima estava a 195 quilômetros de distância e só conseguiria alcançá-lo dali a vários meses. O almirante tentou consertar seu aquecedor e o sistema de ventilação, mas o gás ainda escapava, fazendo-o desmaiar. Ele não conseguia comer nem dormir; ficou tão fraco que mal se levantava de seu catre. Com frequência, temia que não viveria até a manhã seguinte. Acreditava que morreria naquela cabana e que seu corpo seria engolido por neves eternas.

O que salvou sua vida? Certo dia, no auge de seu desespero, ele pegou seu diário e tentou colocar no papel sua filosofia de vida. "A raça humana", escreveu, "não está sozinha no universo." Ele pensou nas estrelas no firmamento, na dança ordenada das constelações e dos planetas; pensou em como o sol eterno, quando chegasse seu tempo, voltaria para iluminar até mesmo os desertos das regiões do Polo Sul. Então escreveu em seu diário: "*Não estou sozinho.*"

Dar-se conta de que não estava sozinho – nem mesmo em um buraco no gelo no fim do mundo – foi o que salvou Richard Byrd. "Sei que isso me fez sobreviver", diz ele. "Poucos homens chegam perto de exaurir todos os recursos que existem dentro deles. Temos poços profundos de força que jamais são explorados." Richard Byrd aprendeu a explorar esses poços de força e a usar essas reservas – voltando-se para Deus.

Glenn A. Arnold aprendeu em meio aos milharais de Illinois a mesma lição que o almirante Byrd aprendeu na calota polar. Arnold, um corretor de seguros em Chillicothe, Illinois, abriu assim seu discurso sobre como vencer as preocupações: "Há oito anos, girei a chave na porta da frente da minha casa pelo que, eu acreditava, seria a última vez na minha vida. Então entrei no meu carro e segui na direção do rio. Eu era um fracasso. Um mês antes, meu pequeno mundo tinha desmoronado sobre minha cabeça. Minha empresa de eletrodomésticos havia falido. Em casa, minha mãe jazia em seu leito de morte. Minha esposa estava grávida de nosso segundo filho. As contas médicas se acumulavam. Tínhamos hipotecado tudo que possuíamos para abrir o negócio – nosso carro e nossa mobília. Fiz até um empréstimo usando minhas apólices de seguro como garantia. Portanto, entrei no meu carro e fui em direção ao rio – determinado a dar um fim àquela triste confusão."

Ele dirigiu por alguns quilômetros, saiu da estrada, saltou do carro e, sentado no chão, chorou como uma criança. Então tentou raciocinar de modo construtivo. Quão ruim era a situação? Não poderia ser pior? Era realmente irremediável? O que ele poderia fazer para torná-la melhor?

"Naquele instante, decidi que entregaria o problema ao Senhor e pediria a Ele para cuidar de tudo. Rezei. Rezei fervorosamente. Rezei como se minha vida dependesse daquilo. De fato, dependia. Então algo estranho aconteceu. Assim que entreguei todos os meus problemas para um poder maior do que eu, me sobreveio uma paz de espírito que eu não sentia fazia meses. Devo ter ficado sentado ali por meia hora, chorando e rezando. Então fui para casa e dormi como um bebê. Na manhã seguinte, acordei confiante. Eu não tinha mais nada a temer, pois contava com Deus para me orientar. Entrei em uma loja de departamentos local com a cabeça erguida e me expressei com segurança enquanto me candidatava a um emprego de vendedor no departamento de eletrodomésticos. Eu sabia que conseguiria o emprego. E consegui. Fui um bom vendedor até que todo o ramo de eletrodomésticos entrou em crise durante a guerra. Então comecei a oferecer seguros de vida – ainda sob a direção do meu Grande Guia. Isso foi há somente cinco anos. Agora, todas as minhas contas estão pagas, tenho uma bela família com três filhos inteligentes, sou dono da minha casa, tenho um carro novo e 25 mil dólares em seguros de vida."

E qual é o balanço que ele faz dessa experiência?

"Em retrospecto, estou feliz por ter perdido tudo e ficado deprimido a ponto de partir em direção ao rio, porque aquela tragédia me ensinou a contar com Deus; e agora tenho uma paz e uma confiança que jamais sonhei que fossem possíveis."

Por que a fé religiosa nos traz tamanha paz, tranquilidade e fortaleza? Deixarei William James responder a isso. Ele diz: "*As ondas turbulentas da superfície não perturbam as regiões profundas do oceano; e, para aquele que se apoia em realidades mais vastas e mais permanentes, as vicissitudes momentâneas de seu destino pessoal parecem relativamente insignificantes. A pessoa realmente religiosa, portanto, é inabalável e cheia de equanimidade, e está pronta para agir com serenidade diante de qualquer dever que o dia possa lhe trazer.*"

Se estamos preocupados e ansiosos, por que não experimentar a conexão com Deus? Como disse Immanuel Kant, por que não "aceitar uma crença em Deus porque precisamos de tal crença"? Por que não nos conectamos agora "com o inesgotável poder motor que faz o universo girar"?

Mesmo que você não seja uma pessoa religiosa por natureza ou por disciplina – mesmo que você seja um cético consumado –, a oração pode ajudá-lo muito mais do que você acredita, pois é algo *prático*. O que quero dizer por prático? Quero dizer que a oração satisfaz estas três necessidades psicológicas muito básicas compartilhadas por todas as pessoas, acreditem elas em Deus ou não:

1. A oração nos ajuda a colocar em palavras exatamente o que está nos perturbando. Vimos no Capítulo 4 que é quase impossível lidar com um problema enquanto ele permanece vago e nebuloso. Rezar, de certa maneira, é muito parecido com anotar nossos problemas no papel. Para pedirmos ajuda para uma dificuldade – até mesmo para Deus –, precisamos exprimi-la em palavras.
2. A oração nos dá uma sensação de compartilhar nossos fardos, de não estarmos sozinhos. Poucos de nós somos fortes o bastante para suportar nossos fardos mais pesados e nossos problemas mais angustiantes totalmente sozinhos. Às vezes, nossas preocupações são de natureza tão extrema que não podemos discutir sobre elas nem mesmo com nossos parentes ou amigos mais próximos. Portanto, a oração é a resposta. Qualquer psiquiatra nos dirá que, quando sufocamos nossa raiva e estamos tensos e sofrendo espiritualmente, a melhor terapia é contar nossos problemas para alguém. E, quando não podemos contar a mais ninguém, sempre podemos contar a Deus.
3. A oração desencadeia o princípio ativo de *fazer*. É um primeiro passo na direção da *ação*. Duvido que qualquer pessoa seja capaz de rezar por alguma realização, dia após dia, sem obter algum benefício – em outras palavras, sem agir para torná-la realidade. O Dr. Alexis Carrel, cientista mundialmente famoso, disse: "A oração é a forma de energia mais poderosa que uma pessoa pode gerar." Portanto, por que não utilizá-la? Chame-a de Deus ou de Alá ou de Espírito – por que brigar com definições desde que os poderes misteriosos da natureza se encarreguem de nós?

Por que não fechar este livro agora mesmo, encostar a porta, ajoelhar-se e tirar um peso do seu coração? Se você perdeu sua fé, implore a Deus Todo-Poderoso para renová-la e repita esta bela oração escrita por São Francisco de Assis há 700 anos: "Senhor, fazei de mim um instrumento da Vossa Paz. Onde há ódio, que eu leve o amor. Onde há injúria, que eu leve o perdão. Onde há dúvida, que eu leve a fé. Onde há desespero, que eu leve a esperança. Onde há escuridão, que eu leve a luz. Onde há tristeza, que eu leve a alegria. Ó divino mestre, fazei com que eu não procure tanto ser consolado, mas consolar; ser compreendido, mas compreender; ser amado, mas amar; pois é dando que se recebe, é perdoando que somos perdoados, e é morrendo que nascemos para a Vida Eterna."

PARTE SEIS

Como parar de se preocupar com críticas

20

Ninguém chuta cachorro morto

EM 1929, UM EPISÓDIO provocou comoção nacional nos círculos educacionais. Homens cultos de todos os Estados Unidos foram às pressas a Chicago para testemunhar o caso. Alguns anos antes, um jovem chamado Robert Maynard Hutchins conseguira se formar com esforço em Yale, trabalhando como garçom, lenhador, tutor e vendedor de roupas. Passados apenas oito anos, Hutchins tornou-se reitor da quarta universidade mais rica dos Estados Unidos, a Universidade de Chicago. Sua idade? Trinta anos. Incrível! Os educadores mais velhos abanavam a cabeça. Críticas despencaram sobre aquele "menino prodígio" como um deslizamento de pedras. Ele era isso e aquilo – jovem demais, inexperiente demais; suas ideias sobre educação eram absurdas. Até os jornais se juntaram ao ataque.

No dia da sua posse, um amigo disse ao pai de Robert Hutchins: "Fiquei chocado hoje de manhã ao ler aquele editorial do jornal contra o seu filho."

"Sim", respondeu o Hutchins mais velho, "foi grave, mas lembre-se de que ninguém chuta cachorro morto."

Verdade, e quanto mais importante for o cachorro, mais satisfação as pessoas sentirão ao chutá-lo. O príncipe de Gales, que mais tarde se tornaria Eduardo VIII, passou por isso. Na época, ele estudava em Darthmouth, Devonshire. O príncipe tinha cerca de 14 anos. Certo dia, um oficial encontrou-o chorando e perguntou o que havia acontecido. A princípio, ele se recusou a falar, mas por fim admitiu a verdade: estava levando pontapés dos cadetes. O diretor do colégio chamou os agressores e explicou a eles que o príncipe não se queixara, mas ele próprio queria saber qual a razão para um tratamento tão rude.

Depois de muita relutância, os cadetes confessaram que, quando se tornassem comandantes e capitães na Marinha Real, queriam poder dizer que tinham dado um pontapé no rei!

Portanto, quando alguém chuta ou critica você, muitas vezes age assim para se sentir importante. Em geral, isso significa que você está se destacando em algo e merece atenção. Muitas pessoas sentem uma enorme satisfação acusando aqueles que são mais cultos ou mais bem-sucedidos do que elas. Por exemplo, enquanto escrevia este capítulo, recebi a carta de uma mulher denunciando o general William Booth, fundador do Exército da Salvação. Eu havia elogiado o general Booth no rádio; na sequência, aquela mulher me escreveu dizendo que o general roubara 8 milhões de dólares do dinheiro arrecadado para ajudar os pobres. A acusação, obviamente, era absurda, mas ela não estava em busca da verdade, e sim da satisfação perversa que obtinha ao difamar alguém superior. Joguei a carta amarga no lixo e agradeci a Deus Todo-Poderoso por não ser casado com aquela mulher. A carta dela não me disse absolutamente nada sobre o general Booth, mas me disse muita coisa sobre sua autora. Schopenhauer expressou assim esse sentimento: "Pessoas vulgares sentem um enorme prazer com as faltas e as loucuras dos grandes homens."

É difícil imaginar que o reitor da Universidade Yale possa ser um homem vulgar; contudo, um ex-reitor de Yale, Timothy Dwight, aparentemente se deleitou acusando um candidato à presidência dos Estados Unidos. O reitor de Yale advertiu que, se aquele homem fosse eleito presidente, "talvez nossas esposas e filhas caiam vítimas da prostituição legal, totalmente desonradas, maculadas de maneira ostensiva, párias da delicadeza e da virtude, desprezadas por Deus e pelo homem".

Parece até que estava falando de Hitler, não parece? Mas não estava. Era uma acusação contra Thomas Jefferson. *Qual* Thomas Jefferson? Certamente não o *imortal* Thomas Jefferson, autor da Declaração da Independência, patrono da democracia, certo? Sim, era precisamente dele que se falava.

Tente pensar em um americano que foi chamado de "hipócrita", "um impostor" e "pouco melhor do que um assassino". Uma charge de jornal representou-o em uma guilhotina, com a grande lâmina pronta a decepar sua cabeça. Multidões zombavam dele e o vaiavam quando ele passava pela rua. Quem era? George Washington.

Mas isso aconteceu há muito tempo. Talvez a natureza humana tenha melhorado desde então. Consideremos o caso do almirante Peary – o explorador que surpreendeu e empolgou o mundo ao alcançar o Polo Norte em trenós puxados por cães, em 6 de abril de 1909, façanha que, durante séculos, homens corajosos tentaram realizar arriscando a própria vida e até morrendo. O próprio Peary quase morreu de frio e de fome; precisou amputar oito dedos dos pés que congelaram. Foram tantos desastres que achou que enlouqueceria. Seus superiores em Washington ficaram furiosos, pois Peary estava atraindo enorme publicidade e admiração. Portanto, acusaram-no de angariar dinheiro para expedições científicas e depois "mentir e ficar vadiando no Ártico". Provavelmente acreditavam nisso, pois é quase impossível não acreditar no que se quer acreditar. A determinação deles em humilhar e deter Peary era tão violenta que somente uma ordem direta do presidente McKinley possibilitou que o almirante continuasse suas expedições ao Ártico.

Peary sofreria tantos ataques se ocupasse um cargo burocrático no Departamento da Marinha em Washington? Não. Nesse caso, ele não se destacaria o suficiente para despertar inveja.

O general Grant teve uma experiência ainda pior. Em 1862, ele comemorou a primeira grande vitória decisiva do Norte – uma vitória conquistada em uma tarde; uma vitória que transformou Grant em um ídolo nacional da noite para o dia; uma vitória que teve repercussões tremendas até mesmo na distante Europa; uma vitória que fez os sinos das igrejas tocarem e fogueiras arderem do Maine até as margens do rio Mississippi. Contudo, seis semanas depois de conquistar sua grande vitória, Grant – o herói do Norte – foi *preso e privado de seu exército. Ele chorou de humilhação e desespero.*

Por que o general Grant foi preso no ápice de sua glória? Principalmente por ter despertado os ciúmes e a inveja de seus superiores arrogantes.

Se nos sentirmos tentados a mergulhar em preocupações por causa de críticas injustas, aqui está a Regra 1:

Lembre-se de que críticas injustas muitas vezes são elogios disfarçados. Ninguém chuta cachorro morto.

21

Faça isto e as críticas não terão o poder de ferir você

CERTA VEZ, ENTREVISTEI o major-general Smedley Butler, o "Demônio dos Infernos". Butler foi um dos generais mais exuberantes e arrogantes a comandar os fuzileiros navais dos Estados Unidos.

Ele me disse que, quando jovem, tinha uma necessidade desesperadora de ser popular; queria causar boa impressão em todos. Naquela época, a menor crítica o feria intensamente. Mas ele relatou que seus 30 anos entre os fuzileiros navais o fizeram criar uma couraça. "Fui repreendido e insultado, acusado de medroso, trapaceiro e mau-caráter. Ouvi todo tipo de xingamento impublicável. Se isso me incomodou? Rá! Hoje, quando ouço alguém me xingando, nem viro a cabeça para ver quem está falando."

Talvez o velho Butler tenha se tornado indiferente a críticas, mas uma coisa é certa: a maioria de nós leva a sério demais as pequenas farpas e flechas atiradas contra nós. Anos atrás, um repórter do jornal *The Sun*, de Nova York, compareceu a uma das minhas aulas demonstrativas de educação para adultos e ridicularizou a mim e ao meu trabalho. Acha que fiquei furioso? Pois considerei um insulto pessoal. Telefonei para Gil Hodges, presidente do comitê executivo do jornal, e praticamente exigi que ele publicasse um artigo com os fatos – sem a parte da ridicularização. Eu estava determinado a obter uma punição à altura do crime.

Hoje, sinto vergonha de como agi. Metade das pessoas que compraram o jornal jamais viu aquele artigo. Metade daqueles que o leram considerou-o uma fonte de entretenimento inocente. Metade daqueles que se divertiram com a leitura esqueceu-se totalmente dele em poucas semanas.

Agora sei que as pessoas não ficam pensando em você ou em mim. Pouco se importam com o que é dito sobre nós. Elas estão pensando em si mesmas – antes do café da manhã, durante o café da manhã e sem parar até depois da meia-noite. Elas ficariam mil vezes mais preocupadas com uma leve dor de cabeça delas do que com a notícia da sua ou da minha morte.

Mesmo que um em cada seis dos nossos amigos mais íntimos minta sobre nós, nos ridicularize, trapaceie, nos apunhale pelas costas e nos traia, não nos entreguemos a uma orgia de autocomiseração. Em vez disso, lembremos a nós mesmos que foi exatamente isso que aconteceu com Jesus. Um de Seus 12 amigos mais próximos traiu-o por um suborno que equivaleria a poucos dólares. Outro desses 12 amigos mais íntimos abandonou Jesus abertamente no instante em que Ele teve problemas e negou por três vezes que o conhecia – jurando. Um em cada seis! Isso foi o que aconteceu com Jesus. Por que você e eu deveríamos esperar uma pontuação melhor?

Descobri anos atrás que, embora eu não possa impedir as pessoas de me criticarem injustamente, posso fazer algo muito mais importante: decidir se essa condenação injusta me perturbará ou não.

Sejamos claros sobre isso: não defendo que todas as críticas sejam ignoradas. Longe disso. Estou falando de *ignorar críticas injustas*. Certa vez, perguntei a Eleanor Roosevelt como ela lidava com tais críticas – e Deus sabe que ela recebia muitas. Eleanor provavelmente tinha mais amigos fervorosos e mais inimigos violentos do que qualquer outra mulher que viveu na Casa Branca.

Ela me contou que, quando garota, era quase morbidamente tímida, com medo do que as pessoas poderiam dizer. Temia tanto as críticas que um dia pediu conselhos à sua tia, irmã de Theodore Roosevelt: "Tia Bye, quero fazer tal coisa. Mas tenho medo de ser criticada."

A irmã de Teddy Roosevelt olhou-a nos olhos e disse: "Nunca se incomode com o que as pessoas dizem, desde que saiba no seu coração que você está certa." Eleanor Roosevelt me contou que aquele conselho foi importante para ela anos depois, quando estava na Casa Branca. Para ela, só uma porcelana de Dresden em uma prateleira conseguiria evitar críticas. "Faça o que seu coração disser que é o certo, pois você será criticado de qualquer jeito. Será 'amaldiçoado se fizer e amaldiçoado se não fizer'." Esse é o conselho dela.

Quando o falecido Mathew C. Brush era presidente da American International Corporation, perguntei-lhe se era sensível a críticas e ele respondeu: "Sim, eu era muito sensível a críticas no começo. Na época, estava ansioso para que todos os funcionários da organização pensassem que eu era perfeito. Se não pensassem, eu me preocupava. Tentava agradar primeiro quem falava mal de mim, mas meus esforços para remendar as coisas com essas pessoas enfureciam outras. Então, quando eu tentava consertar a situação com as outras, acabava atiçando outros marimbondos. Depois de um tempo, descobri que quanto mais eu tentasse pacificar e aplacar sentimentos feridos para escapar de críticas pessoais, mais inimigos teria. Portanto, finalmente falei para mim mesmo: 'Se você se destacar em meio à multidão, será criticado. Portanto, acostume-se com a ideia.' Aquilo me ajudou imensamente. A partir daquele momento, adotei a regra de fazer o melhor que pudesse e depois abrir meu guarda-chuva para impedir que a saraivada de críticas me atingisse diretamente."

O compositor e comentarista musical Deems Taylor foi um pouco mais longe: deixou que a chuva de críticas o atingisse e divertiu-se com isso – em público. Quando fazia seus comentários durante o intervalo dos concertos radiofônicos da Orquestra Filarmônica de Nova York, em uma tarde de domingo, uma mulher escreveu-lhe uma carta chamando-o de "mentiroso, traidor, pérfido e idiota". Em seu livro, *Of Men and Music* (Sobre homens e música), Taylor escreve: "Suspeito que ela não tenha gostado do que eu disse." Na transmissão da semana seguinte, Taylor leu a carta no rádio para milhões de ouvintes. Alguns dias depois, recebeu outra carta da mesma senhora "manifestando sua opinião inalterada", diz Taylor, "segundo a qual eu *ainda* era um mentiroso, traidor, pérfido e idiota". Não podemos deixar de admirar um homem que recebe as críticas dessa maneira. Admiremos sua serenidade, sua postura inabalável e seu senso de humor.

Em um discurso para os alunos da Universidade de Princeton, Charles Schwab afirmou que uma das lições mais importantes que aprendera lhe fora ensinada por um senhor alemão que trabalhava na sua siderúrgica. Esse senhor envolveu-se em uma discussão acalorada sobre a época da guerra com outros trabalhadores, que o jogaram no rio. "Quando ele entrou no meu escritório", disse Schwab, "ensopado e coberto de lama, perguntei-lhe o que ele tinha dito aos homens que o haviam jogado no rio e ele respondeu: 'Eu apenas ri.'"

Schwab declarou ter adotado as palavras daquele velho alemão como seu lema: "Apenas ria."

Esse lema é especialmente útil quando se é vítima de críticas injustas. Você pode replicar ao homem que lhe responde, mas o que dizer àquele que "apenas ri"?

Abraham Lincoln poderia ter sucumbido sob o desgaste da Guerra Civil americana se não tivesse aprendido que tentar responder a todas as acusações virulentas dirigidas a ele seria loucura. Sua descrição de como lidou com seus críticos tornou-se uma joia literária – um clássico. O general MacArthur tinha uma cópia desses dizeres sobre sua mesa no quartel-general durante a Segunda Guerra Mundial; e Winston Churchill tinha um quadro pendurado na parede de seu estúdio em Chartwell. Eis o que disse Lincoln: "Se eu tentasse ler, e quiçá responder a todos os ataques contra mim, este estabelecimento provavelmente estaria fechado para qualquer outro negócio. Ajo da melhor maneira que sei – dou o melhor de mim; e pretendo continuar a fazê-lo até o final. Se, ao final, eu me sair bem, então o que foi dito sobre mim não importará. Se, ao final, me sair mal, então 10 anjos jurando que eu estava certo não farão a menor diferença."

Quando você e eu formos criticados injustamente, lembremo-nos da Regra 2:

Aja da melhor maneira que puder. Depois, abra seu velho guarda-chuva e evite que a saraivada de críticas o atinja.

22

Tolices que cometi

POSSUO UMA PASTA no meu arquivo pessoal que se chama "TQC" – sigla para 'Tolices que Cometi". Guardo nessa pasta registros por escrito das bobagens que podem ser atribuídas a mim. Às vezes dito esses registros para minha secretária, mas há alguns tão pessoais, tão estúpidos, que sinto vergonha de ditá-los, então os escrevo à mão.

Ainda me lembro de algumas das críticas que fiz a mim mesmo e que coloquei nas minhas pastas "TQC" há 15 anos. Se eu tivesse sido 100% honesto, teria agora um arquivo entupido com memorandos "TQC". Vale para mim o que o rei Saul disse há 30 séculos: "Fiz papel de tolo e errei excessivamente."

Quando pego essas pastas e releio as autocríticas que fiz, elas me ajudam a lidar com um dos problemas mais difíceis que enfrentei: o gerenciamento de Dale Carnegie.

Eu costumava culpar outras pessoas pelos meus problemas, mas, à medida que fui ficando mais velho – e mais sábio, espero –, dei-me conta de que eu próprio, em última análise, sou culpado por quase todos os meus infortúnios. Muitos descobriram isso à medida que envelheceram. "Ninguém exceto eu mesmo", disse Napoleão em Santa Helena, "pode ser culpado por minha queda. Fui meu maior inimigo, a causa do meu destino terrível."

Certa vez, conheci um homem que era um artista quando se tratava de autoavaliação e autogerenciamento. Seu nome era H. P. Howell. Quando a notícia de sua morte súbita na drogaria do hotel Ambassador, em Nova York, foi divulgada a todo o país, em 31 de julho de 1944, Wall Street ficou em choque, pois ele era um líder das finanças americanas – presidente do conselho do Commercial National Bank and Trust Company e diretor de várias grandes corporações. Howell teve pouco acesso à educação formal; começou na vida como balconista de uma loja do interior e mais tarde se tornou gerente de crédito da U. S. Steel. Estava em franca ascensão.

"Durante anos, mantive uma agenda com todos os compromissos do dia", contou-me o Sr. Howell quando lhe pedi para me falar sobre os segredos de seu sucesso. "Minha família nunca faz planos para mim nas noites de sábado, pois é sabido que dedico esse momento a um autoexame e a uma revisão e avaliação do meu trabalho durante a semana. Depois do jantar, retiro-me, abro minha agenda e reflito sobre todas as entrevistas, discussões e reuniões que tive desde a manhã de segunda-feira. Pergunto a mim mesmo: 'Que erros cometi naquele momento?', 'O que fiz de certo e de que maneira eu poderia ter melhorado meu desempenho?', 'Que lições posso aprender dessa experiência?'. Às vezes, essa revisão semanal me deixa muito triste. Há ocasiões em que me impressiono com meus erros. É claro que, com o tempo, esses erros se tornaram menos frequentes. Esse sistema de autoanálise, ano após ano, fez mais por mim do que qualquer outra estratégia que já tentei."

Talvez H. P. Howell tenha tomado essa ideia emprestada de Ben Franklin. Só que Franklin não esperava até sábado à noite: ele fazia uma avaliação rigorosa do próprio desempenho *toda* noite. Foi assim que descobriu que tinha 13 falhas graves. Eis três delas: desperdiçar tempo, ruminar coisas sem importância, discutir e contradizer pessoas. O velho e sábio Ben Franklin percebeu que, a menos que se livrasse dessas desvantagens, não chegaria muito longe. Então ele escolhia uma limitação e a combatia todos os dias durante uma semana, registrando quem havia vencido cada embate diário. Na semana seguinte, escolhia outro mau hábito, colocava as luvas e, quando o gongo tocava, ia para o ringue. Franklin lutou contra suas falhas toda semana por mais de dois anos.

Não surpreende que ele tenha se tornado um dos homens mais amados e influentes que a nação americana já produziu!

Elbert Hubbard disse: "Todo homem é um grande idiota por pelo menos cinco minutos todo dia. A sabedoria consiste em não ultrapassar esse limite."

O homem medíocre tem um acesso de raiva à menor crítica, mas o homem sábio está ansioso para aprender com aqueles que o censuraram, reprovaram e disputaram algo com ele. Walt Whitman escreveu: "Você só aprendeu lições com aqueles que admiraram você, foram ternos e lhe abriram caminho? Nunca aprendeu grandes lições com aqueles que o rejeitaram, que se opuseram a você ou competiram com você?"

Em vez de esperar que nossos inimigos critiquem nosso trabalho, sejamos nosso crítico mais severo. Encontremos e remediemos todas as nossas fraquezas antes que nossos inimigos tenham a oportunidade de dizer uma palavra sequer. Foi isso que Charles Darwin fez. Na verdade, ele passou 15 anos criticando a si mesmo – foi assim: quando concluiu o manuscrito de seu livro imortal, *A origem das espécies*, Darwin deu-se conta de que a publicação de seu conceito revolucionário sobre a criação abalaria os mundos intelectual e religioso. Portanto, *tornou-se seu crítico e passou mais 15 anos conferindo dados, desafiando seu raciocínio e criticando suas conclusões.*

Se alguém o acusasse de ser "um grande idiota", o que você faria? Ficaria com raiva? Indignado? Eis o que Lincoln fez: Edward M. Stanton, secretário da Guerra, certa vez chamou Lincoln de "um grande idiota". Stanton estava indignado com a interferência de Lincoln em seus assuntos. Para agradar a um político egoísta, Lincoln havia assinado uma ordem transferindo certos regimentos. Stanton não apenas se recusou a obedecer às ordens de Lincoln como ainda declarou que Lincoln era um grande idiota por tê-las assinado. O que aconteceu depois? Quando contaram a Lincoln o que Stanton dissera, ele respondeu calmamente: "Se Stanton disse que sou um grande idiota, então devo ser, pois ele quase sempre está certo. Vou falar com ele e descobrir por que disse isso."

De fato, Lincoln foi ver Stanton. O secretário o convenceu de que a ordem era errada e Lincoln a anulou; recebia bem críticas quando sabia que eram sinceras, construtivas e baseadas em conhecimento.

Nós também deveríamos receber bem esse tipo de crítica, pois dificilmente estaremos certos mais do que três em cada quatro vezes. Era essa a expectativa de Theodore Roosevelt quando estava na Casa

Branca. Einstein, o pensador mais profundo da nossa época, confessou que suas conclusões estavam erradas 99% das vezes!

"As opiniões dos nossos inimigos", disse La Rochefoucauld, "aproximam-se mais da verdade sobre nós do que nossas próprias opiniões."

Sei que muitas vezes tal afirmação é verdadeira, mas quando alguém começa a me criticar, se eu não me controlar, automaticamente fico na defensiva – antes mesmo de saber o que meu crítico dirá. Tenho nojo de mim sempre que faço isso. Todos tendemos a nos ressentir das críticas e a aceitar de bom grado os elogios, não importando se algum deles se justifica. Não somos criaturas lógicas, somos criaturas emocionais. Nossa lógica é como uma canoa de casca de árvore lançada no mar profundo, escuro e turbulento das emoções.

Se ouvirmos que alguém falou mal de nós, tentemos não nos defender. Qualquer tolo faz isso. Sejamos originais – e humildes – e brilhantes! Vamos confundir nossos críticos e conquistar aplausos dizendo: "Se meu crítico conhecesse *todas as minhas outras falhas*, teria me criticado muito mais severamente."

Em capítulos anteriores, falei sobre como agir quando se é criticado injustamente. Mas aqui está outra ideia: quando sua raiva aumentar por causa de uma acusação injusta, experimente parar e dizer: "Espere um minuto... Estou longe de ser perfeito. Se Einstein admitiu que estava errado 99% das vezes, talvez eu esteja errado pelo menos 80% das vezes. Talvez eu mereça essa crítica. Caso a mereça, eu deveria ser grato por ela e tentar me beneficiar dela."

Charles Luckman, ex-presidente da Pepsodent, gastou 1 milhão de dólares colocando Bob Hope no ar com um programa associado à marca da companhia. Ele não lia as cartas elogiosas, mas insistia em ver as que criticavam o programa. Sabia que poderia aprender algo com elas.

A Ford Company estava tão decidida a descobrir o que havia de errado com seu gerenciamento e suas operações que fez uma pesquisa com os funcionários e os convidou a criticar a empresa.

Conheço um ex-vendedor de sabão que costumava *pedir* que o criticassem. Quando ele começou a vender sabão para a Colgate, os pedidos eram poucos. Ele temia perder o emprego. Como sabia que não havia nada errado com o sabão nem com o preço, deduziu que o problema devia ser ele próprio. Quando não conseguia efetuar uma venda, ele dava uma volta no quarteirão tentando imaginar o que havia feito de errado. Teria sido vago demais? Falado sem entusiasmo? Às vezes, ele voltava para o comerciante e dizia: "Não vim aqui para tentar lhe vender sabão. Voltei para pedir seu conselho e sua crítica. Por favor, você poderia me dizer o que fiz de errado quando tentei lhe vender sabão há alguns minutos? Você é muito mais experiente e bem-sucedido do que eu. Por favor, faça sua crítica. Seja sincero. Não me poupe."

Essa atitude lhe rendeu muitos amigos e conselhos inestimáveis.

O que você imagina que aconteceu com ele? Ascendeu até se tornar presidente da Colgate-Palmolive-Peet Soap Company, uma das maiores fabricantes de sabão do mundo. Seu nome era E. H. Little.

É preciso ser grande para fazer o que H. P. Powell, Ben Franklin e E. H. Little fizeram. Enquanto ninguém está olhando, por que você não aproveita e pergunta a si mesmo se pertence a esse time?

Para evitar a preocupação com críticas, aqui está a Regra 3:

Mantenha um registro das tolices que comete. Como não é possível atingir a perfeição, faça como E. H. Little: peça críticas imparciais, úteis e construtivas.

PARTE SEIS

EM RESUMO

COMO PARAR DE SE PREOCUPAR COM CRÍTICAS

REGRA 1

Lembre-se de que críticas injustas são elogios disfarçados. Significam que você despertou inveja e ciúmes. Ninguém chuta cachorro morto.

REGRA 2

Aja da melhor maneira que puder. Depois, abra seu guarda--chuva e evite que a saraivada de críticas o atinja.

REGRA 3

Mantenha um registro das tolices que comete. Como não é possível atingir a perfeição, faça como E. H. Little: peça críticas imparciais, úteis e construtivas.

PARTE SETE

Seis maneiras de evitar o cansaço e a preocupação e preservar a energia e o ânimo

23

Como acrescentar uma hora ao seu dia

POR QUE INCLUÍ UM CAPÍTULO sobre como evitar o cansaço em um livro sobre como evitar preocupações? É simples: porque o cansaço costuma gerar preocupações, ou, pelo menos, nos torna suscetíveis a elas. Qualquer estudante de Medicina sabe que o cansaço reduz a resistência ao resfriado comum e a centenas de outras doenças, e qualquer psiquiatra sabe que o cansaço também reduz a resistência às emoções de medo e preocupação. Portanto, evitar o cansaço tende a evitar preocupações.

Eu disse "*tende* a evitar preocupações"? Isso é um jeito suave de enunciar o assunto. O Dr. Edmund Jacobson, autor de dois livros sobre relaxamento, *Progressive Relaxation* (Relaxamento progressivo) e *You Must Relax* (Você precisa relaxar), vai muito além. Como diretor do laboratório de Fisiologia Clínica da Universidade de Chicago, ele passou anos conduzindo investigações sobre o uso do relaxamento como método na prática médica. Para o Dr. Jacobson, qualquer estado nervoso ou emocional "desaparece na presença do relaxamento completo". Em outras palavras: *se você relaxar, deixará de se preocupar*.

Portanto, para evitar cansaço e preocupações, a primeira regra é: descanse com frequência. Descanse antes de ficar cansado.

Por que isso é tão importante? Porque o cansaço se acumula com uma rapidez impressionante. O Exército dos Estados Unidos descobriu por meio da repetição de vários testes que até os jovens – homens endurecidos por anos de treinamento militar – podem marchar melhor e resistir por mais tempo se puserem a mochila no chão e descansarem por 10 minutos a cada hora. Portanto, o Exército os obriga a fazer justamente isso. Seu coração é tão inteligente quanto o Exército dos Estados Unidos; todo dia ele bombeia sangue suficiente para encher um vagão-tanque ferroviário. A cada 24 horas, seu coração despende energia suficiente para amontoar 20 toneladas de carvão em uma plataforma de 1 metro de altura. Ele realiza essa quantidade colossal de trabalho durante 50, 70, até 90 anos. Como é possível? Ele simplesmente "descansa" depois de cada contração.

Durante a Segunda Guerra Mundial, Winston Churchill, já no final da casa dos 60 e início da casa dos 70 anos, conseguia trabalhar 16 horas por dia, ano após ano, orquestrando os esforços de guerra do Império Britânico. Um recorde fenomenal. Seu segredo? Ele trabalhava na cama toda manhã até as 11 horas, lendo relatórios, emitindo ordens, dando telefonemas e realizando conferências importantes. Depois do almoço, voltava para a cama e dormia por uma hora. À noite, novo repouso: dormia por duas horas antes de jantar às oito. Não curou o cansaço, nem era preciso: ele o evitava. Como descansava com frequência, era capaz de seguir trabalhando, revigorado e em forma, até muito depois da meia-noite.

John D. Rockefeller bateu dois recordes extraordinários: acumulou a maior fortuna do mundo até então e viveu até os 98 anos. Como ele fez isso? O principal motivo, é claro, foi a herança genética, que lhe possibilitou viver até uma idade avançada. Outra razão foi seu hábito de sempre tirar uma soneca de meia hora ao meio-dia, em seu escritório. Ele se deitava no sofá e dormia – e nem mesmo o presidente dos Estados Unidos conseguiria falar com Rockefeller ao telefone nessa meia hora!

Em seu excelente livro *Why be Tired* (Por que ficar cansado), Daniel W. Josselyn observou: "Descanso não é uma questão de não fazer absolutamente nada. *Descanso é reparação*." Existe tanto poder reparador em um curto período de descanso que até uma soneca de cinco minutos ajudará você a evitar o cansaço! Connie Mack, o grande mestre do beisebol, contou-me que, se não cochilasse à tarde antes de entrar em campo, estaria totalmente esgotado na metade do jogo. Mas se dormisse, mesmo que por apenas cinco minutos, era capaz de resistir durante toda a partida sem ficar cansado.

Quando perguntei a Eleanor Roosevelt como conseguiu cumprir

uma agenda tão exaustiva durante os 12 anos que passou na Casa Branca, ela me respondeu que, antes de grandes eventos ou de discursos, se sentava em uma cadeira ou um sofá, fechava os olhos e relaxava por 20 minutos.

Certa vez, entrevistei Gene Autry em seu camarim no Madison Square Garden, onde era a atração principal no campeonato mundial de rodeio. Havia um catre militar ali. "Deito toda tarde", disse ele, "e tiro uma soneca de uma hora entre as apresentações. Quando estou fazendo filmes em Hollywood, costumo relaxar em uma grande poltrona e tirar duas ou três sonecas de 10 minutos por dia. Elas me revigoram."

Entrevistei Henry Ford pouco antes de seu aniversário de 80 anos. Fiquei surpreso ao ver quão bem-disposto e saudável ele parecia. Perguntei-lhe qual era o segredo. Eis a resposta: "Nunca fico de pé quando posso me sentar e nunca fico sentado quando posso me deitar."

Horace Mann, "o pai da educação moderna", adotou esse mesmo hábito à medida que envelhecia. Quando era diretor da Antioch College, ele costumava se esticar em um sofá enquanto entrevistava os alunos.

Convenci um diretor de cinema a experimentar uma técnica parecida e ele confessou que foi milagrosa. Estou falando de Jack Chertock, um dos principais diretores de Hollywood na primeira metade do século XX. Há vários anos, quando ele veio me ver, era chefe do departamento de curta-metragens da MGM. Desgastado e exausto, ele havia tentado de tudo, sem sucesso: tônicos, vitaminas, remédios. Sugeri que tirasse umas férias todos os dias. Como? Esticando o corpo no seu escritório e relaxando enquanto fazia reuniões com os roteiristas de sua equipe.

Quando o encontrei novamente, dois anos depois, ele falou: "Aconteceu um milagre, e quem disse isso foram os meus médicos. Eu costumava ficar sentado na minha cadeira, tenso e retesado, enquanto discutia as ideias para nossos curtas. Agora, faço essas reuniões deitado no sofá do escritório. Sinto-me melhor do que há 20 anos. Trabalho duas horas a mais por dia, mas raramente fico cansado."

Como tudo isso se aplica a você? Se você é secretária, pode tirar sonecas no escritório; se é contador, não pode se estirar no sofá enquanto discute um relatório financeiro com seu chefe, mas, se você mora em uma cidade pequena ou trabalha perto de casa e vai para casa almoçar, talvez consiga tirar uma soneca de 10 minutos depois do almoço. Era o que o general George C. Marshall costumava fazer. Ele sentia que estava tão ocupado comandando o Exército dos Estados Unidos durante a guerra que *precisava* descansar ao meio-dia. Se você tem mais de 50 anos e acha que está ocupado demais para descansar, então contrate imediatamente o melhor seguro de vida possível. Funerais são caros... e seu cônjuge pode querer pegar o dinheiro do seu seguro e se casar com alguém mais jovem.

Se não é viável tirar um cochilo à tarde, você pode ao menos tentar se deitar por uma hora antes do jantar. É mais barato do que se medicar e, a longo prazo, 5.467 vezes mais eficiente. Dormir por uma hora entre as 17 e as 19 horas pode acrescentar uma hora ao seu dia. Por quê? Como? Porque um cochilo de uma hora antes do jantar, somado a seis horas de sono à noite – um total de sete horas – lhe fará mais bem do que oito horas de sono ininterrupto.

Um trabalhador braçal pode render mais se fizer mais pausas para descansar. Frederick Taylor demonstrou isso quando trabalhava como engenheiro de gerenciamento científico na Bethlehem Steel Company. Ele observou que, carregando aproximadamente 12 toneladas e meia de ferro bruto por dia em vagões de carga, seus trabalhadores já estavam exaustos ao meio-dia. Então fez um estudo científico de todos os fatores de cansaço envolvidos e concluiu que aqueles homens deveriam estar carregando 47 toneladas por dia, praticamente quatro vezes mais do que estavam produzindo, e sem exaustão. Mas precisava provar sua tese.

Taylor chamou um certo Sr. Schmidt e determinou que realizasse um trabalho cronometrado. Schmidt recebia ordens muito precisas de um superior que marcava o tempo para cada atividade: "Pegue uma barra de ferro e caminhe. Agora, sente-se e descanse. Caminhe. Descanse."

O que aconteceu? Schmidt embarcava 47 toneladas de ferro bruto por dia nos vagões, enquanto os demais trabalhadores carregavam apenas 12 toneladas e meia cada um. Essa foi a produtividade de Schmidt durante os três anos em que Frederick Taylor esteve na Bethlehem. Ele conseguia esse feito porque descansava antes de ficar cansado; trabalhava aproximadamente 26 minutos e descansava 34 a cada hora. Ele descansava *mais* do que trabalhava – no entanto, produzia quase quatro vezes mais do que os outros! Isso é boato? Não; pode-se ler o registro do experimento no livro *Princípios de administração científica*, de Frederick Winslow Taylor.

Vou repetir: faça o que o Exército americano e seu coração fazem – descanse com frequência, antes de ficar cansado. Assim você acrescentará uma hora ao seu dia.

24

Por que você vive cansado e o que fazer para evitar

EIS UM FATO IMPRESSIONANTE E IMPORTANTE: o trabalho mental, por si só, não cansa. Há alguns anos, cientistas tentaram descobrir por quanto tempo o cérebro humano conseguiria funcionar sem "reduzir sua capacidade para o trabalho", a definição científica de cansaço. O resultado foi surpreendente: os pesquisadores constataram que, quando o cérebro está ativo, o sangue que passa por ele, nutrindo-o, não altera seu ritmo. Se você coletasse sangue das veias de um operário enquanto ele está trabalhando, detectaria "toxinas de cansaço" e outros indicadores de fadiga. No entanto, se coletasse uma gota de sangue do cérebro de um Albert Einstein ao final de um dia de trabalho, não encontraria nenhuma "toxina de cansaço".

Ou seja, o cérebro pode funcionar "tão bem e tão rápido após 8 ou até 12 horas de esforço". É um órgão simplesmente incansável. Portanto, o que deixa você cansado?

Para a psiquiatria, a maior parte do nosso cansaço deriva das nossas atitudes mentais e emocionais. Um dos psiquiatras mais eminentes da Inglaterra, J. A. Hadfield, diz o seguinte em seu livro *The Psychology of Power* (A psicologia do poder): "A maior parte do nosso cansaço é de origem mental; na verdade, a exaustão de origem puramente física é rara." Seu colega americano A. A. Brill, outra sumidade da psiquiatria, vai além: "A totalidade do cansaço do trabalhador sedentário que goza de boa saúde deve-se a fatores psicológicos, isto é, emocionais."

Que fatores emocionais cansam o trabalhador sedentário (que trabalha sentado)? Alegria? Contentamento? De jeito nenhum. Tédio, ressentimento, uma sensação de não ser valorizado ou de futilidade, pressa, ansiedade, preocupação – esses são os fatores emocionais que exaurem o trabalhador sedentário, tornam-no suscetível a gripes, reduzem sua produtividade e causam enxaqueca. Sim, ficamos cansados porque nossas emoções produzem tensões nervosas no corpo.

A Metropolitan Life Insurance Company, uma grande seguradora, publicou um folheto em que afirmava: "O trabalho duro, por si só, raramente provoca um cansaço que não possa ser curado com um bom sono ou descanso. (...) Preocupação, tensão e transtornos emocionais são três das maiores causas de exaustão. Mesmo quando o trabalho físico ou mental parece ser a causa, o vilão com frequência é outro. (...) Lembre-se de que um músculo tenso é um músculo realizando esforço. Relaxe! Economize energia para tarefas importantes."

Pare agora, exatamente onde está, e observe-se. Ao ler estas linhas, você está fazendo cara feia para o livro? Sente pressão entre os olhos? Está relaxado na sua cadeira ou encurvando os ombros? Os músculos do seu rosto estão tensos? A menos que seu corpo inteiro esteja tão relaxado quanto uma boneca de pano, você está, neste exato momento, produzindo tensões nervosas e musculares. *Está produzindo tensões musculares e fadiga mental!*

Por que produzimos essas tensões desnecessárias ao realizar trabalho mental? Daniel W. Josselyn explica: "Descobri que o principal obstáculo (...) é a crença praticamente universal de que trabalho duro exige uma sensação de esforço ou não será benfeito." Portanto, fazemos cara feia quando nos concentramos. Curvamos os ombros. Convocamos nossos músculos a realizar o movimento de *esforço*, que em nada ajuda o trabalho do cérebro.

Eis outra verdade impressionante e trágica: milhões de pessoas que jamais sonhariam em rasgar dinheiro desperdiçam energia como se ela fosse inesgotável.

Qual é a resposta para a fadiga mental? Relaxe! *Aprenda a relaxar enquanto está fazendo seu trabalho!*

Isso é fácil? Não. Você provavelmente precisará mudar hábitos muito arraigados. Mas vale o esforço, pois pode revolucionar sua vida! Em seu ensaio "O evangelho do relaxamento", William James escreveu: "O excesso de tensão, a instabilidade, a falta de ar e a fisionomia carregada (...) são *maus hábitos*, apenas isso." *Tensão é um hábito. Relaxar é um hábito. Maus hábitos podem ser abandonados, da mesma forma que bons hábitos podem ser adquiridos.*

Como você relaxa? Começa pela mente ou pelo corpo? É simples: *comece a relaxar pelos músculos!*

Façamos uma tentativa começando pelos olhos. Leia este parágrafo inteiro e, quando tiver chegado ao final, recoste-se, feche os olhos e *diga em silêncio para seus olhos*: "Relaxem. Parem de se esforçar, parem de se apertar. Se soltem..." Repita isso várias vezes, lentamente, por um minuto.

Você reparou que, depois de alguns segundos, os músculos dos olhos *começaram a obedecer?* Sentiu como se uma mão tivesse removido a tensão? Pois você experimentou nesse um minuto todo o segredo da arte do relaxamento. Faça o mesmo com a mandíbula, com os músculos do rosto, com o pescoço, com os ombros, com o corpo inteiro. Os órgãos mais importantes de todos, porém, são os olhos. O Dr. Edmund Jacobson, da Universidade de Chicago, chegou ao ponto de dizer que quem consegue relaxar completamente os músculos dos olhos é capaz de esquecer todos os seus problemas! Por que os olhos são tão importantes quando se trata de aliviar a tensão nervosa? Porque consomem um quarto de toda a energia nervosa do corpo. Também é por isso que tantas pessoas com visão perfeita sofrem de "desgaste visual". Elas estão tensionando os olhos.

Quando era criança, a escritora Vicki Baum conheceu um velho que lhe ensinou uma das lições mais importantes de sua vida. Em uma queda, Vicki cortou os joelhos e machucou o pulso. Quem a socorreu foi o velho, que tinha sido palhaço de circo. Enquanto ele limpava os ferimentos, disse: "Você se machucou porque não sabe relaxar. Você precisa fingir que é tão mole quanto uma meia velha e amassada. Vou lhe mostrar como se faz." Então ele ensinou Vicki Baum e outras crianças a cair, dar cambalhotas e saltos mortais, sempre insistindo: "Pense que você é uma meia velha e amassada. Então, o jeito é relaxar!"

É possível relaxar em momentos inesperados e em quase qualquer lugar. Não se esforce para relaxar; *relaxamento é a ausência de toda tensão e esforço.* Comece pensando na distensão dos músculos dos olhos e do rosto, repetindo várias vezes: "Se solte... Se solte... Se solte e relaxe." Sinta a energia migrando dos músculos faciais para o centro do corpo. Pense em si mesmo como um bebê tranquilo, sem qualquer tensão.

Isso era o que a grande soprano Galli-Gurci costumava fazer. Helen Jepson me contou que, antes das apresentações, Galli-Gurci sentava-se em uma cadeira com todos os músculos relaxados e a mandíbula tão "solta" que chegava a pender. Uma prática excelente que combatia o nervosismo antes de entrar no palco e evitava o cansaço.

Confira quatro sugestões que ajudarão você a relaxar:

1. Relaxe em momentos inesperados. Deixe seu corpo mole como uma meia velha. Mantenho uma velha meia bordô sobre a minha mesa enquanto trabalho como um lembrete para relaxar. Se você não tem uma meia, um gato cumpre esse papel. Você já pegou um gatinho que estava dormindo ao sol? Observe que as extremidades do animal pendem como um jornal molhado. Os iogues da Índia dizem que, se você quer dominar a arte do relaxamento, deve estudar o gato. Nunca vi um gato cansado, com um colapso nervoso ou sofrendo de insônia, preocupações ou úlcera. Você provavelmente evitará tais desgastes se aprender a relaxar como um gato.
2. Trabalhe, na medida do possível, em uma posição confortável. Lembre-se de que tensões no corpo provocam dor nos ombros e fadiga mental.
3. Observe a si mesmo quatro ou cinco vezes por dia, perguntando-se: "Estou tornando meu trabalho mais difícil do que ele realmente é? Estou usando músculos que não têm nenhuma relação com o trabalho que realizo?" Isso ajudará você a adquirir o *hábito* de relaxar.
4. Ao final do dia, pergunte a si mesmo: "Exatamente quão cansado estou? Se me sinto dessa maneira, não é por causa do trabalho mental que fiz, e sim pela maneira como o fiz." Daniel W. Josselyn

afirma: "Meço minhas realizações não pelo meu cansaço no final do dia, mas por quanto *não estou* cansado. Quando fico exausto ou irritado, sei, sem sombra de dúvida, que foi um dia ineficiente tanto no que diz respeito à quantidade quanto à qualidade do que realizei." Se todo trabalhador e todo empresário aprendesse a mesma lição, a taxa de mortalidade por "hipertensão" despencaria da noite para o dia. E deixaríamos de lotar hospícios e asilos com pessoas que foram arrasadas pelo cansaço e pela preocupação.

25

Como evitar o cansaço e manter uma aparência jovem

CERTO DIA, NO OUTONO PASSADO, minha assistente foi a Boston para participar de um encontro de profissionais da área médica. O grupo se reúne uma vez por semana em uma unidade de saúde pública de Boston e os pacientes que comparecem são submetidos a exames médicos regulares e completos antes da admissão no grupo. Na verdade, trata-se de uma clínica de Psicologia. Embora o nome oficial seja Turma de Psicologia Aplicada (anteriormente, Turma de Controle do Pensamento, sugestão dos primeiros integrantes), seu propósito real é tratar pessoas *que estão doentes de preocupação*. Muitos pacientes são donas de casa emocionalmente perturbadas.

Como tudo começou? Bem, em 1930, o Dr. Joseph H. Pratt – discípulo de Sir William Osier – observou que parecia não haver nada de errado fisicamente com vários pacientes que o procuravam; apesar disso, eles tinham a clássica coleção de sintomas físicos. As mãos de uma mulher estavam tão comprometidas pela "artrite" que ela não conseguia mais usá-las. Outra agonizava com todos os sintomas excruciantes de uma "úlcera". Havia casos de dores nas costas, dores de cabeça, fadiga crônica e outros incômodos físicos. *As pessoas realmente sentiam aquelas dores*, mas exames detalhados não encontravam nada que justificasse os sintomas. Médicos antiquados diriam que era tudo imaginação – "coisa da cabeça dos pacientes".

O Dr. Pratt percebeu que não adiantava mandá-los para casa recomendando que esquecessem o problema. Ele sabia que a maioria daquelas pessoas não desejava estar doente; se fosse tão fácil apagar seus males, já o teriam feito. Portanto, como agir?

Ele então criou esse grupo, ignorando os comentários céticos de outros médicos. Funcionou maravilhosamente bem! Nos anos seguintes, milhares de pacientes foram "curados" graças à clínica. Alguns frequentam o lugar há anos – com a mesma assiduidade com que vão à igreja. Minha assistente conversou com uma mulher que não perdeu nenhuma sessão em mais de nove anos. Quando essa senhora foi pela primeira vez à clínica, estava convencida de que tinha um problema renal e alguma doença cardíaca. Estava tão preocupada e tensa que às vezes perdia a visão. Hoje, sente-se confiante e animada; sua saúde é excelente. Ela tinha pouco mais de 40 anos e embalava no colo um neto adormecido. "Eu me preocupava tanto com meus problemas familiares que tinha vontade de morrer. Na clínica, aprendi que é inútil se preocupar. Parei com isso e conquistei uma vida serena."

Para a Dra. Rose Hilferding, orientadora médica da clínica, um dos melhores remédios para aliviar preocupações é "conversar sobre seus problemas com alguém em quem você confia. Chamamos isso de catarse. Quando os pacientes vêm para cá, eles podem falar sobre seus problemas até tirá-los da cabeça. Remoer as preocupações sozinho, guardando-as para si, gera uma grande tensão. Precisamos compartilhá-las. Precisamos sentir que alguém no mundo está disposto a nos ouvir e compreender".

Minha assistente testemunhou o grande alívio que uma mulher sentiu ao falar das suas preocupações domésticas. No início, ela parecia uma mola comprimida. Aos poucos, à medida que continuava falando, foi se acalmando. No final da entrevista, já sorria. O que desencadeou a mudança foi *conversar com alguém*, receber conselhos e um pouco de simpatia humana. Esse é o enorme poder curativo das *palavras*!

Até certo ponto, a psicanálise se baseia nesse poder. Desde Freud, analistas sabem que falar, apenas falar, traz alívio para as ansiedades interiores. Por que isso acontece? Talvez porque, ao falar, obtenhamos uma compreensão melhor dos nossos problemas; uma perspectiva melhor. Ninguém tem a resposta completa, mas todos sabemos como é bom "colocar para fora" ou "desabafar".

Portanto, na próxima vez que tiver um problema emocional, por que não procura alguém para conversar? Obviamente, não se trata de virar um chato que se queixa para qualquer pessoa que cruze seu caminho. É necessário escolher alguém confiável e agendar um encontro; pode ser um parente, um amigo, um médico, um advogado, um pastor, um padre. Diga para essa pessoa: "Estou com um problema e gostaria de dividi-lo com você. Quero seu conselho. Acho que você verá ângulos dessa questão que eu não consigo ver sozinho. Mesmo que você não consiga, me ajudará demais se apenas me escutar."

Desabafar é uma das principais terapias utilizadas pelo grupo de Psicologia Aplicada. Aqui estão outras ideias que aprendemos com o grupo e você pode fazer em casa.

1. *Mantenha um caderno ou álbum de recortes para leituras inspiradoras*. Nele, anote ou cole poemas, orações curtas ou citações que emocionem você. Se em uma tarde chuvosa você se sentir desanimado, talvez encontre nesses recortes uma receita para dissipar a escuridão. Muitos pacientes mantêm cadernos assim durante anos. Eles dizem que equivale a uma "injeção de ânimo" espiritual.

2. *Não pense demais nos defeitos dos outros!* No grupo, havia uma mulher que reclamava do marido sem parar. Estava se tornando uma esposa ranzinza e carrancuda, mas ficou sem palavras diante da pergunta: "O que você faria se ele morresse?" Ela ficou tão chocada com a ideia que, na hora, sentou-se e fez uma longa lista de todos os pontos positivos do marido. Por que você não faz o mesmo na próxima vez que sentir que se casou com um tirano ou uma tirana? Talvez você descubra, depois de ler as virtudes de seu cônjuge, que ele é alguém que você gostaria de conhecer!

3. *Interesse-se pelos outros.* Desenvolva um interesse amistoso e saudável pelas pessoas com quem você convive. A uma mulher doente que dizia não ter amigos, os profissionais do grupo de Boston disseram: "Invente uma história sobre a próxima pessoa que você conhecer." Eis que essa mulher, sempre que pegava ônibus, passou a elaborar histórias e contextos para as pessoas que via. Em pouco tempo ela estava falando com pessoas em todos os

lugares – e hoje é feliz, alerta, um ser humano encantador, curado de suas "dores".

4. *Antes de ir para a cama, faça uma lista de tarefas de trabalho para amanhã.* O grupo de Boston descobriu que muitas pessoas se sentiam angustiadas pela quantidade de coisas para fazer. Nunca terminavam seu trabalho e sentiam-se perseguidas pelo relógio. Para curar essa sensação de pressa *e* a preocupação, recomendaram que toda noite elas elaborassem uma agenda para o dia seguinte. O que aconteceu? Mais tarefas cumpridas; muito menos cansaço; uma sensação de orgulho e de realização; e tempo para descansar e se divertir.

5. *Finalmente: evite tensão e cansaço. Relaxe!* Nada acelera tanto o envelhecimento quanto tensão e cansaço. Nada causa tanto estrago no seu frescor e na sua aparência. Durante uma hora naquele encontro do grupo de Boston, minha assistente ouviu o professor Paul E. Johnson, o diretor, falar sobre muitos dos princípios que já discutimos no capítulo anterior – as regras para relaxar. Ao final dos 10 minutos de exercícios de relaxamento, que ela realizou com os outros, minha assistente estava quase dormindo sentada! Por que tanta ênfase no relaxamento físico? Porque a clínica sabe – como outros médicos sabem – que, para eliminar as preocupações, as pessoas precisam relaxar!

Sim, você precisa relaxar! Muito estranhamente, para isso o chão duro é melhor do que uma cama com um colchão de molas. O chão oferece mais resistência. É bom para a coluna.

Aqui estão alguns exercícios que você pode fazer. Experimente-os durante uma semana – e veja o que acontece com sua aparência e sua disposição!

A. Estique-se no chão sempre que se sentir cansado. Deitado, alongue o corpo o máximo que conseguir. Role, se quiser. Faça isso duas vezes por dia.

B. Feche os olhos. Você pode tentar dizer, como recomendou o professor Johnson, algo como: "O sol está brilhando no alto. O céu está azul e cintilante. A natureza está calma e no controle do mundo – e eu, como filho da natureza, estou em sintonia com o universo." Se preferir, faça uma oração.
C. Se não for possível deitar, você conseguirá quase o mesmo efeito sentado em uma cadeira de encosto reto e dura. Sente-se como uma estátua egípcia, recostando bem a coluna, e pouse as mãos, com as palmas para baixo, nas coxas.
D. Agora, lentamente, retese os dedos dos pés e depois, deixe-os relaxar. Tensione os músculos das pernas e, depois, relaxe-os. Perceba a sensação de relaxamento subir lentamente por todo o seu corpo, liberando todos os músculos, até chegar ao pescoço. Depois, deixe a cabeça girar pesadamente em círculos, como se fosse uma bola de futebol. Repita para seus músculos (como no capítulo anterior): "Se solte... se solte..."
E. Pense nas rugas e nos pontos de tensão no seu rosto e relaxe todos: as marcas de preocupação entre as sobrancelhas, os cantos da boca. Faça isso duas vezes por dia e talvez você não precise que alguém massageie seu rosto: pode ser que as rugas desapareçam de dentro para fora!

26
Quatro bons hábitos de trabalho que ajudam a evitar o cansaço e a preocupação

Bom hábito de trabalho número 1:
Tire da sua mesa todos os papéis, exceto aqueles relacionados ao problema que você precisa resolver agora.

Roland L. Williams, presidente da estrada de ferro Chicago and Northwestern, disse certa vez: "Uma pessoa cuja mesa está entulhada de papéis sobre vários assuntos achará seu trabalho muito mais fácil e mais eficaz se remover tudo que não se refira à tarefa em questão. Chamo isso de manter a casa bem arrumada. É o primeiro passo rumo à eficiência."

Na Biblioteca do Congresso, em Washington, D. C., há uma frase do poeta Pope pintada no teto:

"Ordem é a primeira lei do Paraíso."

A ordem também deveria ser a primeira lei dos negócios. Mas é? Não; em geral, a mesa de trabalho vive entupida de papéis que não são olhados há semanas. Certa vez, o editor de um jornal de Nova Orleans me contou que, ao arrumar uma de suas mesas, sua secretária encontrara uma máquina de escrever que estava sumida havia dois anos!

A mera visão de uma mesa coberta por correspondência a responder, relatórios e memorandos é o bastante para gerar confusão, tensão e preocupações. Ou pior: o lembrete constante de que você tem "um milhão de coisas para fazer e nenhum tempo para fazê-las" pode preocupar você não apenas ao ponto da tensão e do cansaço, mas também provocar pressão alta, problemas cardíacos e úlceras.

O Dr. John H. Stokes, professor da Escola de Pós-Graduação de Medicina da Universidade da Pensilvânia, leu um artigo intitulado "Neuroses funcionais como complicações de doenças orgânicas" diante da Convenção Nacional da Associação Médica Americana. Nele, o Dr. Stokes listou 11 doenças sob o título "O que procurar no estado mental do paciente". O primeiro item da lista:

O senso de dever ou de obrigação; a extensão interminável de tarefas que simplesmente precisam ser feitas.

Mas como procedimentos tão elementares quanto limpar a mesa e tomar decisões ajudam a evitar essa pressão, essa sensação de *obrigação*, de que temos diante de nós uma "extensão interminável de tarefas que simplesmente precisam ser feitas"? O famoso psiquiatra William L. Sadler me falou de um paciente que, utilizando esse simples recurso, evitou um colapso nervoso. O homem era um executivo de uma grande firma de Chicago. Quando foi ao consultório do Dr. Sadler, estava tenso, nervoso, preocupado; sabia que estava prestes a desmoronar, mas não conseguia abandonar o trabalho. Ele precisava de ajuda.

"Enquanto o homem me contava sua história", disse o Dr. Sadler, "meu telefone tocou. Era do hospital. Em vez de pedir para ligarem depois, acabei resolvendo o assunto; sempre que é possível, não adio os problemas. Eu mal havia desligado quando o telefone tocou de novo; outra questão urgente, que parei para discutir. A terceira interrupção ocorreu quando um colega veio ao meu consultório pedir aconselhamento sobre um paciente que estava muito mal. Ao encerrar essa conversa, comecei a me desculpar com meu paciente por deixá-lo esperando. Mas ele havia se animado. Tinha uma expressão completamente diferente no rosto."

O homem disse para o Dr. Sadler:

– Não se desculpe, doutor! Nos últimos 10 minutos, acho que descobri o que está errado comigo. Vou voltar para meu escritório e repensar meus hábitos. Mas, antes que eu vá, o senhor se incomodaria se eu desse uma olhada na sua escrivaninha?

O Dr. Sadler mostrou as gavetas de sua escrivaninha. Todas vazias – exceto por material de escritório.

– Onde fica a sua pilha de assuntos a resolver? – perguntou o paciente.

– Não tenho pilha de assuntos pendentes. Estão todos resolvidos – disse Sadler.

– E onde o senhor guarda a correspondência por responder?

– Está tudo respondido! – Sadler disse a ele. – Minha regra é nunca arquivar uma carta antes de respondê-la.

Seis semanas depois, o mesmo executivo chamou o Dr. Sadler para ir ao seu escritório. O homem estava mudado – e sua escrivaninha também. Ele abriu as gavetas para mostrar ao médico que não havia assuntos pendentes nelas. "Há seis semanas", relatou o executivo, "eu tinha três escrivaninhas em dois escritórios e estava soterrado pelo trabalho. Eu nunca terminava. Depois de falar com o senhor, voltei para cá e eliminei um caminhão de relatórios e papéis velhos. Agora, tenho uma escrivaninha só e resolvo os problemas à medida que aparecem. Não tenho uma montanha de negócios incompletos me incomodando e me deixando tenso e preocupado. O mais impressionante é que me recuperei totalmente. Não há mais nada de errado com a minha saúde!"

Charles Evans Hughes, ex-presidente da Suprema Corte dos Estados Unidos, disse: "Homens não morrem de excesso de trabalho. Eles morrem de desperdício e de preocupação." Sim, de desperdício de energia – e de preocupação, porque, por mais coisas que façam, a sensação é de que seu trabalho nunca acaba.

Bom hábito de trabalho número 2:
Faça as coisas segundo a ordem de importância.

Henry L. Doherty, fundador da Cities Service Company, disse que, mesmo que oferecesse os salários mais altos, havia duas capacidades inestimáveis que ele achava praticamente impossível encontrar em um funcionário:

Primeiro, a capacidade de pensar. Segundo, a capacidade de fazer as coisas segundo a ordem de importância.

Charles Luckman, que começou do zero e em 12 anos tornou-se

presidente da Pepsodent, recebia 100 mil dólares por ano e ainda juntou um patrimônio de 1 milhão. Pois ele declarou que devia muito do seu sucesso ao desenvolvimento dessas duas capacidades que Henry L. Doherty achava praticamente impossível encontrar. Charles Luckman disse: "Desde que consigo me lembrar, acordo às cinco da manhã, pois nesse horário consigo pensar melhor do que em qualquer outro. Planejo meu dia e o que farei em ordem de importância."

Frank Bettger, um dos vendedores de seguros mais bem-sucedidos dos Estados Unidos, planejava seu dia na noite anterior, definindo que venderia certa quantidade de seguros naquele dia. Se fracassasse, a quantidade remanescente era acrescida ao dia seguinte, e assim por diante.

Sei, por minha longa experiência, que nem sempre é possível cumprir nossas tarefas segundo uma ordem de importância. Mas também sei que algum tipo de planejamento para fazer o mais importante primeiro é infinitamente melhor do que improvisar durante o percurso.

Se George Bernard Shaw não tivesse adotado uma regra rígida de fazer o mais importante primeiro, provavelmente teria falhado como escritor e passaria o restante da vida como caixa de banco. Ele se obrigou a escrever cinco páginas por dia durante nove anos difíceis, mesmo recebendo um total de apenas 30 dólares naqueles nove anos – cerca de um centavo por dia. Até mesmo Robinson Crusoé escrevia um cronograma do que faria a cada hora do dia.

Bom hábito de trabalho número 3:
Quando surgir um problema, resolva-o na hora se tiver os recursos para isso. Não adie decisões.

Um dos meus ex-alunos, o falecido H. P. Howell, me contou que, quando era membro do conselho diretor da U. S. Steel, as reuniões da diretoria costumavam ser longas e arrastadas. Sempre havia muitos problemas a discutir e poucas decisões eram tomadas. O resultado: todos os membros da diretoria precisavam levar para casa um monte de relatórios para estudar.

Foi assim até o Sr. Howell convencer o conselho diretor a lidar com um problema de cada vez e chegar a uma decisão. Nada de procrastinação. A decisão poderia ser solicitar fatos adicionais, fazer algo ou não fazer nada. Mas eles sempre chegavam a uma decisão sobre cada problema antes de examinar o seguinte. Os resultados foram impressionantes e saudáveis: a agenda estava em dia. Não era mais necessário levar trabalho para casa. Acabou aquela sensação preocupante de problemas não solucionados.

Uma boa regra, não apenas para o conselho diretor da U. S. Steel, mas também para você e eu.

Bom hábito de trabalho número 4:
Aprenda a organizar, a delegar e a supervisionar.

Muitos empresários estão indo rapidamente para o túmulo, bem antes da hora, porque nunca aprenderam a delegar tarefas com responsabilidade, insistindo em fazer tudo por conta própria. Resultado: estão soterrados em excesso de detalhes e confusão. São movidos por pressa, preocupação, ansiedade e tensão. É difícil aprender a delegar. Sei disso porque era difícil para mim também. Conheço por experiência os desastres que podem advir de delegar autoridade para as pessoas erradas. Porém, por mais difícil que seja, os executivos precisam fazê-lo para evitar preocupações, tensão e cansaço.

Executivos que constroem grandes negócios e não aprendem a organizar, a delegar e a supervisionar costumam morrer de problemas cardíacos na casa dos 50 anos ou, no máximo, com 60 e poucos – problemas cardíacos causados por tensão e preocupações. Quer um exemplo específico? Leia as notícias.

27

Como eliminar o tédio que produz cansaço, preocupações e ressentimentos

UMA DAS PRINCIPAIS CAUSAS DO CANSAÇO é o tédio. Vejamos o caso de Alice, uma executiva como outra qualquer. Certa noite, Alice chegou em casa completamente exausta. Ela *agia* como se estivesse cansada. Sentia dor de cabeça e nas costas. Estava tão esgotada que queria ir para a cama sem jantar. A mãe insistiu que ela comesse alguma coisa e Alice sentou-se à mesa sem a menor energia. O telefone tocou: era o namorado convidando-a para dançar! Os olhos de Alice brilharam. Ela correu para o quarto, colocou seu vestido favorito e dançou até as três da manhã. Quando voltou para casa, não estava nem um pouco exausta. Na verdade, estava tão feliz que não conseguia dormir.

O cansaço que Alice sentia oito horas antes era real. Estava exausta pois estava entediada com o trabalho, talvez com a vida. Existem milhões de Alices. Você pode ser uma delas.

É sabido que, de modo geral, o cansaço tem muito mais a ver com o estado emocional do que com esforço físico. O pesquisador Joseph E. Barmack publicou no periódico *Archives of Psychology* um relatório sobre alguns de seus experimentos mostrando como tédio produz cansaço. O Dr. Barmack submeteu um grupo de estudantes a uma série de testes nos quais ele sabia que haveria pouco interesse. O resultado? Os estudantes ficaram irritados, cansados e sonolentos, reclamaram de dor de cabeça e de fadiga visual. Alguns se queixaram de dor no estômago. Era tudo "imaginação"? Não. Exames físicos mostraram que a pressão sanguínea e o consumo de oxigênio de fato diminuem quando uma pessoa está entediada e que todo o metabolismo acelera assim que ela começa a sentir interesse e prazer no trabalho!

É raro nos sentirmos cansados quando estamos fazendo algo interessante e empolgante. Recentemente tirei férias e viajei para as montanhas Rochosas no Canadá, perto do lago Louise. Passei vários dias pescando trutas e abrindo caminho em meio a matagais mais altos do que eu, tropeçando em troncos, me esforçando para pular sobre árvores caídas – e mesmo depois de oito horas disso, eu não estava exausto. Por quê? Porque estava empolgado, radiante. Eu tinha a sensação de haver realizado um grande feito – pesquei seis trutas enormes! Mas suponha que eu tivesse ficado entediado com a pesca; nesse caso, como você acha que eu teria me sentido? Com certeza, esgotado por atividades tão desgastantes a uma altitude de 3.300 metros.

Mesmo em atividades tão exaustivas quanto o montanhismo, o tédio pode cansar muito mais do que o esforço físico. S. H. Kingman, presidente do Farmers and Mechanics Savings Bank, de Mineápolis, me contou um incidente que ilustra perfeitamente essa afirmação. Em julho de 1953, o governo do Canadá pediu ao Clube Alpino Canadense que oferecesse guias para treinar os membros da guarda em montanhismo. Kingman foi um dos guias escolhidos para dar o treinamento. Ele e outros guias – homens entre 42 e 59 anos – conduziam os jovens em longas caminhadas pelas geleiras e pelos campos nevados, escalando colinas íngremes com cordas, pequenos suportes para os pés e pontos de apoio precários para as mãos. Subiram o pico de Michael, o pico do Vice-Presidente e outras montanhas sem nome no vale Little Yoho, nas Rochosas canadenses. Depois de 15 horas de escalada, aqueles jovens, que estavam no auge do preparo físico (tinham acabado de concluir um curso rigoroso de seis semanas), estavam completamente exaustos.

O cansaço deles foi causado pelo uso de músculos que não tinham sido fortalecidos em treinamentos anteriores? Qualquer homem que tenha passado por um treinamento rígido riria de uma pergunta tão ridícula! Não: eles ficaram assim exaustos porque estavam entediados com a escalada. De tão cansados, muitos caíram no sono sem jantar. Os guias, que tinham o dobro e até o triplo da idade dos jovens guardas, estavam cansados, mas não exaustos. Jantaram e ficaram acordados por horas, conversando sobre as experiências do dia. A diferença foi o fato de estarem interessados no que faziam.

Quando o Dr. Edward Thorndike, da Universidade Columbia, estava conduzindo experimentos sobre cansaço, ele conseguiu que homens jovens se mantivessem acordados por quase uma semana despertando seu interesse. Depois de muita investigação, dizem que o Dr. Thorndike afirmou: "Tédio é a única causa real da diminuição de trabalho."

Se você realiza um trabalho mental, dificilmente a quantidade de trabalho é o que o deixará cansado. É mais provável que você se canse por causa do que não fez. Por exemplo, lembre-se daquele dia na semana passada em que você foi interrompido o tempo inteiro. Não respondeu a nenhuma correspondência. Cancelou compromissos. Houve problemas aqui e ali. Você não fez absolutamente nada, mas ainda assim chegou em casa exausto – e com uma dor de cabeça de rachar.

No dia seguinte, tudo deu certo no escritório. Você produziu 40 vezes mais do que no anterior. Curiosamente, voltou para casa cheio de energia. Você já teve essa experiência. Eu também.

Eis a lição a ser aprendida: muitas vezes, nosso cansaço é causado não pelo trabalho, mas por preocupações, frustração e ressentimentos.

Enquanto escrevia este capítulo, fui assistir a uma reprise da deliciosa comédia musical de Jerome Kern *Show Boat*. No espetáculo, o capitão Andy, do barco *Cotton Blossom*, diz, em um de seus interlúdios filosóficos: "As pessoas de sorte são aquelas que conseguem fazer o que gostam de fazer." Essas pessoas são afortunadas porque têm mais energia, mais felicidade, menos preocupações e menos cansaço. Sua energia estará onde estiverem seus interesses. Caminhar 10 quarteirões com um marido ou uma esposa reclamando pode ser mais cansativo do que caminhar 20 quilômetros com uma namorada ou um namorado agradável.

O que você pode fazer a respeito? Bem, eis o que fez uma estenógrafa que trabalhava em uma companhia de petróleo em Tulsa, Oklahoma. Durante vários dias, todo mês, ela realizava um dos trabalhos mais entediantes que se possa imaginar: preencher formulários de empréstimos para concessões de petróleo, inserindo valores e estatísticas. Era uma tarefa tão entediante que ela resolveu torná-

-la interessante por uma questão de sobrevivência. Como? Por meio de uma disputa diária consigo mesma. Ela contava o número de formulários que preenchia a cada manhã e tentava bater o recorde à tarde. Somava o total de cada dia e tentava superá-lo no dia seguinte. Em pouco tempo, ela se tornou a estenógrafa mais eficiente em seu departamento. E o que conquistou com tudo isso? Elogios? Não. Agradecimentos? Não. Uma promoção? Não. Um aumento de salário? Também não. Mas ela evitou o cansaço produzido pelo tédio. Trabalhar daquela maneira a estimulava mentalmente. Como tinha feito o melhor que podia para deixar interessante um trabalho tedioso, ela tinha mais energia e disposição. Seu tempo livre ganhou qualidade e alegria.

Sei que essa história é verdadeira porque me casei com essa mulher.

Eis a história de outra estenógrafa que descobriu os benefícios de agir *como se* seu trabalho fosse interessante. Ela costumava brigar com a profissão, mas entendeu que não compensava. Eis o que me contou a Srta. Vallie G. Golden, de Elmhurst, Illinois:

"Há quatro estenógrafas no meu escritório, e cada uma de nós precisa escrever várias cartas. De vez em quando, nos atrapalhamos. Um dia, quando um subchefe de departamento insistiu que eu refizesse uma longa carta, me rebelei. Argumentei que a carta poderia ser corrigida sem ser datilografada novamente – e ele retrucou que, se eu não a refizesse, ele encontraria outra pessoa para a tarefa! Fiquei furiosa! Porém, quando comecei a reescrever a carta, me ocorreu de repente que muitas pessoas agarrariam sem hesitar aquela oportunidade. Além disso, eu estava recebendo um salário para realizar apenas aquele trabalho. Comecei a me sentir melhor. De repente, decidi agir como se realmente gostasse do trabalho – ainda que o detestasse."

Foi quando a Srta. Golden fez uma descoberta importante:

"Se eu fizer o meu trabalho *como se* gostasse dele, acabo gostando até certo ponto. Também descobri que consigo trabalhar mais rápido se sentir algum prazer com o que faço. Hoje, raramente faço hora extra. Essa nova atitude me rendeu a reputação de ser uma boa funcionária. Quando um dos gerentes do departamento precisou de uma secretária particular, ele me escolheu – porque, segundo ele, eu estava disposta a fazer trabalho adicional sem cara feia! O poder de uma atitude mental modificada foi uma descoberta extremamente importante para mim. Ela tem feito maravilhas!"

A Srta. Golden usou a filosofia do *como se* enunciada pelo professor Hans Vaihinger. Ele nos ensinou a agir *como se* estivéssemos felizes – e isso pode operar maravilhas.

Se você agir *como se* estivesse interessado no seu trabalho, com o tempo seu interesse tende a se tornar real. Você também sentirá menos cansaço e terá menos tensões e preocupações.

Há alguns anos, Harlan A. Howard tomou uma decisão que mudou completamente sua vida. Ele tinha um trabalho tedioso: lavar pratos, limpar balcões e servir sorvetes no refeitório de uma escola do ensino médio, enquanto os outros garotos jogavam bola ou se divertiam com as meninas. Harlan Howard detestava seu trabalho, mas, como tinha que permanecer nele, resolveu torná-lo interessante: decidiu estudar como se faz sorvete, que ingredientes são usados, por que alguns eram melhores do que outros. Ao pesquisar a química do sorvete, tornou-se um craque no curso de Química da escola. Estava tão interessado na química dos alimentos que entrou na Massachusetts State College e formou-se em Tecnologia de Alimentos. Quando a New York Cocoa Exchange ofereceu um prêmio de 100 dólares para o melhor artigo sobre o uso de cacau e de chocolate – um prêmio aberto a todos os alunos da faculdade –, quem você acha que o ganhou? Ele mesmo, Harlan Howard.

Quando ficou difícil encontrar emprego, ele abriu um laboratório particular no porão da sua casa, em Amherst, Massachusetts. Pouco depois disso, uma nova lei entrou em vigor: as companhias leiteiras teriam que contar a quantidade de bactérias no leite. Em pouco tempo, Harlan A. Howard estava realizando o trabalho para as 14 empresas do setor em Amherst – e precisou contratar dois assistentes.

Daqui a 25 anos, os atuais líderes do ramo de química alimentar estarão aposentados ou mortos e no lugar deles estarão jovens profissionais que hoje irradiam iniciativa e entusiasmo. Harlan A. Howard provavelmente será um deles, enquanto alguns dos colegas de turma a quem ele costumava vender sorvete no balcão estarão amargos, desempregados, xingando o governo e reclamando que nunca tiveram uma chance. Harlan A. Howard poderia ter engrossado esse coro. O que fez a diferença foi sua decisão de tornar interessante um trabalho tedioso.

Anos atrás, outro jovem estava cansado de seu trabalho tedioso: fazer ferrolhos em uma fábrica. Seu nome era Sam. Ele queria pedir demissão, mas temia não conseguir outro emprego. Como precisava daquele trabalho tedioso, decidiu torná-lo interessante disputando uma corrida com o mecânico que operava a máquina ao lado da dele. Trabalhando em dois tornos, um dos rapazes precisava alisar a superfície do metal em sua máquina; ao outro, cabia afinar os ferrolhos até o diâmetro certo. Eles trocavam de máquinas ocasionalmente para ver quem conseguia produzir mais peças. O supervisor, impressionado com a velocidade e a precisão de Sam, logo lhe deu um trabalho melhor – a primeira de várias promoções. Trinta anos depois, Sam – Samuel Vauclain – era presidente da Baldwin Locomotive Works. Mas poderia ter sido um mecânico a vida toda se não tivesse tornado interessante um trabalho tedioso.

H. V. Kaltenborn, o famoso analista de notícias do rádio, me contou certa vez como fez a virada de chave do tédio para a empolgação. Quando tinha 22 anos, ele atravessou o Atlântico a bordo de um navio que transportava gado; seu trabalho consistia em alimentar e dar água para os bezerros. Depois de percorrer a Inglaterra de bicicleta, ele chegou a Paris, faminto e sem um tostão. Penhorando sua câmera por 5 dólares, pôs um anúncio na edição parisiense do *The New York Herald* e conseguiu um emprego vendendo máquinas de estereoscopia. Lembro-me daqueles estereoscópios antiquados que segurávamos diante dos olhos para combinar duas fotografias idênticas. Acontecia um milagre: as duas lentes no estereoscópio transformavam as duas fotografias em uma única imagem com efeito tridimensional. Tínhamos uma incrível impressão de perspectiva.

H. V. Kaltenborn começou vendendo essas máquinas de porta em porta em Paris – sem falar francês. Mesmo assim, ganhou 5 mil dólares de comissão no primeiro ano e se tornou um dos vendedores mais bem pagos na França naquele ano. Kalterborn me contou que, graças a essa experiência, desenvolveu as mesmas qualidades necessárias para o sucesso que teria aprendido em um ano de estudo em Harvard. Excesso de confiança? Ele próprio me contou que, depois daquela temporada, achava-se capaz de vender *qualquer coisa a qualquer pessoa*.

A experiência proporcionou a ele uma compreensão profunda da vida francesa, o que, mais tarde, se mostrou inestimável para interpretar, no rádio, os acontecimentos europeus.

Como ele conseguiu se tornar um especialista em vendas na França sem falar francês? Ele fez seu patrão redigir em francês impecável o que deveria dizer no momento da venda e memorizou o texto. Tocava a campainha, uma dona de casa atendia e Kaltenborn começava a repetir seu texto de vendas decorado com um sotaque tão terrível que chegava a ser engraçado. Ele mostrava as fotos para as clientes em potencial e, quando elas faziam perguntas, ele dava de ombros e dizia: "Americano... Sou americano." Depois, tirava o chapéu e mostrava uma cópia do texto de vendas em francês impecável que tinha colado no topo. A dona de casa ria, ele ria – e mostrava mais fotografias para ela. Quando H. V. Kaltenborn me contou isso, confessou que o trabalho estava longe de ser fácil. Havia uma única qualidade que o fazia progredir: sua determinação de tornar a atividade interessante. Toda manhã, antes de começar, ele fazia um discurso motivacional para si mesmo diante do espelho: *"Kaltenborn, você precisa fazer isso se quiser comer. Já que é necessário, por que não se divertir enquanto trabalha? A cada vez que tocar a campainha, por que não imaginar que você é um ator diante dos refletores, com uma plateia à sua frente? O que você está fazendo é tão engraçado quanto uma comédia no palco. Portanto, por que não colocar alegria nisso?"*

Kaltenborn me disse que aqueles discursos diários o ajudaram a transformar uma tarefa que um dia ele detestara em uma aventura agradável e altamente lucrativa.

Quando perguntei a ele se tinha algum conselho para os jovens dos Estados Unidos que estão em busca do sucesso, ele falou: "Sim: faça exercícios toda manhã. Falamos muito sobre a importância de exercícios para nos despertar do estado de semi-inconsciência em que muitos de nós andamos por aí, mas precisamos ainda mais de exercícios espirituais e mentais todas as manhãs, para nos motivar a agir. Faça um discurso estimulante para si mesmo todo dia."

Fazer um discurso estimulante para si mesmo todo dia é bobo, superficial, infantil? Não, pelo contrário, é a própria essência da boa psicologia. "Nossa vida é o que nossos pensamentos fazem dela." Essas palavras são tão verdadeiras hoje quanto eram quando o imperador romano Marco Aurélio as escreveu, em seu livro *Meditações*.

Ao falar consigo mesmo todas as horas do dia, você pode induzir a si próprio a nutrir pensamentos de coragem e felicidade, de poder e de paz. Ao falar consigo mesmo sobre as coisas pelas quais deve ser grato, pode encher sua mente com pensamentos que elevam e celebram.

Os pensamentos certos podem tornar qualquer trabalho menos desagradável. Seu chefe quer que você se interesse pelo que faz porque assim ele ganhará mais dinheiro. Mas esqueçamos o que o chefe quer. Pense somente nos benefícios que se interessar pelo seu trabalho fará *por você*. Isso pode dobrar a quantidade de felicidade que você extrai da vida, pois você passa cerca de metade do tempo acordado no trabalho; se não encontrar felicidade no trabalho, talvez nunca a encontre em lugar algum. Continue lembrando a si mesmo que se manter interessado por seu trabalho afastará sua mente de preocupações e, a longo prazo, talvez traga promoções e um salário mais alto. Mesmo que não faça isso, reduzirá seu cansaço ao mínimo e melhorará a qualidade do seu tempo livre.

28

Como não se preocupar com a insônia

VOCÊ SE PREOCUPA QUANDO não consegue dormir bem? Então talvez se interesse em saber que Samuel Untermyer, famoso advogado internacional, nunca teve uma noite decente de sono na vida.

Quando foi para a faculdade, Sam Untermyer se preocupava com dois males: asma e insônia. Como não conseguia curar nenhum dos dois, decidiu fazer o melhor que podia: tirar vantagem da falta de sono. Em vez de ficar rolando de um lado para outro na cama e de se preocupar até sofrer um colapso, ele se levantava e estudava. O resultado? Foi aprovado com mérito em todas as matérias e tornou-se um dos prodígios da Universidade da Cidade de Nova York.

Já praticando a advocacia, a insônia continuava. Mas Untermyer não se preocupava. "A natureza cuidará de mim", dizia. E cuidou. Apesar de dormir poucas horas, sua saúde permanecia boa e ele se revelou capaz de trabalhar com tanto afinco quanto qualquer outro jovem profissional da Ordem de Advogados de Nova York. Ou até com mais afinco, pois trabalhava enquanto os outros dormiam!

Aos 21 anos, Sam Untermyer estava ganhando 75 mil dólares por ano; jovens advogados corriam aos tribunais para estudar suas táticas. Em 1931, por sua atuação em um caso, ele recebeu 1 milhão de dólares. Provavelmente, os maiores honorários que um advogado da época recebeu.

Mas Sam ainda tinha insônia. Passava metade da noite lendo, levantava-se às cinco da manhã e começava a ditar cartas. Na hora em que a maioria das pessoas estava apenas começando sua jornada, o dia de trabalho *dele* já estava parcialmente concluído. Esse homem que teve raras noites boas de sono viveu até os 81 anos; se tivesse se deixado consumir pela preocupação com sua insônia, talvez tivesse se destruído.

Passamos um terço da nossa vida dormindo – contudo, ninguém

ainda compreende por completo o sono. Sabemos que é um hábito e um estado de repouso no qual a natureza nos cura das preocupações, mas não sabemos de quantas horas de sono cada indivíduo precisa.

Fantástico? Bem, durante a Primeira Guerra Mundial, Paul Kern, um soldado húngaro, levou um tiro que atravessou o lobo frontal de seu cérebro. Recuperou-se do ferimento, mas, curiosamente, não conseguia dormir. Não importava o que os médicos fizessem – e eles tentaram todo tipo de sedativo e narcótico, até hipnose –, Paul Kern não dormia. Nem mesmo ficava sonolento.

Os médicos diziam que Kern não viveria muito, mas ele os enganou: conseguiu um emprego e seguiu vivendo com ótima saúde por anos. Ele deitava, fechava os olhos e descansava, mas não dormia absolutamente nada. Seu caso era um mistério para a Medicina e subverteu muitas das nossas crenças a respeito do sono.

A necessidade de sono varia de uma pessoa para outra. O maestro Toscanini precisava de apenas cinco horas por noite, mas o ex-presidente americano Calvin Coolidge dormia 11 horas a cada 24. Em outras palavras, Toscanini dormiu aproximadamente um quinto da sua vida, enquanto Coolidge dormiu quase metade.

Preocupar-se com a insônia fará muito mais mal do que a insônia em si. Um dos alunos que frequentaram minhas aulas em Nova York – Ira Sandner, de Ridgefield Park, Nova Jersey – foi quase levado ao suicídio por sua insônia crônica.

"Achei que fosse enlouquecer", disse-me Ira Sandner. "No começo, eu dormia *profundamente demais* e não acordava quando o despertador tocava. Com isso, chegava sempre atrasado ao trabalho pela manhã. Eu me preocupava com isso – e meu chefe me avisou que eu *precisaria* chegar na hora. Se continuasse dormindo além da hora, seria demitido."

Quando relatou o problema a amigos, Ira Sandner ouviu o que pareceu um bom conselho. Na verdade, não era.

"Um amigo sugeriu que eu me concentrasse intensamente no despertador antes de dormir. Foi isso que desencadeou a insônia. O tique-taque daquele maldito despertador tornou-se uma obsessão. Ele me mantinha acordado, rolando na cama, a noite inteira! Pela manhã, eu estava quase doente de cansaço e preocupação. Isso durou oito semanas. Não consigo descrever os tormentos que vivi. Às vezes, andava de um lado para outro durante horas, sem parar. Por pouco não saltei pela janela e pus um fim a tudo aquilo!"

Ele decidiu procurar um médico que o conhecia desde criança. O médico disse:

"Ira, não posso ajudar você. Ninguém pode, pois você causou isso a si próprio. Vá para a cama à noite e, caso não consiga dormir, esqueça o assunto. Apenas diga a si mesmo: 'Não dou a mínima se eu *não* dormir. Está tudo certo comigo se eu ficar deitado acordado até de manhã.' Mantenha os olhos fechados e repita: 'Desde que eu apenas fique deitado, quieto e não me preocupe com isso, será um descanso de todo modo.'"

Foi o que Sandner fez. Em duas semanas, ele passou a se sentir sonolento. Em menos de um mês, estava dormindo oito horas e seus nervos haviam voltado ao normal.

Não era a insônia que estava matando Ira Sandner; era a preocupação dele com a insônia.

O Dr. Nathaniel Kleitman, cientista do sono e professor da Universidade de Chicago, realizou mais pesquisas sobre esse assunto do que qualquer outro estudioso da sua época. Pois ele declarou que jamais conheceu alguém que tenha morrido de insônia. Uma pessoa pode se preocupar com insônia a ponto de enfraquecer sua resistência e morrer pela ação de germes, mas o problema seria a preocupação, não a insônia em si.

O Dr. Kleitman também disse que as pessoas que se preocupam com insônia geralmente dormem muito mais do que percebem. O homem que jura que não pregou os olhos à noite pode ter dormido horas sem saber. Um dos pensadores mais profundos do século XIX, Herbert Spencer era um velho solteirão, morava em uma pensão e entediava a todos com seu papo sobre insônia. Ele até colocava tampões nos ouvidos para reduzir o barulho e se acalmar. Às vezes, tomava ópio para induzir o sono. Certa noite, ele e o professor Sayce, da Universidade de Oxford, dividiram o quarto em um hotel. Na manhã seguinte, Spencer afirmou que não pregara os olhos a noite toda. Na verdade, quem não dormiu foi o professor Sayce – por causa dos roncos de Spencer!

O primeiro requisito para uma boa noite de sono é a sensação de segurança. Precisamos sentir que algum poder maior velará por nós até o amanhecer. O Dr. Thomas Hyslop, do asilo Great West Rising, enfatizou esse ponto em uma palestra para profissionais da Associação Médica Britânica. Ele disse: "Um dos melhores agentes indutores do sono que meus anos de prática me revelaram é a *oração*. Digo isso puramente como médico. O exercício da oração entre aqueles que o praticam habitualmente deve ser considerado como o mais adequado e normal de todos os relaxantes da mente e tranquilizantes."

Ele concluiu assim: "Permita que Deus atue e se entregue."

A cantora e atriz Jeanette MacDonald me contou que, quando estava deprimida, preocupada e com dificuldade para adormecer, se sentia segura repetindo o Salmo 23: "O Senhor é meu pastor, nada me faltará. Deita-me em verdes pastos, guia-me mansamente por águas tranquilas..."

Se você não é religioso, pode aprender a relaxar por meio de atitudes. O Dr. David Harold Fink, que escreveu *Domine o seu sistema nervoso*, afirma que a melhor maneira de relaxar é *falar* com seu corpo. Ele acredita que as palavras são a chave para todo tipo de hipnose; portanto, quando uma pessoa não consegue dormir com frequência, é porque *falou para si mesma* que teria insônia. A cura consiste em "desipnotizar" a si próprio falando para os músculos do seu corpo: "Se solte... Se solte... Se descontraia e relaxe." Já sabemos que a mente e os nervos não conseguem relaxar enquanto os músculos estão tensos – portanto, se você quer dormir, comece pelos músculos. O Dr. Fink recomenda colocar um travesseiro sob os joelhos, para aliviar a tensão nas pernas, e pequenos travesseiros sob os braços, pelo mesmo motivo. Depois, ao dizer para mandíbula, olhos, braços e pernas relaxarem, caímos no sono antes de perceber que isso aconteceu. Eu testei, e funciona.

Uma das melhores curas para a insônia é cansar-se fisicamente com jardinagem, esportes ou o simples trabalho físico exaustivo. Isso era o que Theodore Dreiser fazia. Quando era um jovem escritor batalhando pelo reconhecimento, ele chegou a se preocupar com a insônia. Conseguiu um emprego na manutenção da Linha Férrea Central de Nova York e, depois de um dia inteiro pregando dormentes e espalhando cascalho com uma pá, estava tão exausto que mal conseguiu ficar acordado até a hora do jantar.

Se nos cansarmos o suficiente, a natureza nos obrigará a dormir mesmo enquanto caminhamos. Quando eu tinha 13 anos, meu pai despachou um vagão cheio de porcos gordos para Saint Joe, Missouri. Como recebeu duas passagens de trem gratuitas, levou-me com ele. Eu nunca estivera em uma cidade com mais de 4 mil habitantes. Quando desembarquei em Saint Joe, uma cidade de 60 mil habitantes, fiquei muito empolgado com prédios de seis andares e – a maravilha das maravilhas – um bonde. Se eu fechar os olhos hoje, ainda ouço aquele bonde. Depois do dia mais empolgante da minha vida, meu pai e eu pegamos um trem de volta para Ravenwood, Missouri. Chegamos lá às duas da manhã e precisamos caminhar mais de 6 quilômetros até a fazenda. A questão é: eu estava tão exausto que dormi e sonhei enquanto caminhava. Muitas vezes, adormeci cavalgando. E estou vivo para contar!

Quando estão completamente exaustos, os homens dormem apesar do barulho, do horror e do perigo da guerra. O Dr. Foster Kennedy, famoso neurologista, me contou que, durante a retirada do Quinto Exército britânico em 1918, viu soldados tão exaustos que despencavam onde estavam e mergulhavam em um sono quase tão profundo quanto um coma. Não acordavam nem quando o Dr. Kennedy puxava suas pálpebras. Ao tentar abrir os olhos dos soldados, o neurologista percebeu que, invariavelmente, as pupilas estavam voltadas para cima, dentro das órbitas. "Desde então, sempre que tinha dificuldade para dormir, eu deslocava os globos oculares para essa posição. Em poucos segundos começava a bocejar e a ficar sonolento. Era um reflexo automático."

Nenhum homem escolheu recusar-se a dormir como tática para cometer suicídio. Isso jamais acontecerá. A natureza nos obriga a adormecer, dobrando nossa força de vontade. Somos capazes de viver por um tempo sem água e sem comida, mas nunca sem dormir.

Por falar em suicídio, me recordo de um caso que o Dr. Henry C.

Link descreve em seu livro *The Rediscovery of Man* (A redescoberta do homem). O Dr. Link era vice-presidente da The Psychological Corporation e entrevistou muitas pessoas preocupadas e deprimidas. Em seu capítulo sobre "Como superar medos e preocupações", ele menciona um paciente que queria cometer suicídio. O Dr. Link sabia que discutir só pioraria a situação, então disse para o homem: "Se você vai se matar de qualquer jeito, poderia pelo menos escolher um modo heroico. Corra em volta do quarteirão até cair morto."

O homem acatou a sugestão não uma, mas várias vezes, e a cada vez se sentia melhor mentalmente, ainda que não nos músculos. Na terceira noite, ele chegou ao ponto que o Dr. Link previra desde o começo: seu corpo estava tão cansado (e fisicamente tão relaxado) que o paciente dormiu como uma pedra. Depois, ingressou em um clube de atletismo e começou a participar de competições esportivas. Em pouco tempo estava se sentindo tão bem que queria viver para sempre!

Portanto, aqui estão as cinco regras para não se preocupar com a insônia:

1. **Se você não conseguir dormir, faça como Samuel Untermyer: levante-se e trabalhe ou leia até ficar com sono.**
2. **Lembre-se de que ninguém jamais morreu por falta de sono. Em geral, preocupar-se com a insônia faz muito mais mal do que a insônia em si.**
3. **Tente rezar – ou repetir o Salmo 23, como fazia Jeanette MacDonald.**
4. **Relaxe o corpo.**
5. **Pratique exercícios. Deixe seu corpo cansado a ponto de você não conseguir ficar acordado.**

PARTE SETE

EM RESUMO

SEIS MANEIRAS DE EVITAR O CANSAÇO E A PREOCUPAÇÃO E PRESERVAR A ENERGIA E O ÂNIMO

REGRA 1

Descanse antes de ficar cansado.

REGRA 2

Aprenda a relaxar no trabalho.

REGRA 3

Aprenda a relaxar em casa.

REGRA 4

Aplique estes quatro bons hábitos de trabalho:

a. **Tire da sua mesa todos os papéis, exceto aqueles relacionados ao problema que você precisa resolver agora.**
b. **Faça as coisas segundo a ordem de importância.**
c. **Quando surgir um problema, resolva-o na hora se tiver os recursos para isso. Não adie decisões.**
d. **Aprenda a organizar, a delegar e a supervisionar.**

REGRA 5

Para evitar preocupações e cansaço, realize seu trabalho com entusiasmo.

REGRA 6

Lembre-se: ninguém jamais morreu por falta de sono. É se preocupar com a insônia que faz mal – e não a insônia em si.

PARTE OITO

“Como venci as preocupações”

31 HISTÓRIAS REAIS

Seis grandes problemas ao mesmo tempo

por C. I. BLACKWOOD

NO VERÃO DE 1943, eu tinha a sensação de que metade das preocupações do mundo tinha desabado sobre meus ombros.

Durante mais de 40 anos eu tinha levado uma vida normal e despreocupada, lidando apenas com os problemas habituais de qualquer marido, pai e empresário. Em geral, conseguia resolvê-los com facilidade, mas de repente seis grandes problemas aconteceram comigo ao mesmo tempo. Eu me revirava e me contorcia na cama a noite toda. A cada amanhecer, eu sabia que teria que enfrentar estas seis grandes preocupações:

1. Minha faculdade de Administração estava à beira da falência porque todos os rapazes foram convocados para a guerra. A maioria das moças ganhava mais em fábricas de materiais bélicos, sem necessidade de formação, do que em escritórios.
2. Meu filho mais velho estava prestando o serviço militar. Eu tinha a preocupação comum a todos os pais cujos filhos estavam lutando na guerra, de gelar o coração.
3. A cidade de Oklahoma já iniciara o processo para desapropriar uma grande área para a construção de um aeroporto e minha casa – que antes fora do meu pai – localizava-se no centro dessa área. Eu sabia que me pagariam um décimo do valor de mercado e, o que era ainda pior, estava preocupado se conseguiria encontrar outra casa para abrigar minha família de seis pessoas. E se tivéssemos que morar em uma barraca? Aliás, eu teria condições de comprar uma barraca?
4. O poço d'água na minha propriedade secou porque escavaram um canal de drenagem perto da minha casa. Abrir um novo seria jogar fora 500 dólares, pois a terra logo seria desapropriada. Durante dois meses, precisei carregar água em baldes para meu rebanho

toda manhã. Tinha medo de ter que continuar fazendo isso até o final da guerra.

5. Eu morava a 16 quilômetros da minha faculdade e não tinha dinheiro para comprar pneus novos para o meu carro. Eu me preocupava com o seguinte: como conseguiria chegar ao trabalho quando os pneus gastos do velho Ford acabassem de vez?
6. Minha filha mais velha tinha se formado no ensino médio. Ela estava decidida a ir para a faculdade e eu simplesmente não tinha dinheiro para bancar o curso. Eu sabia que ela ficaria arrasada.

Certa tarde, sentado no meu escritório me preocupando com as minhas preocupações, decidi colocar todas no papel, pois parecia que ninguém tinha mais preocupações do que eu. Eu não me importava em enfrentar problemas desafiadores, que me dariam uma oportunidade de quebrar a cabeça até solucioná-los, mas aquelas preocupações pareciam totalmente fora do meu controle. Eu não podia fazer nada para eliminá-las. Portanto, arquivei a lista de problemas e, com o tempo, me esqueci dela. Dezoito meses depois, enquanto transferia meus arquivos, encontrei a tal lista de novo e a reli com bastante interesse. Isso me fez bem: percebi, naquele momento, que nenhum deles se tornara realidade.

Eis o que aconteceu com eles:

1. Todas as minhas preocupações sobre fechar minha faculdade de Administração revelaram-se inúteis. O governo começou a pagar cursos de Administração para veteranos de guerra e em pouco tempo minha faculdade estava funcionando em sua capacidade máxima.
2. Minhas preocupações sobre meu filho no serviço militar tinham sido inúteis: ele estava superando os horrores de guerra sem nenhum arranhão.
3. A desapropriação não se consumou: descobriram petróleo a menos de 2 quilômetros da minha fazenda e o custo da aquisição de terras para a construção de um aeroporto se tornou proibitivo.
4. Assim que eu soube que minhas terras não seriam desapropriadas, gastei o dinheiro necessário para escavar um novo poço, mais profundo, e encontrei um suprimento inesgotável de água.

5. Com recauchutagem e direção cautelosa, os pneus, de alguma maneira, não se desgastaram em excesso.
6. Apenas 60 dias antes do início das aulas na faculdade que minha filha queria cursar, ofereceram-me – quase como um milagre – um trabalho de auditoria que eu poderia realizar em horários alternativos. Graças a esse trabalho, pude enviá-la para a faculdade dentro do prazo.

Muitas vezes ouvi que 99% das coisas com que nos preocupamos e que nos deixam ansiosos e aflitos nunca acontecem, mas esse velho ditado não significava muito para mim até eu encontrar aquela lista de preocupações escrita em uma tarde triste, 18 meses antes.

Hoje, sou grato por ter lutado em vão contra aquelas seis preocupações terríveis. A experiência me ensinou uma lição que jamais esquecerei: a tolice e a tragédia de se afligir com eventos que não aconteceram – que estão além do nosso controle e podem nunca acontecer.

Hoje é o amanhã com o qual você se preocupou ontem. Pergunte a si mesmo: como SEI que aquilo com que me preocupo hoje realmente acontecerá?

Como me tornei um otimista vibrante em uma hora

por ROGER W. BABSON, economista

Quando as condições do mundo atual me deprimem, sou capaz de, em uma hora, eliminar as preocupações e me tornar um otimista dos mais vibrantes.

Eis como faço isso: entro na minha biblioteca, fecho os olhos e caminho até as prateleiras onde ficam os livros sobre história. Com os olhos ainda fechados, pego um livro ao acaso, que tanto pode ser *The Conquest of Mexico* (A conquista do México), de Prescott, como *A vida dos doze césares*, de Suetônio. Sem abrir os olhos, escolho uma página ao acaso. Então finalmente abro os olhos e leio por uma hora; quanto mais leio, mais vividamente me dou conta de que o mundo sempre esteve em agonia e a civilização, à beira do abismo. As páginas da história escancaram contos trágicos de guerra, fome, pobreza e peste, e da desumanidade do homem com o próprio homem. Depois de ler sobre história por uma hora, me convenço de que, por piores que sejam as condições de agora, são infinitamente melhores do que as de antes. Isso me permite ver meus problemas atuais pela perspectiva apropriada. Constato que o mundo, como um todo, está melhorando de modo constante.

Eis um método que merece um capítulo inteiro: leia sobre história. Tente entender como era o mundo há 10 mil anos – e veja como SEUS problemas são triviais diante da eternidade!

Como me livrei do complexo de inferioridade

por ELMER THOMAS, ex-senador americano

QUANDO EU TINHA 15 ANOS, vivia atormentado por preocupações, medos e constrangimentos. Era extremamente alto para minha idade e magro como um palito: tinha 1,85 metro e pesava apenas 59 quilos. Apesar da minha altura, eu era fraco e nunca conseguia competir com os outros garotos no beisebol ou em jogos que envolviam corridas. Eles zombavam de mim e me chamavam de magricela. De tão preocupado e constrangido, eu tinha horror de encontrar qualquer pessoa. De fato, era raro encontrar alguém, pois nossa fazenda ficava distante da estrada principal e era cercada por uma densa mata virgem. Morávamos a 800 metros da estrada; com frequência, eu passava uma semana sem ver ninguém exceto meus pais e meus irmãos.

Eu teria fracassado na vida se tivesse deixado essas preocupações e esses medos me derrotarem. Todo dia, e toda hora de cada dia, eu ruminava sobre meu corpo alto, macilento e frágil. Mal conseguia pensar em outra coisa. Meu constrangimento e meu temor eram tão intensos que é quase impossível descrevê-los. Minha mãe sabia como me sentia. Ela tinha sido professora, então disse para mim: "Filho, você deve estudar e ganhar a vida com o seu intelecto, pois seu corpo sempre será uma desvantagem."

Como meus pais não tinham condições de me mandar para a faculdade, eu sabia que precisaria trilhar meu próprio caminho. Portanto, cacei e capturei em armadilhas gambás, visons e guaxinins durante um inverno; vendi a pele desses animais por 4 dólares na primavera e com esses 4 dólares comprei dois porquinhos. Alimentei-os primeiro com lavagem, depois com milho e os vendi por 40 dólares no outono seguinte. Com o dinheiro da venda dos dois porcos, fui para a Central Normal College, que ficava em Danville, Indiana. Eu gastava 1,40 dólar por semana com alimentação e 50 centavos por semana com meu quarto. Vivia com uma camisa marrom que minha mãe tinha feito para mim (obviamente, ela escolheu tecido marrom para que a sujeira não aparecesse). Usava um terno que tinha pertencido ao meu pai. As roupas dele não cabiam em mim, nem suas botas com elástico nas laterais que esticavam quando eu punha no pé. Mas uma das faixas perdera a elasticidade fazia tempo e os sapatos eram tão largos que saíam dos meus pés quando eu caminhava. Eu estava constrangido demais para me juntar aos outros estudantes, então ficava no meu quarto sozinho, estudando. Meu desejo mais profundo era comprar roupas que coubessem em mim, roupas das quais eu não sentisse vergonha. Pouco depois disso, ocorreram quatro episódios que me ajudaram a superar minhas preocupações e meu sentimento de inferioridade. Um deles me encheu de coragem, esperança e confiança e mudou todo o restante da minha vida. Vou descrevê-los brevemente.

Primeiro: depois de apenas oito semanas na escola normal, fiz um exame e recebi um certificado para dar aula em escolas públicas rurais. O certificado tinha validade de apenas seis meses, mas era uma prova inegável de que alguém acreditava em mim – a primeira prova de fé que eu recebera de alguém além da minha mãe.

Segundo: a diretoria de uma escola rural em um lugar chamado Happy Hollow me contratou para trabalhar por um salário de 2 dólares por dia, ou 40 dólares por mês. Mais uma prova de que alguém tinha fé em mim.

Terceiro: assim que recebi meu primeiro salário, comprei algumas roupas numa loja – roupas que eu não sentia vergonha de vestir. Se alguém me desse 1 milhão de dólares agora, minha empolgação não seria nem metade daquela que senti com a compra daquelas peças que me custaram apenas alguns dólares.

Quarto: o divisor de águas real na minha vida, a primeira grande vitória na minha luta contra o constrangimento e a inferioridade, ocorreu na Feira do Condado de Putnam, realizada todo ano em Bainbridge, Indiana. Minha mãe tinha implorado para que eu entrasse no concurso de oratória que haveria na feira. Para mim, a própria ideia parecia absurda: eu não tinha coragem de falar com uma pessoa, quanto mais para uma multidão. Mas a fé que minha mãe tinha em mim era quase patética. Ela tinha grandes sonhos para o meu futuro, e sua fé me inspirou a entrar no concurso. Escolhi como tema praticamente a última coisa no mundo sobre a qual eu estava qualificado para falar: "As belas-artes e as artes liberais nos Estados Unidos". Para ser franco, quando comecei a preparar o discurso, eu não sabia o que eram artes liberais, mas não importava muito, pois meu público também não sabia. Memorizei meu discurso cheio de floreios e ensaiei-o 100 vezes diante das árvores e das vacas. Estava tão ansioso para fazer uma boa apresentação e agradar minha mãe que devo ter falado com emoção e obtive o primeiro lugar. Fiquei perplexo! A multidão me ovacionou. Os mesmos garotos que tinham me ridicularizado um dia e me chamado de magricela agora me davam tapinhas nas costas e diziam: "Eu sabia que você podia fazer isso, Elmer." Minha mãe me abraçou e chorou. Os jornais locais publicaram um artigo sobre mim na primeira página e profetizaram um futuro de grande sucesso. Em retrospecto, vencer aquele concurso de oratória foi o ponto de virada na minha vida: me colocou no mapa local, me deu prestígio e, o que é ainda mais importante, multiplicou por 100 minha autoconfiança. Hoje creio que, se não tivesse vencido aquele concurso, eu dificilmente teria me tornado senador dos Estados Unidos, pois ele clareou minha visão, ampliou meus horizontes e me mostrou que eu tinha capacidades latentes que jamais sonhara possuir. E o mais importante: o primeiro prêmio no concurso de oratória era uma bolsa de estudos de um ano na Central Normal College.

Eu ansiava por mais educação. Portanto, nos anos seguintes – de 1896 a 1900 –, dividi meu tempo entre dar aulas e estudar. Para pagar minhas despesas na Universidade DePauw, trabalhei como garçom, cuidei de fornalhas, aparei gramados, fiz contabilidade, trabalhei nos campos de trigo e de milho durante o verão e transportei cascalho para a construção de uma estrada.

Em 1896, quando tinha apenas 19 anos, fiz 28 discursos pedindo votos para a candidatura de Williams Jennings Bryan à presidência. A empolgação de discursar a favor de Bryan despertou em mim o desejo de entrar para a política. Portanto, quando ingressei na Universidade DePauw, estudei Direito e Oratória. Em 1899, representei a universidade em um debate com a Butler College, realizado em Indianápolis, sobre o voto popular para eleição de senadores nos Estados Unidos. Venci outros concursos de oratória e me tornei editor-chefe do anuário da turma de 1900 da faculdade, *The Mirage*, e do jornal da universidade, *The Palladium*.

Depois de receber meu diploma de bacharel em Artes pela DePauw, segui o conselho de Horace Greeley – só que não fui para o Oeste, e sim para o Sudoeste. Encontrei um novo país: Oklahoma. Quando a Reserva Indígena Kiowa, Comanche e Apache foi criada, fiz uma petição e abri um escritório de advocacia em Lawton, Oklahoma. Servi no Senado do estado de Oklahoma por 13 anos e por quatro na Câmara de Representantes. Aos 50 anos, em 4 de março de 1927, realizei minha ambição de toda a vida: fui eleito para o Senado dos Estados Unidos, pelo estado de Oklahoma. Desde que Oklahoma e os Territórios Indígenas se tornaram o estado de Oklahoma, em 16 de novembro de 1907, recebo honrarias frequentes dos democratas do meu estado, que indicaram meu nome várias vezes – primeiro para o Senado estadual, depois para Câmara de Representantes nacional e, mais tarde, para o Senado nacional.

Contei essa história não para me gabar das minhas conquistas fugazes, que talvez não interessem a mais ninguém. Contei-as na esperança de que renove a coragem e a confiança de algum jovem que, neste momento, esteja sofrendo com preocupações, timidez e complexo de inferioridade, sentimentos que devastavam minha vida quando eu usava as roupas descartadas do meu pai e botas de elástico que saíam dos pés quando eu caminhava.

(Nota do editor: Elmer Thomas, que sentia tanta vergonha das roupas que mal lhe serviam quando jovem, foi, mais tarde, eleito o homem mais bem-vestido do Senado dos Estados Unidos.)

Vivi no Jardim de Alá

por R. V. C. BODLEY, autor de Vento do Saara e outros livros

EM 1918, dei as costas para o mundo que eu conhecia, fui para o noroeste da África e vivi com os árabes no Saara, o Jardim de Alá, durante sete anos. Aprendi a falar a língua dos nômades. Usava as roupas deles, comia a mesma comida e adotei seu modo de vida, que pouco mudou nos últimos 20 séculos. Tornei-me proprietário de uma ovelha e dormi no chão, nas barracas dos árabes. Também fiz um estudo detalhado da religião que seguem e escrevi um livro sobre Maomé, intitulado *The Messenger* (O mensageiro).

Os sete anos que compartilhei com esses pastores nômades foram os mais tranquilos e felizes da minha vida.

Eu vinha de uma experiência rica e diversificada: nasci em Paris, filho de pais ingleses, e morei na França por nove anos. Fui educado na Eton College e na Royal Military College, em Sandhurst. Depois, passei seis anos como oficial do Exército britânico na Índia, onde, além de minhas funções como militar, joguei polo, cacei e explorei o Himalaia. Lutei na Primeira Guerra Mundial e, quando ela chegou ao fim, fui enviado para a Conferência de Paz de Paris como adido militar assistente. Fiquei chocado e decepcionado com o que vi ali. Durante os quatro anos de massacres no front ocidental, acreditei que estávamos lutando para salvar a civilização. Na Conferência de Paris, vi políticos egoístas estabelecendo as bases para a Segunda Guerra Mundial – cada país buscando vantagens para si, gerando antagonismos entre nações e revivendo as intrigas da diplomacia secreta.

Eu estava enojado da guerra, do Exército e da sociedade. Pela primeira vez na minha carreira, passei noites insones, preocupado com o que fazer da minha vida. Lloyd George sugeriu que eu ingressasse na política. Eu estava cogitando seguir esse conselho quando aconteceu algo estranho, que moldou e determinou minha vida pelos sete anos seguintes: uma conversa rápida, de pouco mais de três minutos, com "Ted" Lawrence, o "Lawrence da Arábia", a figura mais exuberante e romântica produzida pela Primeira Guerra Mundial. Lawrence vivera no deserto com os árabes e me aconselhou a fazer o mesmo.

A princípio, soou como algo fantástico. Contudo, eu tinha decidido deixar o Exército e precisava de novos rumos. Empregadores civis não queriam contratar homens como eu – ex-oficiais militares –, especialmente quando o mercado de trabalho estava saturado com milhões de desempregados. Portanto, fiz o que Lawrence sugeriu: fui viver com os árabes. Estou feliz por ter seguido aquele conselho. Os árabes me ensinaram a vencer as preocupações. Como todos os muçulmanos fiéis, eles são fatalistas; acreditam que cada palavra de Maomé no Corão é a revelação divina de Alá. Portanto, quando o Corão diz "Deus criou você e todas as suas ações", eles aceitam essas palavras literalmente. É por isso que levam a vida de modo tão tranquilo e jamais se apressam ou ficam irritados sem necessidade quando as coisas dão errado. Sabem que ninguém além de Deus pode alterar qualquer coisa. Isso, porém, não significa que fiquem paralisados diante de desastres. Certa vez, quando eu vivia no Saara, enfrentamos uma tempestade feroz e escaldante do siroco, o vento que sopra no Norte da África. Durou três dias e noites. Era tão forte que levou areia do Saara por centenas de quilômetros através do Mediterrâneo até o vale do Ródano, na França. O vento era tão quente que eu tinha a sensação de que meu cabelo estava sendo chamuscado. Minha garganta estava seca. Meus olhos ardiam. Meus dentes estavam cheios de areia. Era como se eu estivesse de pé diante de uma fornalha em uma fábrica de vidro. Cheguei ao mais perto da loucura a que se pode ser levado sem perder a sanidade. Mas os árabes não reclamavam; apenas davam de ombros e diziam "*Maktub!*" – "Está escrito".

Logo que a tempestade terminou, eles entraram em ação: mataram todas as ovelhas, pois sabiam que elas morreriam de qualquer jeito; assim, esperavam salvar o rebanho. Os animais remanescentes foram conduzidos para o sul em busca de água. Isso tudo foi feito tranquilamente, sem preocupações, reclamações ou lamentações pelas perdas. O chefe da tribo disse: "Não é tão ruim assim. Poderíamos ter perdido tudo. Graças a Alá, ainda temos 40% de nosso rebanho para recomeçar."

Em outra ocasião, estávamos viajando de carro pelo deserto e um pneu estourou. O motorista havia esquecido de remendar o estepe. Reclamei, fiquei com raiva e perguntei aos árabes o que faríamos. Eles me lembraram que ficar irritado não ajudaria em nada; o pneu estourado, disseram, era a vontade de Alá e nada podia ser feito a respeito. Portanto, partimos, nos arrastando lentamente no aro de uma roda. Então o carro engasgou e parou. Estávamos sem gasolina! O chefe apenas comentou: "*Maktub!*" Mais uma vez, não brigaram com o motorista por não ter providenciado gasolina suficiente; permaneceram calmos. Seguimos a pé até o nosso destino, cantando pelo caminho.

Os sete anos que passei com os árabes me mostraram que os neuróticos, os insanos e os bêbados dos Estados Unidos e da Europa são fruto da vida apressada que levamos em nossa "civilização".

Enquanto vivi no Saara, não me preocupei. Encontrei no Jardim de Alá o contentamento sereno e o bem-estar físico que tantos de nós procuramos com tensão e desespero.

Muitas pessoas desdenham do fatalismo. Talvez estejam certas. Quem sabe? Mas todos devemos aceitar que, muitas vezes, nosso destino já está determinado. Por exemplo, se eu não tivesse falado com Lawrence da Arábia por três minutos em um dia quente de agosto de 1919, todos os anos desde então teriam sido completamente diferentes. Em retrospecto, vejo agora como minha vida foi moldada repetidas vezes por eventos muito além do meu controle. Os árabes chamam isso de *maktub*, *kismet* – a vontade de Alá. Chame como quiser. Só sei que hoje, 17 anos depois de deixar o Saara, ainda mantenho aquela feliz resignação diante do inevitável que aprendi com os árabes. Essa filosofia fez mais para me acalmar do que mil sedativos.

Quando os ventos ferozes e ardentes varrerem nossa vida e não houver nada que possamos fazer para impedir, aceitemos o inevitável (ver Parte 3, Capítulo 9). Depois, será tempo de agir e recolher os destroços!

Cinco métodos que usei para eliminar preocupações

por WILLIAM LYON PHELPS, professor

[Tive o privilégio de passar uma tarde com Billy Phelps, da Universidade Yale, pouco antes de sua morte. Aqui estão os cinco métodos que ele usava para eliminar preocupações. O texto é baseado nas anotações que fiz durante a entrevista. – Dale Carnegie]

I. Quando eu tinha 24 anos, meus olhos pararam de funcionar de repente. Depois de ler por três ou quatro minutos, era como se houvesse agulhas neles; mesmo quando eu não estava lendo, ficavam tão sensíveis que eu não conseguia olhar para uma janela. Consultei os melhores oftalmologistas em New Haven e em Nova York. Nada parecia me ajudar. Depois das quatro da tarde, eu me sentava no canto mais escuro do quarto e aguardava a hora de dormir. Estava aterrorizado. Temia ter que desistir da minha carreira de professor e ir para o Oeste trabalhar como lenhador. Então aconteceu algo estranho, que mostra os efeitos milagrosos da mente sobre males físicos. Em um inverno triste, quando meus olhos estavam ruins como nunca, aceitei um convite para fazer um discurso para um grupo de universitários. As luzes do salão provocavam dores tão intensas que, enquanto esperava a minha vez de falar, eu olhava para o chão. Porém, durante meu discurso de 30 minutos, não senti nenhuma dor e consegui olhar diretamente para aquelas luzes sem piscar. Quando o encontro terminou, meus olhos começaram a doer de novo.

Naquele momento, pensei que, se conseguisse manter minha mente intensamente concentrada em algo, não por 30 minutos, mas por uma semana, eu poderia ser curado. Ficou claro que era um caso de excitação mental triunfando sobre uma doença física.

Passei por uma experiência parecida depois. Durante uma travessia oceânica, tive uma crise de lombalgia tão grave que não conseguia andar. Mesmo sentado ereto, sentia uma dor extrema. Naquele estado, fui convidado a fazer uma palestra a bordo. Assim que comecei a falar, todo resquício de dor e de rigidez desapareceu: fiquei de pé, movimentei-me com perfeita flexibilidade e falei por uma hora. Quando a palestra terminou, caminhei com facilidade até minha cabine. Por um momento, achei que estivesse curado. Mas a cura foi temporária: a crise voltou.

Essas experiências me convenceram da importância da atitude mental e me ensinaram a aproveitar a vida. Hoje vivo cada dia como se fosse o primeiro e o último. A aventura diária de viver desperta em mim entusiasmo, e ninguém nesse estado será perturbado por preocupações. Amo meu trabalho de professor. Escrevi um livro chamado *The Excitement of Teaching* (A empolgação de lecionar). Ensinar sempre foi mais do que uma arte ou uma ocupação para mim; é uma paixão. Amo ensinar como um pintor ama pintar ou um cantor ama cantar. Antes de me levantar da cama de manhã, penso com muita alegria no meu primeiro grupo de alunos. Entusiasmo é um dos principais combustíveis para se alcançar o sucesso na vida.

II. Descobri que consigo expulsar preocupações da minha cabeça lendo um livro envolvente. Aos 59 anos, sofri um colapso nervoso prolongado. Nesse período, comecei a ler o monumental *The Life of Carlyle* (A vida de Carlyle), de David Alec Wilson. Foi muito importante para a minha convalescença: fiquei tão absorto na leitura que esqueci meu desânimo.

III. Certa vez, quando estava muito deprimido, me obriguei a ficar fisicamente ativo por quase todas as horas do dia. Eu jogava cinco ou seis sets de tênis toda manhã, tomava um banho, almoçava e passava a tarde no campo de golfe. Nas noites de sexta-feira, dançava até uma da manhã. Acredito no poder do suor; descobri que a depressão e a preocupação escorrem para fora do meu corpo quando transpiro.

IV. Aprendi há muito tempo a evitar bobagens como me apressar, correr e trabalhar sob tensão. Sempre tentei aplicar a filosofia de Wilbur Cross. Quando ele era governador de Connecticut, me disse: "Às vezes, quando tenho coisas demais para fazer ao mesmo tempo, sento-me, relaxo, fumo meu cachimbo por uma hora e não faço nada."

V. Também aprendi que nossos problemas se resolverão com paciência e tempo. Quando estou preocupado com alguma coisa, tento buscar uma perspectiva adequada. Digo a mim mesmo: "Daqui a dois meses, não estarei me preocupando com esse momento ruim; portanto, por que me preocupar com ele agora? Por que não adotar agora a mesma atitude que terei daqui a dois meses?"

Em resumo, estes são os cinco segredos do professor Phelps para eliminar preocupações:

I. *Viver com gosto e entusiasmo*: "Vivo cada dia como se fosse o primeiro e o último."

II. *Ler um livro interessante*: "Quando sofri um colapso nervoso prolongado (...) comecei a ler *The Life of Carlyle* e fiquei tão absorto na leitura que esqueci meu desânimo."

III. *Praticar esportes*: "Quando estava muito deprimido, me obriguei a ficar fisicamente ativo por quase todas as horas do dia."

IV. *Relaxar enquanto trabalha:* "Aprendi há muito tempo a evitar bobagens como me apressar, correr e trabalhar sob tensão."

V. *Tentar ver os problemas pela perspectiva adequada:* "Digo a mim mesmo: 'Daqui a dois meses, não estarei me preocupando com este momento ruim; portanto, por que me preocupar com ele agora? Por que não adotar agora a mesma atitude que terei daqui a dois meses?'"

Fiquei firme ontem. Posso ficar firme hoje também

por DOROTHY DIX

JÁ ESTIVE NAS PROFUNDEZAS da pobreza e da doença. Quando as pessoas me perguntam o que me fez seguir em frente, sempre respondo: "Fiquei firme ontem. Posso ficar firme hoje também. E não me permitirei pensar sobre o que *pode* acontecer amanhã."

Conheci necessidade e dificuldade, ansiedade e desespero. Sempre precisei trabalhar além do limite das minhas forças. Em retrospecto, vejo minha vida como um campo de batalha onde jazem sonhos mortos, esperanças quebradas e ilusões estilhaçadas. Nessa batalha, todas as probabilidades sempre estiveram contra mim, o que me deixou cicatrizes, hematomas e mutilações. Envelheci antes do tempo.

Contudo, não sinto pena de mim mesma. Não choro pelo passado e por tristezas que se foram; não tenho inveja das mulheres que não passaram pelo que passei. Pois eu vivi; elas apenas existiram. Bebi da vida até o último gole; elas apenas bebericaram a superfície. Sei de coisas que elas nunca saberão. Vejo o que não enxergam: somente as mulheres cujos olhos foram limpos por lágrimas têm a visão abrangente que nos faz irmãs de todo o mundo.

Aprendi na grande Universidade dos Golpes Duros uma filosofia que uma mulher cuja vida foi fácil jamais adquire. Aprendi a viver cada dia da maneira que ele vier e a não me preocupar com o amanhã. É a ameaça sombria da imaginação que nos faz covardes. Afastei esse receio de mim, pois a experiência me ensinou que, quando chegar a hora que tanto temo, terei força e sabedoria para enfrentá-la. Pequenos incômodos não têm mais o poder de me afetar. Depois que você viu o edifício da sua felicidade se despedaçar em ruínas ao seu redor, não mais se importará com pequenas falhas dos criados.

Aprendi a não esperar muito das pessoas; dessa maneira, ainda posso ser feliz ao lado do amigo que não é muito sincero ou do conhecido que faz fofocas. Acima de tudo, adquiri senso de humor, pois houve muitas situações diante das quais precisei escolher entre rir ou chorar. E, quando uma mulher consegue brincar sobre seus problemas em vez de entrar em pânico, nada mais poderá feri-la. Não me arrependo das dificuldades que enfrentei. Vivi intensamente, e o preço que paguei valeu a pena.

Dorothy Dix derrotou as preocupações vivendo em "compartimentos de dias incomunicáveis".

Eu não esperava viver para ver o sol nascer

por J. C. PENNEY

[Em 14 de abril de 1902, um jovem com 500 dólares em dinheiro e 1 milhão de dólares em determinação abriu uma loja de tecidos em Kemmerer, Wyoming – uma pequena comunidade de mineiros com mil habitantes situada em uma antiga trilha de carroças aberta pela expedição de Lewis e Clark. O jovem e a esposa viviam no sótão acima da loja, usando uma grande caixa vazia de tecidos como mesa e caixas menores como cadeiras. A esposa enrolava seu bebê em um cobertor e deixava-o dormir sob um balcão enquanto ajudava o marido a atender aos clientes. Hoje, a maior cadeia de lojas de tecidos do mundo tem o nome daquele homem: as lojas J. C. Penney – são mais de 1.600 em todos os estados americanos. Recentemente, jantei com o Sr. Penney e ele me contou sobre o momento mais dramático da sua vida. – Dale Carnegie]

Anos atrás, passei por uma grande provação. Eu estava preocupado e desesperado. Minhas preocupações não tinham nada a ver com a J. C. Penney, um negócio sólido e próspero; mas eu, pessoalmente, tinha assumido alguns compromissos imprudentes antes da quebra da bolsa de 1929. Como muitos, fui responsabilizado por situações sobre as quais não tinha nenhum controle. Eu não conseguia dormir e desenvolvi uma doença extremamente dolorosa chamada herpes zóster – um exantema vermelho com erupções cutâneas. Consultei um médico que fora meu colega no ensino médio em Hamilton, Missouri: o Dr. Elmer Eggleston, da equipe da casa de saúde Kellog, em Battle Creek, Michigan. Ele me disse que eu estava muito doente e recomendou repouso, além de um tratamento rigoroso. Mas nada ajudava: eu enfraquecia mais a cada dia. Estava arrasado mental e fisicamente, tomado pelo desespero, incapaz de enxergar sequer um raio de esperança. Eu não tinha motivos para viver. Sentia que não me restava nenhum amigo no mundo, que até minha família tinha se voltado contra mim. Certa noite, o Dr. Eggleston me deu um sedativo, mas o efeito logo passou e despertei com uma convicção fortíssima de que aquela seria a última noite da minha vida. Levantei-me da cama e escrevi cartas de despedida para minha esposa e meu filho dizendo que não esperava viver até o amanhecer.

Quando despertei, na manhã seguinte, fiquei surpreso ao descobrir que ainda estava vivo. Fui até o andar de baixo e ouvi cantos em uma pequena capela próxima. Ainda me lembro do hino que estavam cantando: "Deus cuidará de ti". Entrando na capela, ouvi uma leitura das Escrituras e uma oração, com o coração cansado. De repente, algo aconteceu. Não consigo explicar; só posso dizer que foi um milagre, como se tivesse saído da escuridão de uma masmorra para o sol quente e brilhante. Senti como se tivesse sido transportado do inferno para o paraíso. Senti o poder de Deus como nunca antes. Percebi, naquele instante, que só eu era responsável por todos os meus problemas. Deus, com seu amor, estava ali para me ajudar. Daquele dia em diante, me livrei das preocupações. Tenho 71 anos, e os 20 minutos mais dramáticos e gloriosos da minha vida foram aqueles que vivi na capela ouvindo "Deus cuidará de ti".

J. C. Penney aprendeu a superar as preocupações de maneira quase instantânea, pois descobriu a forma perfeita de alcançar a cura.

Vou à academia esmurrar o saco de boxe ou caminho ao ar livre

por EDDIE EAGAN, coronel, promotor público e ex-campeão olímpico mundial meio-pesado de boxe

QUANDO ESTOU PREOCUPADO e andando em círculos intermináveis, como um camelo em torno de um poço d'água no Egito, exercícios físicos me ajudam a afastar o desânimo. Pode ser uma corrida, uma longa caminhada no campo ou meia hora esmurrando um saco de pancadas de boxe ou praticando *squash* na academia. No fim de semana pratico muitos esportes, como correr em torno do campo de golfe, jogar tênis ou esquiar nas montanhas Adirondacks. A atividade física limpa minha mente. Quando volto aos meus problemas, recuperei o ânimo e a energia.

Com bastante frequência, em Nova York, onde trabalho, passo uma hora na academia do Yale Club. Ninguém consegue se preocupar quando está jogando *squash* ou esquiando; ficamos ocupados demais para isso. As grandes montanhas mentais de problemas tornam-se diminutos montinhos que novos pensamentos e atos nivelam rapidamente.

Acho que o melhor antídoto para preocupações é o exercício. Use mais os músculos e menos o cérebro quando estiver preocupado e ficará surpreso com o resultado. Funciona para mim – a preocupação se vai quando o exercício começa.

"Os destroços de preocupações da Escola Politécnica da Virgínia." Isso era eu

por JIM BIRDSALL

QUANDO ESTAVA NA FACULDADE em Blacksburg, Virgínia, me chamavam de "os destroços de preocupações da Escola Politécnica da Virgínia". Meu estado de preocupação era tão intenso que eu adoecia com frequência. Havia até uma cama reservada para mim em tempo integral na enfermaria da faculdade. Quando a enfermeira me via chegando, já me dava uma injeção. Eu me preocupava com tudo. Às vezes, até esquecia o motivo. Tinha medo de ser expulso da escola por causa das minhas notas baixas. Tinha sido reprovado em Física e em outras matérias; precisava manter uma média entre 75 e 84. Eu me preocupava com a minha saúde, com minhas crises excruciantes de indigestão, com a insônia. Com questões financeiras. Me sentia mal porque não podia comprar presentes para minha namorada ou levá-la para dançar com a frequência que eu gostaria. Achava que ela podia se interessar por outros cadetes. Eu espumava dia e noite por causa de uma dúzia de problemas intangíveis.

Em desespero, desabafei com meu professor de Administração, Duke Baird.

Os 15 minutos que passei com o professor Baird fizeram mais pela minha saúde e felicidade do que os quatro anos que ainda passei na faculdade. Ele me disse: "Jim, você deveria encarar os fatos. Se dedicasse metade do tempo e da energia que gasta se preocupando com seus problemas a solucioná-los, você não teria nenhuma preocupação. Preocupar-se é apenas um mau hábito que você aprendeu."

Ele me ensinou três regras para eliminar o hábito da preocupação:

REGRA 1: Descubra precisamente qual é o problema com o qual está se preocupando.

REGRA 2: Descubra a causa do problema.

REGRA 3: Faça imediatamente algo construtivo para solucioná-lo.

Depois daquela conversa, fiz um pouco de planejamento construtivo. Em vez de me preocupar por ter sido reprovado em Física, passei a me perguntar por que isso tinha acontecido. Sabia que não era por burrice, pois eu era editor-chefe do *The Virginia Tech Engineer*.

Deduzi que eu tinha repetido por desinteresse. Eu não conseguia ver como aquilo poderia me ajudar no meu trabalho como engenheiro industrial. Então mudei de atitude. Disse a mim mesmo: "Se os diretores da faculdade exigem que eu seja aprovado em

Física para obter um diploma, quem sou eu para questionar a sabedoria deles?"

Portanto, inscrevi-me novamente no curso de Física. Dessa vez fui aprovado, pois, em vez de desperdiçar meu tempo com ressentimentos e preocupações sobre o grau de dificuldade da matéria, estudei diligentemente.

Resolvi meus problemas financeiros com alguns trabalhos extras, como vender bebidas nas festas da faculdade. Também pedi dinheiro emprestado ao meu pai e paguei pouco depois da graduação.

Solucionei minhas preocupações amorosas pedindo minha namorada em casamento. Ela é hoje a Sra. Jim Birdsall.

Em retrospecto, vejo que meu problema era uma questão de confusão, de relutância em descobrir as causas das minhas preocupações e encará-las com pragmatismo.

Jim Birdsall aprendeu a eliminar a preocupação porque ANALISOU seus problemas. Ele utilizou os princípios descritos no capítulo "Como analisar e aliviar preocupações".

"O Pai não me deixou sozinho"

por JOSEPH R. SIZOO, presidente do Seminário Teológico New Brunswick

ANOS ATRÁS, em um dia de incerteza e desilusão, quando minha vida inteira parecia tomada por forças além do meu controle, abri ao acaso um exemplar do Novo Testamento e meus olhos recaíram sobre a seguinte frase: "Ele que me enviou está comigo – o Pai não me deixou sozinho." Minha vida nunca mais foi a mesma. Muitos me procuraram em busca de conselhos ao longo dos anos e sempre me despedi com essa frase lapidar. Também eu tenho vivido de acordo com ela. Encontrei nessas palavras minha paz e minha força. Para mim, elas guardam a própria essência da religião: jazem no fundo de tudo que faz a vida valer a pena. São o Texto de Ouro da minha vida.

Cheguei ao fundo do poço e sobrevivi

por TED ERICKSEN

EU VIVIA ATERRORIZADO por preocupações. Hoje, não mais. No verão de 1942, tive uma experiência que baniu as preocupações da minha vida – para sempre, espero. Perto dela, todos os outros problemas ficaram pequenos.

Durante anos, eu quis passar o verão em um barco de pesca comercial no Alasca. Em 1942, esse desejo se realizou: embarquei como tripulante de um barco de 32 pés de pesca de salmão com redes circulares em Kodiak, Alasca. Em um barco desse tamanho, a tripulação em geral é de apenas três pessoas: o capitão, que faz a supervisão, um homem que auxilia o capitão e alguém para trabalhos gerais, que geralmente é escandinavo. Sou escandinavo.

Como a pesca de salmão com redes circulares precisa acompanhar as marés, eu trabalhava 20 horas a cada 24. Fazia o que ninguém mais queria fazer: lavava o barco, guardava os equipamentos, cozinhava no pequeno forno a lenha em uma cabine onde o calor e a fumaça do motor me deixavam enjoado. Lavava a louça. Fazia reparos no barco. Transportava o salmão do nosso barco para um escaler que levava o peixe para ser enlatado. Meus pés estavam sempre molhados dentro das botas de borracha. As botas viviam cheias d'água, mas eu não tinha tempo para esvaziá-las. Mas tudo isso era brincadeira comparado com meu trabalho principal, que era puxar o que chamam de "linha de cortiça". A operação consiste simplesmente em posicionar os pés na popa do barco e puxar as cortiças e a malha da rede. Pelo menos, é o que eu deveria fazer; na prática, a rede era tão pesada que, quando eu tentava puxá-la, ela não se mexia. O que acontecia era que, ao tentar puxar a linha de cortiça, eu na verdade movia o barco, enquanto a rede permanecia onde estava. Fiz isso por semanas. Quase morri. Sentia dores terríveis. Meu corpo todo doía. Foi assim durante meses.

Quando eu finalmente podia descansar, dormia em um colchão duro e úmido sobre o armário de provisões. Dormia como se tivesse sido drogado. Eu estava drogado de pura exaustão.

Hoje sou grato por ter resistido a toda aquela dor e exaustão, pois isso me ajudou a parar de me preocupar. Agora, sempre que me deparo com um problema, em vez de me preocupar, digo para mim mesmo: "Ericksen, isso é pior do que puxar a linha de cortiça?" E, invariavelmente, Ericksen responde: "Não, nada poderia ser *tão* ruim!" Assim, me animo e enfrento o problema com coragem. Creio que superar uma experiência excruciante de vez em quando faz bem. É bom saber que atingimos o fundo do poço e sobrevivemos. Faz com que todos os nossos problemas diários pareçam fáceis.

Eu era uma das pessoas mais idiotas do mundo

por PERCY H. WHITING, autor de As cinco grandes regras do bom vendedor

MORRI MAIS VEZES de mais doenças diferentes do que qualquer outro homem vivo, morto ou moribundo.

Eu não era um hipocondríaco normal. Meu pai era proprietário de uma drogaria e fui praticamente criado nela. Eu conversava com médicos e enfermeiras todo dia, de modo que sabia os nomes e os sintomas de muitas doenças mais do que um leigo médio. Eu tinha sintomas! Se me preocupava com uma doença durante uma ou duas horas, era acometido pelos sintomas. Certa vez, em Great Barrington, Massachusetts, a cidade onde eu morava, tivemos uma epidemia bastante grave de difteria. Na farmácia do meu pai, passei dias vendendo medicamentos para pessoas que tinham parentes infectados. Um dia, tive certeza: estava com difteria. Fui para a cama e fiquei me preocupando até apresentar os sintomas habituais. Chamei um médico. Ele me examinou e disse: "Sim, Percy, você tem difteria." Fiquei aliviado: eu sempre perdia o medo da doença depois de contraí-la – então me virei para o lado e dormi. Pela manhã, minha saúde estava perfeita.

Durante anos, me destaquei e recebi muita atenção e simpatia por me especializar em doenças incomuns e fantásticas – morri várias vezes de tétano e de raiva. Mais tarde, me resignei a ter doenças comuns, como câncer e tuberculose.

Posso rir disso agora, mas foi trágico na época. Durante anos, tive muito medo de estar com o pé na cova. Quando chegava a hora de comprar roupas novas na primavera, eu perguntava a mim mesmo: "Será que deveria desperdiçar o dinheiro quando sei que não vou viver para usar este terno?"

Desde então, fiz progressos: nos últimos 10 anos, não morri uma única vez.

Como parei de morrer? Zombando dos meus pensamentos ridículos. Toda vez que eu sentia sintomas terríveis chegando, ria de mim mesmo e dizia: "Escute aqui, Whiting, já faz 20 anos que você morre de uma doença fatal depois de outra. Mas sua saúde está excelente hoje. Há pouco, uma seguradora aceitou vender mais seguros para você. Não está na hora de deixar isso de lado e rir do idiota preocupado que você é?"

Logo descobri que não era possível me preocupar comigo e rir de mim ao mesmo tempo. Dou risada de mim mesmo desde então.

Não se leve a sério demais.
Tente rir de algumas preocupações
mais bobas. Talvez, rindo delas,
elas deixem de existir.

Sempre tentei manter minha linha de suprimentos aberta

por GENE AUTRY, ator e cantor de música country

CREIO QUE A MAIORIA DAS PREOCUPAÇÕES envolve problemas familiares e financeiros. Tive sorte de me casar com uma garota de uma cidade pequena de Oklahoma que tinha as mesmas raízes que eu e gostava das mesmas coisas. Nós dois tentamos seguir a regra de ouro e assim mantivemos nossos problemas familiares em um nível mínimo.

Foi assim também com minhas preocupações financeiras. Tomei duas providências. Primeiro, sempre agi com 100% de integridade em tudo. Quando pegava dinheiro emprestado, pagava de volta cada centavo. Poucas coisas causam mais preocupação do que a desonestidade.

Segundo, quando começava uma nova empreitada, eu sempre tinha uma carta na manga. Estrategistas militares afirmam que o primeiro mandamento em uma batalha é: mantenha sua linha de suprimentos aberta. Deduzi que isso se aplica também às batalhas pessoais. Na minha juventude, no Texas e em Oklahoma, vi muita miséria quando o país foi devastado por secas. Às vezes, tínhamos que trabalhar muito duro para ganhar a vida. Éramos tão pobres que meu pai atravessava o país em uma carroça e ia se desfazendo dos cavalos no caminho para se sustentar. Eu queria algo mais seguro: consegui um emprego na estação ferroviária e aprendi a telegrafar no meu tempo livre. Depois, trabalhei como telegrafista auxiliar para a Frisco Railway. Me mandavam de um lugar para outro sempre que havia agentes doentes, de férias ou sobrecarregados de trabalho. Ganhava 150 dólares por mês. Quando minha situação começou a melhorar, eu ainda pensava que aquele emprego na estrada de ferro significava segurança econômica. Portanto, sempre mantive as portas abertas para retomar o trabalho e só pedi demissão depois de me estabelecer com solidez em um cargo melhor.

Em 1928, quando trabalhava como telegrafista auxiliar para a

Frisco Railway em Chelsea, Oklahoma, um estranho apareceu certa noite para enviar um telegrama. Ele me ouviu tocando violão e cantando música country e me disse que eu era bom – que eu deveria ir para Nova York procurar emprego nos palcos ou no rádio. Naturalmente, fiquei lisonjeado; e, quando vi o nome que ele assinou no telegrama, perdi o fôlego: *Will Rogers*.

Em vez de correr para Nova York, refleti cuidadosamente sobre o assunto durante nove meses. Por fim, cheguei à conclusão de que não tinha nada a perder e tudo a ganhar. Eu tinha um passe ferroviário: podia viajar de graça, dormindo sentado no meu assento, levando sanduíches e frutas para comer no caminho.

Portanto, fui. Quando cheguei a Nova York, dormi em um quarto mobiliado pagando 5 dólares por semana, comi no Automat e vaguei pelas ruas por 10 semanas – sem chegar a lugar nenhum. Eu teria ficado doente de preocupação sem um emprego para o qual pudesse voltar. Como já fazia cinco anos que trabalhava na ferrovia, tinha prioridade no emprego, mas, para proteger meus direitos, eu não poderia me afastar do trabalho por mais de 90 dias. Àquela altura, eu já estava em Nova York havia 70 dias, portanto voltei às pressas para Oklahoma com meu passe e comecei a trabalhar novamente para proteger minha linha de suprimentos. Economizei dinheiro e, depois de alguns meses, voltei a Nova York para uma nova tentativa. Dessa vez, consegui uma oportunidade. Certo dia, enquanto aguardava uma entrevista no escritório do estúdio de gravação, toquei e cantei para a recepcionista "Jeannine, I Dream of Lilac Time". Enquanto estava cantando, o compositor da música, Nat Schildkraut, entrou no escritório e ficou satisfeito ao ouvir alguém interpretando sua canção. Ele escreveu um bilhete me recomendando e me mandou procurar a Victor Recording Company. Gravei um disco, mas eu não era bom – travado e inibido demais. Portanto, segui o conselho do homem da Victor Recording: voltei para Tulsa e, lá, trabalhava na ferrovia de dia e à noite cantava em um programa de rádio. Eu gostava daquele arranjo; mantinha minha linha de suprimentos aberta – portanto, eu não tinha preocupações.

Cantei por nove meses na estação de rádio KVOO, de Tulsa. Durante esse período, Jimmy Long e eu compusemos uma canção chamada "That Silver Haired Daddy of Mine". Fez sucesso. Arthur Sattherly, presidente da American Recording Company, me encomendou uma gravação, que ficou boa. Fiz outras gravações por 50 dólares cada e finalmente consegui um emprego para cantar canções country na estação de rádio WLS, de Chicago. Salário: 40 dólares por semana. Depois de cantar lá por quatro anos, meu salário subiu para 90 dólares semanais e eu recebia outros 300 fazendo participações em musicais toda noite.

Em 1934, tive uma oportunidade de ouro. Quando surgiu a Liga da Decência, com o objetivo de combater filmes com conteúdo permissivo, os produtores de Hollywood resolveram fazer filmes de caubói; mas queriam um novo tipo de caubói – alguém que soubesse cantar. O proprietário da American Recording Company também era sócio da Republic Pictures. "Tenho um caubói que está gravando discos para nós", ele disse aos seus sócios. Foi assim que entrei para o cinema. Comecei cantando em filmes desse tipo por 100 dólares por semana. Eu tinha sérias dúvidas se faria sucesso, mas não me preocupei; sabia que sempre poderia voltar para meu antigo emprego.

Meu sucesso nos filmes superou as minhas expectativas mais absurdas. Eu recebia um salário de 100 mil dólares por ano, mais metade de todos os lucros dos meus filmes. Sei que esse arranjo não durará para sempre, mas não estou preocupado: não importa o que aconteça – mesmo que eu perca cada dólar que tenho –, sempre posso voltar para Oklahoma e trabalhar para a Frisco Railway. Protegi minha linha de suprimentos.

Ouvi uma voz na Índia

por E. STANLEY JONES, orador e missionário

DURANTE 40 ANOS TRABALHEI como missionário na Índia. No começo, achei difícil suportar o calor terrível e o desgaste da grande tarefa diante de mim. Ao final de oito anos, o cansaço mental e a exaustão emocional eram tão graves que desmaiei, não uma, mas várias vezes. Recebi ordens de voltar aos Estados Unidos para uma licença de um ano. No navio, desmaiei outra vez enquanto fazia o sermão da missa matinal de domingo e o médico da embarcação me colocou de cama pelo restante da viagem.

Depois de um ano de descanso nos Estados Unidos, parti de volta para a Índia, mas no caminho parei em Manila, Filipinas, para organizar encontros evangélicos entre os estudantes universitários. Em meio ao estresse desses encontros, desmaiei várias vezes. Os médicos me advertiram que eu morreria se voltasse para a Índia. Apesar dos avisos, segui viagem, com uma nuvem cada vez mais sombria pairando sobre mim. Quando cheguei a Bombaim [hoje, Mumbai], estava tão enfraquecido que fui diretamente para as montanhas e repousei por vários meses. Restabelecido, retomei meu trabalho, mas logo voltei a desmaiar e fui obrigado a engatar mais um longo descanso. Tentei outra vez e fiquei chocado e arrasado ao descobrir que não suportava. Eu estava mental, emocional e fisicamente exausto. Minhas energias estavam no fim. Achei que talvez nunca me recuperasse.

Se não procurasse ajuda, percebi que precisaria abandonar minha carreira de missionário, voltar para os Estados Unidos e trabalhar em uma fazenda na tentativa de recuperar a saúde. Foi um dos meus piores momentos. Na época, eu estava organizando uma série de encontros em Lucknow. Certa noite, aconteceu algo que mudou completamente a minha vida. Enquanto eu rezava – e não estava pensando em mim naquele momento –, uma voz pareceu dizer: "Você está preparado para realizar o trabalho para o qual eu o convoquei?"

Respondi: "Não, Senhor, estou acabado. Cheguei ao fim das minhas forças."

A voz respondeu: "Se você deixar isso aos Meus cuidados e parar de se preocupar, cuidarei de tudo."

Respondi rapidamente: "Senhor, aceito o acordo agora mesmo."

Uma grande paz se instalou no meu coração e invadiu todo o meu ser. Eu sabia que estava bem! Vida – vida abundante – tinha me possuído. Fiquei tão enlevado que meus pés mal tocavam o chão enquanto caminhava em silêncio para casa naquela noite. Cada centímetro era solo sagrado. Depois disso, eu mal tinha consciência do meu corpo. Trabalhava o dia inteiro e até tarde da noite. Na hora de dormir, relutava em ir para a cama, pois não havia o menor indício de cansaço. Eu parecia possuído pela vida, pela paz e pelo descanso – pelo próprio Cristo.

Surgiu uma questão: deveria compartilhar isso? Esquivei-me de fazê-lo, mas sentia que a resposta era sim – e o fiz. Depois disso, era tudo ou nada diante de todos. Já se passaram mais de 20 anos desde então, e foram tempos de muito desgaste, mas o antigo problema nunca retornou. Nunca estive tão saudável. Depois daquela experiência, minha vida se desdobrou em um nível muito mais elevado. E tudo que eu fiz foi aceitar.

Tenho viajado por todo o mundo, fazendo muitas vezes três palestras por dia, e encontrei tempo e forças para escrever *The Christ of the Indian Road* (O Cristo da estrada indiana) e outros 11 livros. Em meio a tudo isso, jamais perdi ou me atrasei para um compromisso. As preocupações que um dia me atacaram desapareceram há muito tempo e agora, no meu 63º ano, estou transbordando vitalidade e alegria de servir e de viver para os outros.

Suponho que a transformação física e mental que experimentei possa ser esmiuçada psicologicamente e explicada. Mas isso não importa. A vida é maior do que processos, que ficam diminutos comparados a ela.

De uma coisa eu sei: minha vida foi completamente transformada e elevada naquela noite em Lucknow, há 31 anos, quando, nas profundezas das minhas fraqueza e depressão, uma voz me disse "Se você deixar isso aos Meus cuidados e parar de se preocupar, cuidarei de tudo" e respondi "Senhor, aceito o acordo agora mesmo".

Quando o xerife entrou pela porta da frente

por HOMER CROY

O MOMENTO MAIS AMARGO da minha vida ocorreu num dia de 1933, quando o xerife entrou pela porta da frente e eu saí pela dos fundos. Eu tinha perdido minha casa no número 10 da Standish Road, em Forest Hills, Long Island, onde meus filhos nasceram e eu e minha família vivemos por 18 anos. Jamais sonhei que aquilo pudesse acontecer comigo. Doze anos antes, eu achava que estava no auge. Tinha vendido os direitos para a adaptação cinematográfica do meu romance *West of the Water Tower* (A oeste da torre d'água) por um dos valores mais altos pagos por Hollywood. Morei no exterior com a minha família por dois anos. Passávamos o verão na Suíça e o inverno na Riviera francesa – igualzinho aos ricos ociosos.

Passei seis meses em Paris e escrevi um romance intitulado *They Had to See Paris* (Eles tinham que ver Paris). Will Rogers participou da versão cinematográfica. Foi o primeiro filme falado em que atuou. Recebi ofertas tentadoras para permanecer em Hollywood e escrever vários roteiros com Will Rogers, mas não aceitei. Voltei para Nova York. E meus problemas começaram!

Pouco a pouco, percebi que eu tinha capacidades adormecidas. Comecei a imaginar que era um investidor astuto. Alguém me disse que John Jacob Astor havia lucrado milhões comprando terras desocupadas em Nova York. Quem era Astor? Apenas um mascate imigrante que falava com sotaque. Se ele conseguira, por que não eu?... Eu ficaria rico! Comecei a ler revistas sobre iates.

Eu tinha a coragem da ignorância. Não sabia nada sobre comprar e vender terras. Como conseguiria dinheiro para me lançar na minha espetacular carreira financeira? Simples: hipotequei minha casa e adquiri alguns dos melhores lotes para construção em Forest Hills. Eu manteria a posse da terra até ela atingir um preço fabuloso, depois a venderia e viveria no luxo – eu, que nunca negociara um pedaço de chão do tamanho de um lenço de boneca. Eu sentia pena de gente que trabalhava como escravo em escritórios por um salário de miséria. Deus não achara adequado tocar todos os homens com o fogo divino do gênio financeiro, pensei.

De repente, a grande depressão me sugou como um ciclone do Kansas e me sacudiu como um tornado reviraria um galinheiro.

Eu precisava investir 220 dólares por mês naquelas terras. E os meses passavam rápido! Além disso, tinha que manter em dia os pagamentos da nossa casa, agora hipotecada, e alimentar minha família. Eu estava preocupado. Tentei escrever peças humorísticas para revistas, mas meus textos de humor soavam como as lamentações de Jeremias! Eu era incapaz de vender qualquer coisa. Os romances que escrevi foram um fracasso. Fiquei sem dinheiro. Eu não tinha nada a oferecer como garantia em um empréstimo exceto minha máquina de escrever e as obturações de ouro nos meus dentes. A fábrica de leite parou de entregá-lo na minha casa. O fornecedor de gás cortou o abastecimento. Compramos um daqueles fogareiros de acampamento que se vê em anúncios; ele vem com um cilindro de gasolina que, bombeado manualmente, dispara uma chama que chia como um ganso enfurecido.

Ficamos sem carvão; a companhia nos processou. Só tínhamos a lareira para nos aquecer. Eu saía à noite e recolhia tábuas e pedaços de madeira que sobravam das casas que os ricos estavam construindo... Eu, que pensava ser uma dessas pessoas.

De tão preocupado, eu não conseguia dormir. Com frequência, levantava no meio da noite e caminhava por horas para me exaurir e, assim, conseguir pegar no sono.

Perdi não apenas as terras que tinha comprado, mas toda a energia vital que despendera para adquiri-las.

O banco executou a hipoteca da minha casa. Minha família e eu nos vimos na rua.

De algum modo, conseguimos alguns dólares e alugamos um pequeno apartamento. Fizemos a mudança no último dia de 1933. Sentei-me em uma caixa de mudança e olhei ao redor. Um velho ditado da minha mãe veio à minha mente: "Não chore pelo leite derramado."

Mas aquilo não era leite. Era toda a minha energia vital!

Depois de algum tempo sentado ali, eu disse para mim mesmo: "Bem, cheguei ao fundo do poço e sobrevivi. Agora, o único caminho é para cima."

Comecei a pensar nos bens que a hipoteca não havia tomado de mim. Eu ainda tinha minha saúde e meus amigos. Não mais me lamentaria pelo passado; recomeçaria do zero. Repetiria todo dia para mim mesmo a frase da minha mãe sobre o leite derramado.

Investi no trabalho a energia que vinha desperdiçando com preocupações. Aos poucos, minha situação começou a melhorar. Hoje sou quase grato por todo aquele sofrimento, pois ele me deu força, coragem e confiança. Conheço o fundo do poço. Sei que não mata. Sei que somos mais fortes do que acreditamos ser. Quando pequenas preocupações, ansiedades e incertezas tentam me perturbar agora, expulso-as recordando a vez em que me sentei na caixa de mudança e disse: "Cheguei ao fundo do poço e sobrevivi. Agora, o único caminho é para cima."

Qual é o princípio aqui? Não tente serrar serragem! Aceite o inevitável! Se é impossível descer mais, tente subir.

O adversário mais forte que já enfrentei foi a preocupação

por JACK DEMPSEY

AO LONGO DA MINHA CARREIRA no ringue, descobri que a preocupação era um adversário quase tão duro quando os boxeadores pesos-pesados com quem eu lutava. Entendi que eu precisava aprender a parar de me preocupar ou as preocupações esgotariam minha vitalidade e minariam meu sucesso. Portanto, aos poucos, desenvolvi este sistema:

1. Para manter a coragem no ringue, eu conversava comigo mesmo, escolhendo palavras de estímulo. Enquanto lutava com Firpo, eu ficava repetindo sem parar: "Nada vai me deter. Ele não vai me machucar. Não vou sentir os golpes dele. Ninguém pode me ferir. Seguirei em frente, não importa o que aconteça." Essas afirmações positivas, aliadas a pensamentos positivos, me ajudaram muito. Mantiveram minha cabeça tão ocupada que eu não sentia os golpes. Durante minha carreira, tive cortes nos lábios e na região dos olhos e quebrei costelas. Certa vez, Firpo me derrubou sobre as cordas; caí sobre a máquina de escrever de um repórter e a destruí. Mas nunca senti nenhum dos golpes. Houve somente um ataque que eu realmente senti: quando Lester Johnson quebrou três costelas minhas. O soco não me machucou, mas afetou minha respiração. Foi o único golpe que me atingiu de verdade no ringue.

2. Outra atitude que adotei foi lembrar a mim mesmo como é inútil se preocupar. Minhas maiores preocupações vinham na véspera das grandes lutas, durante os treinos. Muitas vezes, eu ficava acordado à noite durante horas, revirando na cama e me preocupando. E se eu quebrasse a mão ou estirasse o tornozelo? E se sofresse um corte profundo no olho logo no primeiro round e não conseguisse coordenar meus socos? Quando me via nesse estado de nervos, me levantava da cama, me olhava no espelho e dava uma bronca em mim mesmo: "Como você é idiota! Por que se preocupar com algo que não aconteceu e pode nem acontecer? A vida é curta. Aproveite!" Também ficava repetindo mentalmente: "Só o que importa é a minha saúde. Só o que importa é a minha saúde." Então raciocinava: se perdesse noites de sono e me preocupasse, destruiria a minha saúde. Repetindo sem parar essas frases, noite após noite, ano após ano, finalmente as incorporei e agora consigo me livrar das preocupações com facilidade.

3. A terceira – e melhor – coisa que eu fazia era rezar! Durante os treinos, eu rezava várias vezes por dia. Quando estava no ringue, fazia uma oração pouco antes de o gongo soar no início de cada round.

Isso me ajudava a lutar com coragem e confiança. Nunca me deitei na cama sem rezar, e nunca fiz uma refeição em toda a vida sem primeiro agradecer a Deus... Se as minhas preces foram atendidas? Milhares de vezes!

Rezei a Deus para não ir parar em um orfanato

por KATHLEEN HALTER

QUANDO EU ERA PEQUENA, vivia aterrorizada. Minha mãe sofria do coração. Dia após dia, eu a via desmaiar e cair. Morria de medo de que ela morresse. Eu achava que todas as crianças órfãs de mãe iam parar no Orfanato Central Wesleyan, na pequena cidade de Warrenton, Missouri, onde vivíamos. Esse pensamento me apavorava. Quando tinha 6 anos, rezava sempre: "Querido Deus, por favor, permita que mamãe viva até que eu tenha idade suficiente para não ir para o orfanato."

Vinte anos depois, meu irmão, Meiner, sofreu um ferimento terrível que causava dores intensas. Ele não conseguia se alimentar nem mudar de posição na cama sozinho. Para aliviar a dor, eu aplicava injeções de morfina a cada três horas, dia e noite. Fiz isso por dois anos, até a morte dele. Na época, eu dava aulas de música na Central Wesleyan College, em Warrenton. Quando os vizinhos ouviam meu irmão gritando de dor, telefonavam para mim na faculdade; eu deixava meus alunos e corria para casa para aplicar outra injeção de morfina. Toda noite, antes de dormir, eu programava o despertador para tocar dali a três horas para cuidar do meu irmão. Nas noites de inverno, eu deixava uma garrafa de leite do lado de fora da janela. O leite congelava e virava uma espécie de sorvete, que eu adorava. Era um incentivo a mais para me levantar quando o despertador tocava.

Em meio a todos esses problemas, duas coisas me impediam de me entregar à autocomiseração e à preocupação e me tornar uma pessoa ressentida. Primeiro, eu me mantinha ocupada dando aulas de música de 12 a 14 horas por dia, de modo que tinha pouco tempo para pensar nos meus problemas. Quando ficava tentada a sentir pena de mim mesma, repetia sem parar: "Enquanto puder caminhar, se alimentar sozinha e não sentir dores intensas, você será a pessoa mais feliz do mundo. Não importa o que aconteça, jamais se esqueça disso! Jamais!"

Eu estava determinada a fazer tudo ao meu alcance para cultivar uma profunda e constante atitude de gratidão por minhas bênçãos. Toda manhã, ao despertar, agradecia a Deus por poder sair da cama e caminhar até a cozinha para me alimentar. Decidi que, apesar dos meus problemas, eu seria a pessoa mais feliz em Warrenton. Talvez eu não tenha atingido esse objetivo, mas com certeza era a pessoa mais agradecida da minha cidade – e, provavelmente, uma das menos preocupadas.

A professora de piano do Missouri aplicou dois princípios descritos neste livro: ela se mantinha ocupada demais para se preocupar e valorizava suas bênçãos. A mesma técnica pode ser útil para você.

Meu estômago se retorcia como um furacão do Kansas

por CAMERON SCHIPP

DURANTE ANOS, trabalhei muito feliz no departamento de publicidade do estúdio Warner Brothers, na Califórnia. Eu era redator e escrevia matérias para jornais e revistas sobre as estrelas da Warner.

De repente, fui promovido a diretor assistente de publicidade. Ganhei um escritório enorme com uma geladeira particular, duas secretárias e uma equipe de 75 redatores, repórteres e radialistas.

Fiquei impressionado. Comprei um terno novo e mudei o jeito de me dirigir às pessoas. Implantava novos sistemas, tomava decisões com autoridade e fazia almoços rápidos.

Eu estava convencido de que toda a política de relações públicas da Warner Brothers era de minha responsabilidade. Percebi que as vidas públicas e privadas de celebridades como Bette Davis, Olivia de Havilland, James Cagney, Edward G. Robinson, Errol Flynn, Humphrey Bogart, Ann Sheridan, Alexis Smith e Alan Hale estavam inteiramente nas minhas mãos.

Em menos de um mês, fui diagnosticado com úlcera. Talvez câncer.

Ainda estávamos em guerra, e minha principal atividade nessa frente era o cargo de presidente do Comitê de Atividades de Guerra da Associação dos Assessores de Imprensa Cinematográficos. Eu gostava daquele trabalho e de encontrar meus amigos nas reuniões da associação. Com o tempo, porém, elas se tornaram desagradáveis. Depois de cada reunião, eu passava violentamente mal. Com frequência, precisava parar o carro a caminho de casa e me recompor antes de continuar dirigindo. Parecia haver tanto a fazer e tão pouco tempo para fazer tudo... Tudo era vital. E eu era a pessoa errada para o trabalho.

Eu me sentia mal o tempo todo, como se houvesse um punho cerrado nas minhas entranhas. Perdi peso e não conseguia dormir. A dor era constante.

Procurei um renomado clínico geral, recomendado por um publicitário. Aquele médico tinha muitos clientes que eram publicitários.

Durante a consulta, ele falou pouco – apenas o suficiente para que eu lhe contasse onde sentia dor e qual era o meu trabalho. Ele parecia mais interessado na minha profissão do que na minha doença; ainda assim, durante duas semanas, me submeteu a todos os exames conhecidos. Fui cutucado, examinado, radiografado e submetido a fluoroscopia. Então veio o veredito.

"Sr. Schipp", disse ele, recostando-se, "fizemos numerosos exames. Eles eram absolutamente necessários, embora eu tivesse *certeza*, após meu primeiro exame rápido, que o senhor *não tinha úlcera*. Porém, sabendo o tipo de homem que é e o trabalho que realiza, entendi que não acreditaria em mim a menos que eu lhe mostrasse."

Então ele me mostrou os gráficos e as radiografias e os explicou. Eu não tinha nenhuma úlcera.

"Agora", disse o médico, "o que vou prescrever lhe custará muito dinheiro, mas vale a pena para você. É o seguinte: *não se preocupe*."

Quando comecei a protestar, ele me interrompeu: "Estou ciente de que você não pode seguir a prescrição de imediato, então vou lhe dar uma muleta. Aqui estão alguns comprimidos. Eles contêm beladona. Tome quantos quiser. Quando acabarem, volte e receitarei mais. Eles não fazem mal, apenas ajudam a relaxar. Mas lembre-se: você não precisa deles. Só precisa parar de se preocupar."

Então emendou:

"Se você começar a se preocupar de novo, precisará voltar aqui e vou cobrar muito caro pela próxima consulta. Que tal?"

Eu gostaria de dizer que aprendi a lição naquele dia e parei de me preocupar imediatamente. Não parei. Tomei os comprimidos durante várias semanas, sempre que sentia uma preocupação chegando. Eles funcionavam. Eu ficava bem *na hora*.

Mas me sentia um idiota tomando aqueles comprimidos. Sou um homem grande fisicamente, quase tão alto quanto Abraham Lincoln, e peso quase 100 quilos. Contudo, ali estava eu tomando comprimidinhos brancos para relaxar. Quando meus amigos me perguntavam que pílulas eram aquelas, eu tinha vergonha de dizer a verdade. Pouco a pouco, comecei a rir de mim mesmo. Eu dizia: "Escute aqui, Cameron Schipp, você está agindo como um idiota. Está levando a si mesmo e a suas pequenas atividades a sério demais. Bette Davis, James Cagney e Edward G. Robinson já eram mundialmente famosos antes de você começar a cuidar da publicidade deles; e se você morresse esta noite, a Warner Brothers e suas estrelas conseguiriam se virar sem você. Veja Eisenhower, o general Marshall, MacArthur, Jimmy Doolittle e o almirante King – todos estão travando uma guerra sem precisar de comprimidos. Mas você não consegue servir no posto de presidente do Comitê de Atividades de Guerra da Associação dos Assessores de Imprensa Cinematográficos sem tomar comprimidinhos brancos para evitar que seu estômago se retorça como um furacão do Kansas."

Comecei a sentir orgulho de me virar sem os comprimidos.

Pouco depois, joguei-os no ralo e passei a chegar em casa toda noite a tempo de tirar uma pequena soneca antes do jantar. Aos poucos, comecei a levar uma vida normal.

Nunca voltei àquele médico, mas devo muito a ele, muito mais do que o valor da consulta cara na época. Ele me ensinou a rir de mim mesmo. Penso que foi realmente habilidoso da parte dele não rir *de* mim; não dizer que eu não tinha nada *com que* me preocupar. Ele me levou a sério. Ele me salvou. Ele me deu uma *saída* em uma caixinha. Mas ele sabia, tão bem quanto sei agora, que a cura não estava naqueles comprimidinhos bobos – estava em uma mudança na minha atitude mental.

A moral desta história é: muitos homens que estão agora tomando remédios fariam melhor lendo a Parte 7 e relaxando!

Observar minha esposa lavando a louça me fez aprender a não me preocupar

por WILLIAM WOOD, reverendo

HÁ ALGUNS ANOS, eu sofria com dores terríveis no estômago. Acordava duas ou três vezes toda noite, incapaz de dormir. Meu pai tinha morrido de câncer no estômago e eu temia ter a mesma doença – ou, no mínimo, úlcera. Procurei então uma clínica, onde um renomado especialista me examinou com um fluoroscópio e tirou uma radiografia do meu estômago. Receitou medicamentos para dormir e me assegurou que eu não tinha nenhuma úlcera gástrica nem câncer. Minhas dores, disse ele, eram causadas por tensão. Como sou pastor, uma das primeiras perguntas dele foi: "Tem algum velho chato na diretoria da sua igreja?"

Ele me disse o que eu já sabia: eu estava tentando fazer coisas demais. Além de pregar todo domingo e de assumir a responsabilidade pelas diversas atividades da igreja, eu era presidente da Cruz Vermelha e da Kiwanis. Também conduzia dois ou três funerais toda semana e várias outras atividades.

Eu trabalhava sob pressão constante. Nunca conseguia relaxar: vivia tenso, apressado e nervoso. Cheguei ao ponto de me preocupar com tudo. Sentia tanta dor que segui de bom grado o conselho do médico. Decidi tirar folga toda segunda-feira e abri mão de responsabilidades e atividades.

Certo dia, enquanto arrumava minha escrivaninha, tive uma ideia que se revelou imensamente útil. Eu estava examinando uma pilha de anotações antigas para sermões e memorandos sobre assuntos superados. Amassei-os um a um e joguei no lixo. De repente, parei e disse para mim mesmo: "Bill, por que você não faz com suas preocupações o mesmo que está fazendo com essas anotações? Por que não amassa suas preocupações com os problemas de ontem e as joga no lixo?" Essa ideia me inspirou imediatamente – a sensação era de que um fardo fora removido dos meus ombros. Desde aquele dia, incorporei a regra de jogar no lixo todos os problemas sobre os quais não posso fazer mais nada.

Um dia, enquanto secava a louça que minha esposa lavava, tive outra ideia. Minha esposa estava cantando enquanto cumpria essa tarefa doméstica e eu disse para mim mesmo: "Veja como sua esposa é feliz, Bill. Estamos casados há 18 anos e ela lava louça há todo esse tempo. Suponha que, quando nos casamos, ela tivesse olhado para o futuro e vislumbrado toda a louça que precisaria lavar durante os 18 anos seguintes. A pilha seria mais alta do que um celeiro. O simples fato de pensar nisso teria aterrorizado qualquer pessoa."

Concluí que minha esposa não se importava porque lavava somente a louça de um dia de cada vez. Então percebi qual era o meu problema. Eu estava tentando lavar a louça de hoje e a de ontem e também pratos que nem estavam sujos ainda.

Vi que estava agindo como um tolo. Eu ficava de pé no púlpito, nas manhãs de domingo, dizendo a outras pessoas como deveriam viver; no entanto, eu mesmo estava levando uma existência tensa, preocupada e apressada. Senti vergonha de mim mesmo.

Preocupações não me incomodam mais. Não sinto mais dores no estômago. Não sofro mais de insônia. Agora amasso as ansiedades de ontem e as jogo no lixo, e parei de tentar lavar hoje a louça de amanhã.

Você se lembra de uma declaração citada no começo deste livro? "O fardo de amanhã somado ao de ontem e carregado hoje abala até os mais fortes." Por que fazer isso?

Encontrei a resposta

por DEL HUGHES

EM 1943, fui parar em um hospital de veteranos em Albuquerque, Novo México, com três costelas quebradas e um pulmão perfurado. Me feri durante uma prática de desembarque anfíbio dos fuzileiros navais nas ilhas havaianas. Eu estava me preparando para saltar da barcaça para a praia quando uma grande onda levantou a embarcação, me desequilibrando e me arremessando na areia. Caí com tanta força que uma das costelas quebradas perfurou o pulmão direito.

Depois de passar três meses no hospital, levei o maior choque da minha vida: os médicos disseram que eu não apresentava nenhuma melhora. Depois de muito refletir, cheguei à conclusão de que a preocupação estava me impedindo de melhorar. Eu estava habituado a uma vida muito ativa e tinha passado aqueles três meses deitado 24 horas por dia, sem nada para fazer além de pensar. Quanto mais pensava, mais me preocupava: eu seria capaz de assumir meu lugar no mundo quando tudo tivesse terminado? Me preocupava a ideia de permanecer aleijado pelo resto da vida. Conseguiria me casar e levar uma vida normal?

Implorei ao meu médico que me transferisse para outra ala, que era chamada de "Country Clube". Lá, os pacientes tinham permissão para fazer praticamente qualquer coisa.

Na ala "Country Clube", me interessei por bridge. Passei seis semanas aprendendo o jogo, jogando com meus camaradas e lendo livros sobre bridge. Depois dessas seis semanas, joguei quase toda noite até o final do meu período de internação. Também me interessei por pintura a óleo e estudava com um instrutor toda tarde, das três às cinco. Alguns dos meus quadros eram tão bons que as pessoas até conseguiam dizer o que eu tinha pintado! Também experimentei entalhar sabão e madeira; li sobre o assunto e achei fascinante. Me mantinha tão ocupado que não sobrava tempo para me preocupar com minha condição física. Li até livros sobre psicologia que me foram dados pela Cruz Vermelha. Depois de três meses, toda a equipe médica me procurou e me parabenizou por minha "melhora impressionante". Foram as palavras mais doces que ouvi desde que nasci. Eu queria gritar de alegria.

Quero dizer o seguinte: quando eu não tinha nada para fazer além de ficar deitado e me preocupar com meu futuro, não melhorei. Estava envenenando meu corpo com preocupações. Nem as costelas quebradas se curavam. Assim que tirei o foco de mim mesmo jogando bridge, entalhando madeira e pintando, os médicos declararam que eu tinha apresentado uma "melhora impressionante".

Hoje levo uma vida normal e saudável e meus pulmões estão tão bons quanto os seus.

Você se lembra do que George Bernard Shaw disse? "O segredo para ser infeliz é ter tempo livre para se preocupar se você é feliz ou não." Mantenha-se ativo, mantenha-se ocupado!

O tempo resolve muitas coisas!

por LOUIS T. MONTANT, JR.

A PREOCUPAÇÃO ME FEZ PERDER 10 ANOS da minha vida. Justamente aqueles que deveriam ser os mais produtivos e ricos de qualquer jovem – dos 18 aos 28 anos.

Hoje sei que o único culpado pela perda daqueles anos sou eu mesmo.

Eu me preocupava com tudo: meu trabalho, minha saúde, minha família e meu complexo de inferioridade. Vivia tão assustado que chegava a atravessar a rua para evitar pessoas que eu conhecia. Quando passava por um amigo, com frequência eu fingia não reparar nele, por medo de ser esnobado.

Gente estranha me aterrorizava de tal maneira que, em um intervalo de duas semanas, deixei escapar três empregos diferentes simplesmente porque não tinha coragem de dizer aos empregadores em potencial o que eu era capaz de fazer.

Então, em uma tarde oito anos atrás, derrotei a preocupação – e poucas vezes voltei a me preocupar desde então. Naquela tarde, eu estava no escritório de um homem que tinha muito mais problemas do que eu e mesmo assim era uma das pessoas mais alegres que conheci. Ele havia enriquecido com a crise de 1929, mas perdeu cada centavo. Fez fortuna de novo em 1933, e perdeu; ficou rico outra vez em 1939, e também perdeu tudo. Faliu e foi perseguido por inimigos e credores. Outros homens ficariam arrasados, alguns talvez buscassem o suicídio, mas tantos problemas não tiveram nenhum efeito sobre ele.

Sentado no escritório desse homem, oito anos atrás, senti inveja e desejei que Deus me tivesse feito como ele.

Enquanto conversávamos, ele me entregou uma carta que havia recebido naquela manhã e disse: "Leia isso."

Era uma carta raivosa, levantando várias questões constrangedoras. Eu teria ficado em pânico se fosse o destinatário. Perguntei: "Bill, como você vai responder a esta carta?"

Ele disse:

"Bem, vou lhe contar um pequeno segredo. Na próxima vez que você tiver algo real com que se preocupar, pegue um lápis e um pedaço de papel, sente-se e anote em detalhes exatamente o que o preocupa. Depois, guarde esse papel na gaveta inferior direita da sua escrivaninha. Espere duas semanas e releia o que escreveu. Se ainda for motivo de preocupação, coloque-o de novo na sua gaveta inferior direita. Deixe-o lá por mais duas semanas. Estará seguro ali; nada acontecerá com ele. Mas, nesse espaço de tempo, muita coisa pode acontecer com o problema que preocupa você. Descobri que, com um pouco de paciência, a preocupação muitas vezes desaparece como um balão de gás que espetamos com um alfinete."

Esse conselho me marcou muito. Eu o sigo há anos e, como resultado, raramente me preocupo.

O tempo resolve muitos problemas. Também pode solucionar o que preocupa você hoje.

Fui alertado para não falar nem mexer um dedo sequer

por JOSEPH L. RYAN

HÁ MUITOS ANOS, fui testemunha em um processo judicial que me causou muito desgaste mental e preocupações. Depois que o caso terminou, eu estava voltando para casa de trem quando tive um mal-estar súbito e violento. Problemas cardíacos. Respirar era quase impossível.

Em casa, o médico me deu uma injeção. Eu estava no sofá da sala – não tinha sequer conseguido chegar até a cama. Ao recobrar a consciência, vi que o padre da paróquia já estava ali para me dar a extrema-unção!

Vi pesar e aturdimento nos rostos da minha família. Eu sabia que minha hora havia chegado. Mais tarde, descobri que o médico tinha preparado minha esposa para o fato de que eu provavelmente morreria em menos de meia hora. Meu coração estava tão fraco que me disseram para não falar nem mexer um dedo sequer.

Nunca fui nenhum santo, mas tinha aprendido a não discutir com Deus. Portanto, fechei os olhos e disse: "Se tiver chegado a hora, que seja feita a Sua vontade."

Assim que me entreguei a esse pensamento, relaxei por completo. Meu terror desapareceu e perguntei a mim mesmo, com serenidade, o que de pior poderia acontecer. Bem, o pior parecia ser um retorno daquele mal-estar, com dores excruciantes – então tudo estaria terminado. Eu encontraria meu Criador e logo estaria em paz.

Fiquei deitado no sofá por uma hora, mas as dores não voltaram. Comecei a perguntar a mim mesmo o que faria da minha vida se *não* morresse naquele momento. Decidi que pararia de me maltratar com tensão e preocupações e me empenharia em recobrar a saúde.

Isso foi há quatro anos. Recobrei minha força a tal ponto que o médico está impressionado com a melhora do meu coração mostrada nos exames. Não me preocupo mais. Tenho um novo ânimo para a vida. Mas posso dizer honestamente que, se não tivesse enfrentado o pior – minha morte iminente – e tentado melhorar a partir daquele ponto, creio que não estaria aqui hoje. Se eu não tivesse aceitado o pior, teria morrido, vitimado pelo medo e o pânico.

Joseph Ryan está vivo hoje porque usou o princípio descrito na Fórmula Mágica: ENCARE O PIOR QUE PODE ACONTECER.

Penso em um problema de cada vez

por ORDWAY TEAD

PREOCUPAÇÃO É UM HÁBITO – um hábito que venci há muito tempo. Devo essa vitória a três circunstâncias.

Primeira: estou ocupado demais para me entregar à ansiedade autodestrutiva. Tenho três atividades principais, sendo que cada uma deveria ser, por si só, um emprego em tempo integral. Faço palestras para grandes grupos na Universidade Columbia. Sou presidente do Conselho de Educação Superior da cidade de Nova York. Também dirijo o Departamento do Livro Econômico e Social da editora Harper and Brothers. As demandas recorrentes desses três trabalhos não me deixam tempo para me preocupar e remoer problemas.

Segunda: penso em um problema de cada vez. Quando passo de uma tarefa para outra, deixo de lado todos os pensamentos relativos a problemas anteriores. Acho estimulante e revigorante pular de uma atividade para outra. Isso me descansa. Limpa minha mente.

Terceira: precisei me educar para deixar os problemas de lado quando fecho a porta do meu escritório. Eles sempre estarão lá. Cada atividade sempre traz um conjunto de problemas não solucionados exigindo minha atenção. Se eu os levasse para casa comigo toda noite e me preocupasse com eles, destruiria minha saúde. Além disso, destruiria minha capacidade de resolvê-los.

Ordway Tead é um mestre dos Quatro Bons Hábitos de Trabalho. Você se lembra deles? (Veja a Parte 7, Capítulo 26)

Se eu não tivesse parado de me preocupar, estaria morto há muito tempo

por CONNIE MACK, o grande mestre do beisebol

ESTOU NO BEISEBOL PROFISSIONAL há mais de 63 anos. Quando comecei, na década de 1880, não recebia salário. Jogávamos em terrenos baldios e tropeçávamos em latas e em arreios de cavalos. Quando o jogo terminava, passávamos o chapéu. Eu ganhava pouco e sustentava minha mãe viúva e meus irmãos mais novos. Às vezes, o time de beisebol precisava jantar morangos ou mariscos assados. Era só o que tínhamos.

Não faltavam motivos para me preocupar. Sou o único técnico de beisebol que já terminou em último lugar por sete anos consecutivos. Sou o único técnico que perdeu 800 jogos em oito anos. Depois de uma série de derrotas, eu me preocupava tanto que mal conseguia comer ou dormir. Parei de me preocupar há 25 anos e acredito honestamente que, se não tivesse dado um basta naquele momento, já estaria morto há muito tempo.

Olhando em retrospecto minha longa vida (nasci quando Lincoln era presidente), acredito que fui capaz de vencer as preocupações graças a estas constatações:

1. Vi quanto era inútil me preocupar. Aquilo não me levava a lugar nenhum e ameaçava arruinar minha carreira.

2. Vi que a preocupação iria arruinar minha saúde.

3. Eu me mantinha tão ocupado planejando e trabalhando para vencer jogos no futuro que não tinha tempo para me preocupar com derrotas anteriores.

4. Adotei como regra nunca repreender um jogador antes de 24 horas após um jogo. No começo da minha carreira, eu costumava me vestir e tirar o uniforme no vestiário com os jogadores. Se o time tivesse perdido, era impossível me abster de criticar os atletas e discutir duramente com eles sobre a derrota. Descobri que isso só aumentava minhas preocupações. Criticar um jogador na frente dos

outros não o estimulava a cooperar. Na verdade, deixava-o amargurado. Portanto, como eu não sabia se conseguiria controlar a mim e minha língua logo após uma derrota, decidi ficar longe dos jogadores logo depois de jogo perdido. Só abordaria o assunto no dia seguinte. Àquela altura, eu já teria esfriado a cabeça, os erros não pareceriam tão graves e eu poderia discutir calmamente, sem enfurecer os jogadores nem obrigá-los a tentar se defender.

5. Tentei inspirar os jogadores fortalecendo-os com elogios em vez de destruindo-os apontando suas falhas. Sempre buscava algo bom para dizer a todos.

6. Descobri que me preocupava mais quando estava cansado; portanto, passo 10 horas na cama toda noite e tiro um cochilo à tarde. Até uma soneca de cinco minutos ajuda muito.

7. Acredito que evitei preocupações e vivi mais porque permaneci ativo. Tenho 85 anos, mas só me aposentarei quando começar a repetir sem parar as mesmas histórias. Nesse momento, saberei que estou ficando velho.

Connie Mack nunca leu um livro sobre
COMO PARAR DE SE PREOCUPAR,
então criou as próprias regras.
Por que VOCÊ não faz uma lista das
regras que funcionaram no passado
e as escreve aqui?

Maneiras de evitar preocupações que achei úteis:

1 ______________________________

2 ______________________________

3 ______________________________

4 ______________________________

Derrotei úlceras e preocupações mudando de emprego e de atitude mental

por ARDEN W. SHARPE

HÁ CINCO ANOS, eu estava preocupado, deprimido e doente. Os médicos diziam que eu tinha úlcera e me prescreveram uma dieta. Tomei leite e comi ovos até ficar enojado só de vê-los, mas não melhorei. Um dia, li um artigo sobre câncer. Imaginei que tinha todos os sintomas. Eu não estava mais preocupado apenas: estava *aterrorizado*. Naturalmente, isso piorou minhas úlceras. O golpe final veio quando o Exército me declarou fisicamente incapaz aos 24 anos! Parecia que eu estava em frangalhos, quando deveria estar no auge da minha força.

Não conseguia enxergar um raio de esperança. Em desespero, tentei analisar como havia chegado àquela situação terrível. Lentamente, a verdade começou a ficar clara para mim. Dois anos antes, eu estava feliz e saudável no meu emprego de vendedor, mas a escassez da guerra tinha me obrigado a largar as vendas e a aceitar um emprego em uma fábrica. Eu detestava o trabalho na fábrica e, para piorar, convivia com as pessoas mais pessimistas que já tive o azar de conhecer. Tudo era ruim. Nada estava certo. O tempo inteiro, eles falavam mal do salário, dos horários, do chefe. Percebi que tinha absorvido inconscientemente essa postura vingativa.

Aos poucos, compreendi que minhas úlceras talvez fossem consequência dos meus pensamentos negativos e das minhas emoções amargas. Então decidi voltar para o mundo que eu adorava – o das vendas – e conviver com pessoas que alimentavam pensamentos positivos e construtivos. Essa decisão provavelmente salvou minha vida. Procurei amigos e parceiros de trabalho que eram pensadores progressistas – homens felizes e otimistas, livres de preocupações e de úlceras. Assim que mudei minhas emoções, meu estômago mudou também. Em um período curto, esqueci as úlceras. Descobri que é possível contrair saúde, felicidade e sucesso dos outros com a mesma facilidade com que nos deixamos contaminar por preocupações, amargura e fracasso. Foi a lição mais importante que aprendi, e aprendi tarde, porque já tinham me falado isso dezenas de vezes. Precisei aprender do modo mais difícil. Agora entendo o que Jesus quis dizer quando falou: "O homem é aquilo que pensa em seu coração."

Minha busca pelo sinal verde

por JOSEPH M. COTTER

DESDE GAROTINHO, nos primeiros estágios da minha juventude e mesmo na vida adulta, fui um preocupado profissional. Minhas preocupações eram muitas e variadas. Algumas eram reais, mas a maioria era imaginária. Nas raras ocasiões em que não tinha nada com que me preocupar, acabava me preocupando por medo de estar deixando passar alguma coisa.

Dois anos atrás, adotei um novo estilo de vida que exigiu uma autoanálise das minhas falhas e de algumas pouquíssimas virtudes – um inventário minucioso e corajoso de mim mesmo. Ficou claro o que causava tantas preocupações: eu não conseguia viver apenas o dia de hoje. Me afligia com os erros de ontem e tinha medo do futuro.

Muitas vezes me disseram que "hoje é o amanhã com o qual você se preocupou ontem". Mas não funcionava para mim. Fui aconselhado a seguir um programa de 24 horas, me lembrando que hoje era o único dia sobre o qual eu tinha controle; portanto, deveria aproveitar ao máximo minhas oportunidades a cada dia. Me disseram que, se eu fizesse isso, ficaria tão ocupado que não teria tempo para me preocupar com nenhum outro dia – passado ou futuro. O conselho era razoável, mas, por algum motivo, eu achava difícil fazer aquelas malditas ideias funcionarem para mim.

Então, do nada, encontrei a resposta – e onde você acha que a encontrei? Em uma estação de trem, às sete da noite do dia 31 de maio de 1945. Era uma hora importante para mim. É por isso que me lembro tão claramente.

A guerra ainda estava em curso – as multidões eram grandes naquele ano. Em vez de embarcar com a minha esposa, caminhei ao longo dos trilhos na direção da frente do trem. Fiquei parado por um minuto admirando a locomotiva grande e brilhante. Foi quando olhei para os trilhos e vi um grande semáforo. Uma luz amarela estava acesa. Imediatamente, a luz mudou para um verde brilhante. Naquele momento, o maquinista começou a tocar um sino; ouvi o familiar "Todos a bordo!" e, em questão de segundos, aquele gigantesco trem de alta velocidade começou a sair da estação para sua viagem de 3.680 quilômetros.

Minha mente começou a girar. Eu estava experimentando um milagre: aquele maquinista me dera a resposta que eu vinha procurando. Ele estava partindo naquela longa viagem sob a orientação de um único sinal verde. Se eu estivesse no lugar dele, desejaria ver todos os sinais verdes ao longo da viagem. Impossível, é claro. No entanto, era exatamente o que eu tentava fazer com a minha vida – sentado na estação, indo a lugar nenhum, pois eu me esforçava demais para ver o que havia adiante para mim.

Meus pensamentos continuavam a fluir. Aquele maquinista não se importava com problemas que poderia encontrar quilômetros à frente. Provavelmente, haveria alguns atrasos, trechos mais lentos, mas não era para isso que tinham um sistema de sinalização? Sinais amarelos: reduza a velocidade e siga com calma. Sinais vermelhos: perigo real à frente – *pare*. Um bom sistema de sinalização era o que tornava seguro viajar de trem.

Perguntei a mim mesmo por que eu não tinha um bom sistema de sinalização para minha vida. Minha resposta foi: eu tinha. Deus me deu. Ele está no controle, de modo que deve ser infalível. Comecei a procurar um sinal verde. Onde estaria? Bem, se Deus criou os sinais verdes, por que não perguntar a Ele? Foi exatamente o que fiz.

Hoje, rezando toda manhã, obtenho meu sinal verde para aquele dia. De vez em quando, um sinal amarelo me obriga a reduzir a velocidade. Às vezes, sinais vermelhos me fazem parar antes que eu tenha uma crise nervosa.

Nada mais de preocupações para mim depois daquele dia, há dois anos, em que fiz essa descoberta. Nesses dois anos, mais de 700 sinais verdes me foram mostrados, e a viagem da vida é muito mais fácil sem a preocupação com a próxima cor. Não importa qual seja, saberei o que fazer.

Como John D. Rockefeller viveu 45 anos além do esperado

por DALE CARNEGIE

JOHN D. ROCKEFELLER alcançou seu primeiro milhão aos 33 anos. Aos 43, tinha construído o maior monopólio que o mundo já vira: a gigante Standard Oil Company. Aos 53 anos, porém, ele havia sucumbido às preocupações. Somadas a uma vida com alto nível de tensão, elas tinham arruinado sua saúde. Aos 53 anos, ele "parecia uma múmia", diz John K. Winkler, um de seus biógrafos.

Quando chegou a essa idade, Rockefeller foi atacado por misteriosos males digestivos que fizeram todo o seu cabelo cair, até os cílios, deixando apenas uma leve penugem como sobrancelhas. "Seu estado era tão grave", escreve Winkler, "que, a certa altura, John D. foi obrigado a viver à base de leite humano." Segundo os médicos, ele sofria de alopecia, uma forma de calvície que muitas vezes é provocada por crises nervosas. Ficou totalmente careca. Mais tarde, mandou confeccionar perucas grisalhas – a 500 dólares cada – e usou-as pelo resto da vida.

Até então, Rockefeller se vangloriava de ser forte como um touro. Criado em uma fazenda, um dia teve ombros vigorosos, postura ereta e passo forte e rápido.

Contudo, com apenas 53 anos, seus ombros eram curvados e seu andar, cambaleante. "Quando se olhava no espelho", escreveu John T. Flynn, autor de outra biografia, "ele via um velho. O trabalho incessante, as preocupações intermináveis, os maus-tratos contínuos, as noites sem sono e a falta de exercício e de descanso" tinham arrasado sua saúde. Ele era o homem mais rico do mundo, mas precisava submeter-se a uma dieta que um mendigo teria desprezado. Sua renda na época era de 1 milhão de dólares por semana – mas 2 dólares semanais pagariam tudo que ele podia comer. Os médicos só permitiam que ingerisse leite acidificado e biscoitos de água e sal. A pele havia perdido a cor – parecia um velho pergaminho retesado. O que o impediu de morrer aos 53 anos? Cuidados médicos, os melhores que o dinheiro podia propiciar.

Como ele chegou a esse ponto? Preocupações. Traumas. Muita pressão e alta tensão. Ele "conduziu" a si próprio até a beira da sepultura. Mesmo aos 23 anos, Rockefeller já perseguia seus objetivos com uma determinação tão sombria que, segundo aqueles que o conheciam, "nada iluminava seu rosto, exceto a notícia de um bom negócio". Quando obtinha grandes lucros, ele fazia uma pequena dança de guerra – jogava o chapéu no chão e dava pulinhos. Mas, se perdesse dinheiro, ficava doente! Certa vez, ele despachou 40 mil dólares em grãos pelos Grandes Lagos sem seguro, pois o considerou caro demais: 150 dólares. Naquela noite, uma tempestade feroz atingiu o lago Erie. Rockefeller ficou tão preocupado em perder sua carga que quando seu sócio, George Gardner, chegou ao escritório pela manhã, encontrou John D. ali, andando de um lado para outro.

"Rápido", disse ele, a voz trêmula. "Vamos ver se conseguimos fazer o seguro agora, se não for tarde demais!" Gardner atravessou a cidade em disparada e fez o seguro, mas, quando voltou para o escritório, encontrou John D. ainda mais nervoso. Nesse meio-tempo, ele tinha recebido um telegrama: a carga chegara em segurança. Isso o deixou ainda mais doente, pois tinha "desperdiçado" os 150 dólares! Na verdade, ele ficou tão mal que precisou ir para casa e ficar de cama. Pense nisso. Na época, a empresa de Rockefeller tinha um faturamento bruto anual de 500 mil dólares – e ele adoeceu por causa de meros 150!

John D. não tinha tempo para nada além de ganhar dinheiro e dar aulas de catecismo. Quando George Gardner comprou um iate de segunda mão, em sociedade com três outros homens, por 2 mil dólares, Rockefeller ficou perplexo e se recusou a passear nele. Gardner encontrou-o trabalhando no escritório em uma tarde de domingo e implorou:

– Deixe disso, John, vamos navegar. Fará bem a você. Esqueça os negócios. Divirta-se um pouco.

Rockefeller ficou furioso.

– George Gardner – advertiu ele – você é o homem mais extravagante que já conheci. Está prejudicando seu crédito nos bancos... e o meu também. Quando menos esperar, estará arruinando seu negócio. Não, não vou entrar no seu iate... nem quero vê-lo!

E passou toda a tarde de domingo trabalhando.

A mesma falta de humor e de perspectiva caracterizou John D. ao longo de toda sua carreira nos negócios. Anos depois, ele disse: "Nunca pousei a cabeça no travesseiro à noite sem lembrar a mim mesmo que o sucesso poderia ser apenas temporário."

Com milhões à sua disposição, ele nunca adormeceu sem se preocupar com a ideia de perder sua fortuna. Não é de surpreender que preocupações tenham arruinado sua saúde. Nunca ia ao teatro, nunca jogava cartas, nunca foi a uma festa. Como disse Mark Hanna, John D. era "saudável em todos os outros aspectos, mas louco por dinheiro".

Certa vez, ele confessou a um vizinho em Cleveland, Ohio, que "queria ser amado", mas era tão frio e desconfiado que poucas pessoas gostavam dele. Houve uma ocasião em que J. P. Morgan se negou a fazer negócios com ele. "Não gosto do homem", bufou ele. O próprio irmão de Rockefeller o odiava tanto que removeu os corpos dos filhos do jazigo da família. "Ninguém do meu sangue descansará em terras controladas por John D.", disse. Os funcionários e sócios de Rockefeller viviam sob pavor absoluto; ironicamente, ele vivia com medo de que seus colaboradores dessem com a língua nos dentes e "revelassem segredos". Tinha tão pouca fé na natureza humana que certa vez, quando assinou um contrato de 10 anos com uma refinaria independente, fez o dono prometer não contar a ninguém, nem mesmo à própria esposa! Seu lema era: "Cale a boca e conduza seu negócio."

Então, no auge da prosperidade, com ouro fluindo para seus cofres como lava quente escorrendo pelas encostas do Vesúvio, o mundo particular dele desmoronou. Livros e artigos denunciavam a guerra dos barões ladrões da Standard Oil! Falava-se em acordos secretos com ferrovias, no esmagamento impiedoso de todos os rivais.

Nos campos petrolíferos da Pensilvânia, John D. Rockefeller era o homem mais odiado da Terra. Um boneco à sua imagem foi enforcado em público pelos homens que ele tinha prejudicado. Muitos queriam amarrar uma corda em seu pescoço mirrado e enforcá-lo. Cartas ameaçadoras e cheias de ódio chegavam todo dia ao seu escritório. Ele contratou guarda-costas e tentou ignorar aquele ciclone de ódio. Certa vez, disse com cinismo: "Podem me chutar e me maltratar, desde que me deixem fazer as coisas do meu jeito."

Mas descobriu que, afinal de contas, era humano. Não conseguiu suportar o ódio nem as preocupações. Sua saúde começou a piorar. Intrigado e desnorteado com esse novo inimigo – a doença –, John D. no começo "permaneceu calado quanto a suas indisposições ocasionais", tentando expulsá-las de seus pensamentos. Mas não havia como negar a insônia, a indigestão e a perda dos cabelos – todos sintomas de preocupação e exaustão. Um dia, seus médicos lhe contaram a verdade chocante. Ele poderia escolher: seu dinheiro e suas preocupações ou sua vida. Deveria ou se aposentar, ou morrer. Ele se aposentou. Quando Ida Tarbell, a biógrafa mais celebrada dos Estados Unidos, o viu, ficou chocada. "Um envelhecimento terrível transparecia em seu rosto. Era o homem mais velho que já vi." Velho? Ora, na época Rockefeller era muito mais novo do que o general MacArthur quando retomou as Filipinas! Mas estava tão arruinado fisicamente que Ida Tarbell sentiu pena dele. Na ocasião, ela estava trabalhando em um livro devastador que condenava a Standard Oil e tudo que a empresa representava; com certeza, não tinha motivos para amar o homem que construíra aquele "monstro". Contudo, quando viu John D. Rockefeller dando aula de catecismo, observando ansiosamente os rostos ao seu redor, ela teve "uma sensação inesperada, que foi intensificada pelo tempo. *Senti pena dele*. Não conheço um companheiro tão terrível quanto o medo".

Os médicos que salvaram a vida de Rockefeller lhe deram três regras que ele seguiu à risca pelo restante da vida. São estas:

1. *Evite preocupações. Nunca se preocupe com nada, sob nenhuma circunstância.*
2. *Relaxe e pratique exercícios moderados ao ar livre.*
3. *Cuide da alimentação. Sempre pare de comer enquanto ainda sentir um pouco de fome.*

John D. Rockefeller obedeceu. Aposentou-se, aprendeu a jogar golfe, começou a fazer jardinagem. Conversava com os vizinhos, jogava e cantava.

Mas não apenas isso. "Durante os dias de tortura e as noites de insônia", escreve Winkler, "John D. tinha tempo para refletir." Ele começou a pensar nas outras pessoas. Pela primeira vez, parou de se concentrar no dinheiro que conseguiria *obter* e começou a se perguntar quanto aquele dinheiro poderia comprar em termos de felicidade humana.

Em resumo, Rockefeller começou a *distribuir* seus milhões! Nem sempre era fácil. Quando ele oferecia dinheiro a uma igreja, havia gritos de "dinheiro sujo!". Mas ele continuou a doar. Ouviu falar em uma pequena faculdade às margens do lago Michigan cuja hipoteca estava sendo executada; investiu milhões de dólares nela e construiu a hoje mundialmente famosa Universidade de Chicago. Tentou ajudar os negros doando dinheiro para faculdades negras, como a Tuskegee College, que precisava de fundos para seguir com o trabalho iniciado por George Washington Carver. Ajudou a combater a ancilostomíase. Quando o Dr. Charles W. Stiles, uma autoridade no assunto, disse que "50 centavos em medicamentos podem curar um homem dessa doença que assola o Sul, mas quem dará os 50 centavos?", Rockefeller os deu. Ele gastou milhões no combate à ancilostomíase, eliminando o maior flagelo a afligir a porção meridional dos Estados Unidos. Depois, estabeleceu uma grande fundação internacional – a Fundação Rockefeller – para combater doenças e a ignorância em todo o mundo.

Falo com emoção dessa obra, pois provavelmente devo minha vida à Fundação Rockefeller. Quando estive na China, em 1932, uma epidemia de cólera assolava Pequim. Os camponeses chineses morriam como moscas; contudo, no meio de todo esse horror, conseguimos chegar à Faculdade de Medicina Rockefeller, na capital chinesa, e tomar vacinas para nos proteger da praga. Tanto chineses quanto "estrangeiros" tinham acesso à proteção. Foi quando compreendi, pela primeira vez, o que os milhões de Rockefeller estavam fazendo pelo mundo.

Nunca antes na história houve algo sequer remotamente parecido com a Fundação Rockefeller. Ela é única. Rockefeller sabia que, em todo o mundo, homens de visão realizam pesquisas de ponta, criam faculdades, lutam para combater doenças – mas, com muita frequência, essas obras nobres morrem por falta de recursos. Então decidiu dar a esses pioneiros da humanidade algum dinheiro e ajudá-los a ajudar a si mesmos, sem qualquer pretensão de exercer controle sobre seu trabalho. Hoje, você e eu podemos agradecer a John D. Rockefeller pelos milagres da penicilina e por dezenas de outras descobertas que seu dinheiro ajudou a financiar. Agradeça e ele por seus filhos não morrerem mais de meningite, uma doença que *costumava* matar quatro em cada cinco pessoas afetadas por ela. E também por parte dos progressos contra a malária e a tuberculose, a gripe, a difteria e muitas outras doenças que ainda não foram erradicadas.

E quanto a Rockefeller? Quando ele doou seu dinheiro, obteve paz de espírito? Sim, finalmente estava satisfeito. "Se, depois de 1900, o público pensou que ele estava remoendo os ataques contra a Standard Oil", escreveu Allan Nevins, "o público estava muito enganado."

Rockefeller estava feliz. Ele havia mudado tão completamente que não se preocupava com nada. Recusou-se a perder uma noite de sono até quando foi obrigado a aceitar a maior derrota de sua carreira!

A derrota veio quando a corporação que ele construiu, a gigante Standard Oil, recebeu a sentença de pagar "a maior multa da história". Segundo o governo dos Estados Unidos, a Standard Oil constituía um monopólio, o que era uma violação direta das leis antitruste. Durante cinco anos, os maiores advogados do planeta lutaram incansavelmente no que foi, até então, a maior guerra jurídica da história. Mas a Standard Oil perdeu.

Quando o juiz Kenesaw Mountain Landis comunicou sua decisão, os advogados da defesa temeram por Rockefeller. Não sabiam quanto ele tinha mudado.

Naquela noite, um deles telefonou para John D. e expôs a decisão da maneira mais delicada que conseguiu. Então disse, com preocupação: "Espero que não deixe que essa decisão o perturbe, Sr. Rockefeller. Espero que não perca sua noite de sono!"

E o velho John D.? Ora, ele retrucou: "Não se preocupe, Sr. Johnson, eu *pretendo* ter minha noite de sono. E não deixe que aborreça você tampouco. Boa noite!"

Isso vindo do homem que uma vez caiu de cama por ter perdido 150 dólares! Sim, demorou até John D. vencer as preocupações. Ele estava "morrendo" aos 53 anos – mas viveu até os 98!

Eu estava me matando lentamente porque não sabia relaxar

por PAUL SAMPSON

EU VIVIA O TEMPO TODO em ritmo acelerado. Estava sempre tenso; nunca relaxava. Toda noite, chegava em casa do trabalho preocupado e exausto. Por quê? Porque ninguém nunca me disse: "Paul, você está se matando. Por que não desacelera? Por que não relaxa?"

Eu me levantava rápido de manhã, comia rápido, fazia a barba rápido, me vestia rápido e dirigia para o trabalho como se o volante pudesse sair voando pela janela se eu não o agarrasse com toda a força. Eu trabalhava rápido, voltava apressado para casa e, à noite, até tentava adormecer rápido.

Foi nesse estado de nervos que consultei um famoso especialista em Detroit. Ele me disse para pensar em relaxamento o tempo todo: enquanto estivesse trabalhando, dirigindo, comendo e até tentando dormir. Falou que eu estava me matando lentamente por não saber relaxar.

Desde então, tenho praticado o relaxamento. Quando me deito à noite, não tento adormecer até ter relaxado conscientemente meu corpo e minha respiração. Agora desperto descansado pela manhã – uma grande melhora, pois eu costumava acordar já cansado e tenso. Relaxo quando como e quando dirijo. Sem dúvida, estou alerta ao volante, mas agora conduzo com a mente, não com meus nervos. O mais importante: relaxo no meu trabalho. Várias vezes por dia, paro tudo e faço uma checagem para ver se estou totalmente relaxado. Agora, quando o telefone toca, não o atendo mais como se alguém estivesse tentando pegá-lo antes de mim; e, quando falam comigo, me mantenho tão relaxado quanto um bebê adormecido.

O resultado? A vida é muito mais agradável e prazerosa, e me livrei de vez da fadiga mental.

Um verdadeiro milagre aconteceu comigo

por Sra. JOHN BURGER

FUI DERROTADA PELAS PREOCUPAÇÕES. Minha mente estava tão confusa e perturbada que eu não sentia nenhuma alegria em viver. Meus nervos estavam tão tensos que eu não conseguia dormir à noite nem relaxar durante o dia. Meus três filhos pequenos estavam separados, vivendo distantes uns dos outros, com parentes. Meu marido, recém-liberado do serviço militar, estava em outra cidade tentando abrir um escritório de advocacia. Eu experimentava todas as inseguranças e incertezas do período pós-guerra.

Com isso, estava ameaçando a carreira do meu marido, o direito dos meus filhos a uma vida feliz e normal e também a minha vida. Meu marido não conseguia encontrar um lugar para morarmos e a única solução era construir. Tudo dependia da minha melhora. Quanto mais eu me esforçava, maior era o meu medo de fracassar.

Então desenvolvi um pânico de assumir responsabilidades. Eu não confiava mais em mim mesma. Sentia que era um fracasso completo.

Quando eu não via mais saída, minha mãe fez algo por mim que jamais esquecerei. Serei sempre grata! Ela me forçou a reagir. Me repreendeu por abrir mão do controle das minhas emoções e da minha mente. Ela me desafiou a levantar da cama e a lutar com todas as minhas forças. Me fez ver que eu estava me entregando em vez de lutar, estava fugindo da vida em vez de vivê-la.

Depois dessa chacoalhada, comecei a lutar. Naquele mesmo fim de semana, disse a meus pais que eles podiam ir para casa, pois eu tomaria conta de tudo; e fiz o que parecia impossível na época. Meus dois filhos mais novos voltaram para mim. Eu dormia bem, comecei a comer melhor e meu ânimo melhorou. Uma semana depois, quando voltaram para me ver, meus pais me encontraram cantando e passando roupa. Eu me sentia bem, pois tinha entrado na batalha e estava vencendo. Jamais me esquecerei desta lição: se uma situação parece intransponível, encare-a! Comece a lutar! Não desista!

Logo me obriguei a trabalhar e mergulhei no meu trabalho. Finalmente, reuni meus três filhos e nos juntamos ao meu marido no nosso novo lar. Resolvi que ficaria bem o bastante para dar à minha linda família uma mãe e esposa forte e feliz. Fiz planos para nossa casa, planos para nossos filhos, planos para meu marido, planos para tudo – exceto para mim. Fiquei ocupada demais para pensar em mim mesma. E foi aí que o verdadeiro milagre aconteceu: me fortaleci e encontrei a alegria do bem-estar, de planejar o novo dia à minha frente, a alegria de viver. Houve dias de depressão depois disso, especialmente quando eu estava cansada. Nesses dias, eu dizia a mim mesma para não pensar muito nem tomar grandes decisões. Aos poucos, esses dias se tornaram cada vez mais raros, até que finalmente desapareceram.

Passado um ano, tenho um marido muito feliz e bem-sucedido, três filhos saudáveis e felizes – e paz de espírito!

Como Benjamin Franklin vencia as preocupações

por DALE CARNEGIE

Benjamin Franklin escreveu esta carta para Joseph Priestley, que, convidado a se tornar bibliotecário do conde de Shelburne, pedira seu conselho. Nela, Franklin explica seu método para solucionar problemas sem se preocupar.

Londres, 19 de setembro de 1772

Caro senhor:

Sobre o assunto de tanta importância para o qual pede meu conselho, não posso, por falta de premissas suficientes, aconselhá-lo quanto ao que decidir, mas, se me permitir, lhe direi como fazê-lo. Quando situações difíceis como essa ocorrem, elas são difíceis sobretudo porque, enquanto as avaliamos, todas as razões pró e contra não se apresentam à mente ao mesmo tempo; às vezes, um conjunto delas se revela e, em outros momentos, outro conjunto, com o primeiro fora de vista. Daí os vários propósitos ou inclinações que prevalecem alternadamente, e a incerteza, que nos deixa perplexos.

Para contornar isso, meu método consiste em dividir meia folha de papel em duas colunas com uma linha; no topo de uma coluna, escrevo "Prós" e, no topo da outra, "Contras". Então, ao longo de três ou quatro dias de ponderação, anoto sob os diferentes cabeçalhos breves pistas dos diferentes motivos que me ocorrem em momentos distintos, a favor ou contra a decisão. Quando as tenho todas reunidas diante de mim, tento avaliar seus respectivos pesos; se encontro duas (uma de cada lado) que pareçam ter o mesmo peso, risco ambas. Se encontro uma razão pró igual a duas razões contra, elimino as três. Se julgo que duas razões contra equivalem a três razões pró, risco as cinco. Procedendo dessa maneira, acabo descobrindo para qual lado pende a balança; e se, após um dia ou dois de mais ponderações, nada novo e relevante ocorrer em nenhum lado, chego a uma decisão adequada. Embora o peso das razões não possa ser medido com a precisão de quantidades algébricas, quando cada um é conside-

rado isolada e comparativamente e o todo está diante de mim, creio que posso julgar melhor e fico menos inclinado a dar um passo precipitado; e, na verdade, encontrei grande vantagem nesse tipo de equação, que pode ser chamada de álgebra moral *ou* prudencial.

Desejando sinceramente que você decida pelo melhor, me despeço com afeto,

Ben Franklin

Eu estava tão preocupada que não ingeri alimentos sólidos durante 18 dias

por KATHRYNE HOLCOMBE FARMER

HÁ TRÊS MESES, eu estava tão preocupada que passei quatro dias e quatro noites sem dormir e não comi nada sólido por 18 dias. Até o cheiro de comida me deixava violentamente enjoada. Não consigo encontrar palavras para descrever a angústia que suportei. Pergunto-me se há no inferno tortura pior. Eu sentia que enlouqueceria ou morreria; não era possível continuar daquela maneira.

O ponto de virada na minha vida foi o dia em que recebi um exemplar de pré-venda deste livro. Nos últimos três meses, praticamente vivo com ele ao meu lado, estudando cada página, tentando desesperadamente encontrar um novo modo de seguir adiante. A mudança que percebo na minha atitude mental e na estabilidade emocional é quase inacreditável. Agora sou capaz de suportar as batalhas de cada dia. Hoje sei que, no passado, quase fui levada à loucura não pelos problemas de hoje, mas pela amargura e a ansiedade por causa de algo que aconteceu ontem ou que eu temia que pudesse acontecer amanhã.

Mas agora, quando vejo que estou começando a me preocupar com alguma coisa, paro na hora e aplico alguns dos princípios que aprendi estudando este livro. Se fico tentada a me estressar por causa de algo que deve ser feito hoje, entro em ação e logo faço o que for preciso para afastar a tarefa da cabeça.

Quando me deparo com os problemas que quase me levavam à loucura, tento aplicar calmamente os três passos descritos na Parte 1, Capítulo 2. Primeiro, pergunto a mim mesma o que de pior pode acontecer. Depois, tento aceitá-lo. Por fim, me concentro no problema e vejo como posso melhorar o pior, que já estou disposta a aceitar – se necessário.

Quando me vejo preocupada com algo que não posso mudar – e não quero aceitar –, paro o que estou fazendo e repito esta pequena oração:

Concedei-me, Senhor, a serenidade necessária para aceitar as coisas que não posso modificar, coragem para modificar aquelas que posso e sabedoria para reconhecer a diferença entre elas.

Desde que li este livro, experimento, de verdade, um novo e glorioso modo de vida. Não estou mais destruindo minha saúde e minha alegria com a ansiedade. Consigo dormir nove horas por noite. Saboreio a comida. O véu que havia diante de mim foi retirado. Uma porta se abriu. Hoje consigo enxergar e desfrutar a beleza do mundo que me cerca. Agradeço a Deus pela vida e pelo privilégio de viver em um mundo tão maravilhoso.

Sugiro que você releia este livro; mantenha-o ao lado da sua cama; sublinhe as partes que se aplicam aos seus problemas. Pois este não é um "livro de leitura" no sentido tradicional; ele foi escrito como um "guia" – para um novo modo de vida!

CONHEÇA OS LIVROS DE DALE CARNEGIE

Como fazer amigos e influenciar pessoas

Como evitar preocupações e começar a viver

Como fazer amigos e influenciar pessoas na era digital

Como falar em público e encantar as pessoas

Como se tornar inesquecível

Como desfrutar sua vida e seu trabalho

Como ser bem-sucedido nos dias de hoje

As 5 habilidades essenciais dos relacionamentos

Liderança

Escute!

Venda!

Conecte-se!

CONHEÇA ALGUNS DESTAQUES DE NOSSO CATÁLOGO

- Augusto Cury: Você é insubstituível (2,8 milhões de livros vendidos), Nunca desista de seus sonhos (2,7 milhões de livros vendidos) e O médico da emoção
- Dale Carnegie: Como fazer amigos e influenciar pessoas (16 milhões de livros vendidos) e Como evitar preocupações e começar a viver
- Brené Brown: A coragem de ser imperfeito – Como aceitar a própria vulnerabilidade e vencer a vergonha (900 mil livros vendidos)
- T. Harv Eker: Os segredos da mente milionária (3 milhões de livros vendidos)
- Gustavo Cerbasi: Casais inteligentes enriquecem juntos (1,2 milhão de livros vendidos) e Como organizar sua vida financeira
- Greg McKeown: Essencialismo – A disciplinada busca por menos (700 mil livros vendidos) e Sem esforço – Torne mais fácil o que é mais importante
- Haemin Sunim: As coisas que você só vê quando desacelera (700 mil livros vendidos) e Amor pelas coisas imperfeitas
- Ana Claudia Quintana Arantes: A morte é um dia que vale a pena viver (650 mil livros vendidos) e Pra vida toda valer a pena viver
- Ichiro Kishimi e Fumitake Koga: A coragem de não agradar – Como se libertar da opinião dos outros (350 mil livros vendidos)
- Simon Sinek: Comece pelo porquê (350 mil livros vendidos) e O jogo infinito
- Robert B. Cialdini: As armas da persuasão (500 mil livros vendidos)
- Eckhart Tolle: O poder do agora (1,2 milhão de livros vendidos)
- Edith Eva Eger: A bailarina de Auschwitz (600 mil livros vendidos)
- Cristina Núñez Pereira e Rafael R. Valcárcel: Emocionário – Um guia lúdico para lidar com as emoções (800 mil livros vendidos)
- Nizan Guanaes e Arthur Guerra: Você aguenta ser feliz? – Como cuidar da saúde mental e física para ter qualidade de vida
- Suhas Kshirsagar: Mude seus horários, mude sua vida – Como usar o relógio biológico para perder peso, reduzir o estresse e ter mais saúde e energia